Thalmann / Feinermann
Die Kristallnacht

1988 sind 50 Jahre vergangen, seit der Vernichtungsfeldzug der nationalsozialistischen Führung Deutschlands gegen den jüdischen Bevölkerungsanteil im Progrom der „Kristallnacht" seinen ersten und schaurigen Höhepunkt erreichte. In dieser Nacht des Schreckens wurden bei angeblich „spontanen" Kundgebungen 91 Juden ermordet und fast alle Synagogen, sowie über 7000 jüdische Geschäfte im Deutschen Reich zerstört oder schwer beschädigt.

Mit Hilfe bisher unveröffentlichter Dokumente und Archivmaterialien rekonstruieren Rita Thalmann und Emmanuel Feinermann die tragischen Ereignisse und Exzesse jener Nacht. Die in diesem Buch vorgelegten Zeugenaussagen sind ein erschütterndes Dokument über eine brutale Etappe des Nationalsozialismus auf dem Weg zur „Endlösung" der Judenfrage.

Die Autoren: Rita Thalmann, geb. 1926, ist Professorin für Kulturgeschichte der deutschsprachigen Länder und Minderheiten an der Universität Paris VII.

Emmanuel Feinermann, geb. 1934, Mitglied der American Jewish Historical Society, übernahm die Recherchen zu dem vorliegendem Band.

RITA THALMANN
Emmanuel Feinermann

Die Kristallnacht

athenäum

Titel der französischen Originalausgabe:
La Nuit de Cristal
© 1972 Editions Robert Laffont, S. A., Paris

Für die deutsche Erstausgabe von der Autorin bearbeitet.

CIP-Kurztitelaufnahme der Deutschen Bibliothek

Thalmann, Rita:
Die Kristallnacht / Rita Thalmann ; Emmanuel Feinermann –
Frankfurt am Main : Athenäum, 1988.
    (Athenäums Taschenbücher Die kleine weisse Reihe ;
    Bd. 108)
    Einheitssacht.: La Nuit de Cristal ‹dt.›
    ISBN 3-610-04708-9
NE: Feinermann, Emmanuel:; GT

athenäum⁵ taschenbücher
Die kleine weisse Reihe
Band 108
Februar 1988

Athenäum Verlag GmbH, Frankfurt am Main 1988
Alle Rechte vorbehalten.
© 1988 Athenäum Verlag GmbH, Frankfurt am Main
Umschlagbild: Brand der Synagoge am Börneplatz, Frankfurt
(Foto: Stadtarchiv Frankfurt)
Druck und Bindung: Clausen & Bosse, Leck
Printed in Germany
ISBN 3-610-04708-9

Inhalt

Vorwort

Nichts fehlt in dieser klassischen Tragödie. Nicht einmal die poetisch-zynische Bezeichnung »Kristallnacht«, die die Nationalsozialisten dieser verhängnisvollen Nacht wegen der Tonnen zertrümmerter Fenster- und Schaufensterscheiben auf den Straßen der deutschen Städte und Dörfer nachträglich verliehen. Hinzu kommen:

die Einheit des Ortes: Das gesamte Großdeutsche Reich (d. h. Deutschland, Österreich, das Sudetengebiet)
die Einheit der Zeit: die Nacht vom 9. zum 10. November 1938
die Einheit der Handlung: Judenpogrom und Terror, der sie zur Flucht unter Zurücklassung von Hab und Gut veranlassen sollte.

Die chronologisch in fünf Aufzügen inszenierte Tragödie wirft ein grelles Licht auf das Schicksal der Juden in der nationalsozialistischen Umwelt. In einem Land, das seit 1933 Hitlers Wahn ausgesetzt war — Österreich und das Sudetengebiet waren erst seit 1938 betroffen — hatten die Juden nicht wie die anderen vom Regime Verfolgten die Möglichkeit, Schutz in der Zurückgezogenheit oder im Untergrund zu finden. Ihre »Rassenmerkmale« setzten sie, ungeachtet ihrer Haltung, der »Rache des Volkes« und der Eskalation der Terrormaßnahmen aus. Boykott der jüdischen Geschäfte, Kündigung der Arbeitsstelle, Verlust der Bürgerrechte, »Nürnberger Rassengesetze«, obligatorische Vermögenserklärung, ständige Einschüchterung durch die Behörden und die Polizei, auf die häufig Festnahme folgte, damit die Betroffenen ihren Besitz zu Schleuderpreisen veräußerten, leiteten den schmerzlichen Prozeß der allmählichen Ausschaltung der Juden aus dem öffentlichen Leben ein. Bis zu dem Tag, an dem der siebzehnjährige Herschel Grynszpan in Paris auf den dritten Legationsrat der deutschen Botschaft, Ernst vom Rath, schoß, weil seine Familie zusammen mit etwa 15.000 polnischen Juden von einem Tag auf den anderen aus Deutschland in das Niemandsland von Zbonszyn verschleppt worden war. Dies nahm die NS-Führung zum Anlaß, den längst geplanten Pogrom durchzuführen.

Der mit bewährter Technik und sorgsamst vorbereiteten Mitteln von der NS-Führung und ihren Handlangern in der Nacht vom 9. zum 10. November 1938 organisierte Pogrom gab in der Tat das Signal zur Beschlagnahmung des jüdischen Eigentums zugunsten des Dritten Reichs und zur endgültigen Ausschaltung der Juden aus dem deutschen Wirtschaftsleben. Zu dieser Zeit war von »Endlösung« noch nicht die Rede. Görings und Goebbels Aussagen ließen jedoch keinen Zweifel über das Schicksal, das die Juden des Reichs erwartete, wenn die Nachbarstaaten sich weigerten, sie aufzunehmen, oder wenn der Krieg ausbrechen sollte. Obwohl die betroffenen Regierungen über diese Situation genauestens unterrichtet waren, begnügten sie sich — insbesondere die Großmächte (UdSSR, USA, Großbritannien und Frankreich) —, mehr oder weniger entschieden zu protestieren, ohne auch nur den kleinen Finger zu bewegen, um die Rettung der Opfer in Angriff zu nehmen, solange die Zeit noch reichte.

Dann kam der Krieg — ein Krieg, der bisher nicht gekannte Leiden und unzählige Menschenopfer mit sich brachte, da die Großmächte durch ihre Schwäche und Nachgiebigkeit erlaubt hatten, daß Hitler seine Macht festigte und Deutschland so stark aufrüstete wie nie zuvor.

Als das Dritte Reich schließlich in Trümmern lag, stellten die Siegermächte mit Bestürzung das Ausmaß seiner Greueltaten fest. Das in Nürnberg tagende Internationale Militärgericht verurteilte die noch anwesenden verantwortlichen Täter. Doch niemand kam auf den Gedanken, das Vergehen unterlassener und verweigerter Hilfeleistung für gefährdete Menschen zu ahnden, dessen sich der größte Teil der sogenannten zivilisierten Welt schuldig gemacht hatte, ein Vergehen, das u. a. die Vorgänge der »Kristallnacht« an den Tag legen.

Die hier bewußt sachlich gehaltene Schilderung der tragischen Ereignisse jener Nacht basiert auf Archivdokumenten und auf Zeugenaussagen, deren Wahrheitsgehalt streng überprüft wurde. Es war unser Anliegen, Fakten so wahrheitsgetreu und exakt, wie es der Stand der heutigen Forschung erlaubt, wiederzugeben.

Dem Nationalarchiv in Washington, dem Institut Yad Washem in Jerusalem, dem Centre de Documentation Juive Contemporaine, der Bibliothèque Nationale in Paris sowie dem Zentralarchiv der DDR in Potsdam, den verschiedenen Landesarchiven der Bundesrepublik und nicht zuletzt dem hilfsbereiten Team der Wiener Library in London sind wir zu Dank verpflichtet. Auch danken wir all denjenigen, die uns mit Sachkenntnis und Verständnis bei diesem langwierigen, oft durch Hindernisse erschwerten Unternehmen zur Seite standen.

Wir sind uns durchaus bewußt, daß unser Wissen über diesen bis jetzt wenig erforschten Abschnitt der Geschichte des Dritten Reiches noch einige Lücken hat. Doch gerade jetzt, da man so sehr von »Entsorgung der Vergangenheit« spricht, scheint es uns notwendig, die Erinnerung wachzurufen, daß der auf deutschem Boden entfachte Brandherd des Novemberpogroms 1938 sich auf die Hälfte der Welt ausbreitete, da es an Menschen fehlte, die gewillt waren, ihn rechtzeitig zu löschen.

Man behauptet, daß die Geschichte sich nicht wiederholt. Doch entstehen heutzutage in vielen Ländern immer wieder Brandherde des Rassenwahns, die es rechtzeitig zu löschen gilt.

Paris, Herbst 1986   *Rita Thalmann*

Das »Schicksalsjahr« 1938

Diese Einschätzung stammt nicht von einem Historiker der Nachkriegszeit. Sie erscheint wörtlich in einem Rundschreiben über »Die Judenfrage als Faktor der Außenpolitik im Jahre 1938«, das das Auswärtige Amt am 25. Januar 1939 an alle diplomatischen Dienststellen und Konsulate richtet.

»Es ist wohl kein Zufall«, heißt es in diesem Dokument, »daß das Schicksalsjahr 1938 zugleich mit der Verwirklichung des Großdeutschen Gedankens die Judenfrage ihrer Lösung nahegebracht hat.« Denn, so fährt der Verfasser in dem hochtrabend schulmeisterlichen Stil der NS-Verwaltungssprache fort, »die Judenpolitik war sowohl Voraussetzung wie Konsequenz der Ereignisse des Jahres 1938. Mehr vielleicht als die machtpolitische Gegnerschaft der ehemaligen Feindbundmächte des Weltkriegs hat das Vordringen jüdischen Einflusses und der zersetzenden jüdischen Geisteshaltung in Politik, Wirtschaft und Kultur die Kraft und den Willen des deutschen Volkes zum Wiederaufstieg gelähmt. Die Heilung dieser Krankheit des Volkskörpers war daher wohl eine der wichtigsten Voraussetzungen für die Kraftanstrengung, die im Jahre 1938 gegen den Willen einer Welt den Zusammenschluß des Großdeutschen Reichs erzwang.«[1]

Das vom Auswärtigen Amt des Dritten Reichs als »Schicksalsjahr« bezeichnete Jahr 1938 beginnt mit der Konzentration aller Machthebel in Hitlers Hand im Februar 1938. Nach der Unterdrückung jeglicher innerer Opposition, nach der Wiederherstellung der allgemeinen Wehrpflicht und nach der neugewonnenen, internationalen Anerkennung fühlt sich Hitler stark genug, die letzten Vertreter der traditionsbewußten Rechten, die ihm zur Macht verhalfen, auszuschalten. So werden der Reichskriegsminister von Blomberg und der Oberbefehlshaber des Heeres, Generaloberst von Fritsch, abgesetzt, ohne daß das Offizierskorps es wagt, die Stimme zu erheben. Hjalmar Schacht, der Hitler 1930 die erste Unterstützung der Industrie eingebracht hatte, muß die Leitung der Wirtschaft dem willfährigen Walter Funk überlassen. Der haltlose und eingebildete Joachim von Ribbentrop ersetzt in der Wilhelmstraße den konservativen Baron von Neurath.

In Anbetracht der neuen Machtverhältnisse scheint Hitler nun die Zeit der Verwirklichung seines »großen Ziels« gekommen, das er erstmals am 5. November 1937 anläßlich einer Sitzung seinen nächsten Mitarbeitern anvertraut hatte. »Das Ziel der deutschen Politik sei die Sicherung und die Erhaltung der Volksmasse und deren Vermehrung. Somit handele es sich um das Problem des Raumes.«[2]

Dies bedeutete, die Vormachtstellung Deutschlands durch Gewaltanwendung, nötigenfalls durch Krieg, zu erlangen. Um dieses Ziel zu erreichen, durfte man auch die Juden nicht vergessen.

Seitdem die Nationalsozialisten an die Macht gekommen waren, hatten sie unentwegt ihren Judenhaß zum Ausdruck gebracht und nicht verhohlen, daß sie Deutschland ein für allemal »judenrein« machen wollten. Die antisemitischen Ausschreitungen anläßlich des Boykotts der jüdischen Geschäfte im April 1933 nebst einer Reihe von Gesetzen, die Juden vom öffentlichen Dienst und den meisten freien Berufen (u. a. Presse, Verlagswesen, Rundfunk, Film) unter dem Vorwand der »Zersetzung deutschen Geistes« ausschlossen, hatten ca. 37 000 Juden zur Flucht veranlaßt.[3]

Doch die wachsende Ungeduld der Heerführer angesichts der SA, die die führende Rolle als Wehrmacht des NS-Staates forderten, sowie der Tod des Reichspräsidenten Hindenburg im Jahre 1934, hatten die NS-Führung gezwungen, sich fast ausschließlich mit der Stabilisierung ihrer Macht zu befassen. Infolgedessen schien die Verfolgungswelle abzuflauen. Die NS-Behörden bemühten sich sogar, jüdischen Geschäftsleuten, deren Unternehmen zu jener Zeit für den Aufschwung der deutschen Wirtschaft von größter Wichtigkeit waren, feierliche Versicherungen abzugeben.

So betonte zum Beispiel eine Anordnung des Innenministeriums vom 17. Januar 1934, daß die Gesetzgebung über die Verdrängung der Juden aus dem öffentlichen Dienst und aus gewissen freien Berufen, »*sich nicht auf die private Wirtschaft erstreckte*«.[4] Ein Rundschreiben des Arbeitsministeriums vom November 1934 verfügte, daß »*jüdische Angestellte dieselben Rechte wie arische genießen sollten*«.[5] Es wurde sogar eine Sonderstelle eingerichtet, wo Juden Beschwerden gegen diskriminierende Maßnahmen einreichen konnten, so daß die Mehrheit der im Reich gebliebenen Juden sich der Hoffnung hingab, es würde zu einem modus vivendi zwischen ihr und den neuen Machthabern kommen. Im Organ des *Central-Vereins deutscher Staatsbürger jüdischen Glaubens*, das den Untertitel *Blätter für Deutschtum und Judentum* führte, liest man am 4. Februar 1934, die jüdische Gemeinde könne und werde nicht auf die Werte der deutschen Kultur und Natur verzichten, aber sie anerkenne »den Anspruch der deutschen Nation, gemeinsam mit uns und allen anderen jüdischen Organisationen in Deutschland ... über Ausmaß und Grenzen unseres Tätigkeitsbereichs sowie über Form und Inhalt unserer Zusammenarbeit zu entscheiden.« Der Vorsitzende des *Bundes Jüdischer Frontkämpfer* erklärt im *Schild* vom 12. April 1934: »Unsere Jugend ist aber auch mit uns der Anschauung, daß eine Befriedung der jüdischen Frage innerhalb des nationalsozialistischen Staates möglich ist. Wenigstens dann, wenn die rassische Scheidung nicht rassische Diffamierung bedeutet, die wir aufgrund unserer ebenbürtigen Leistung als ungerecht zurückweisen müßten ...«

Dieselben Thesen werden noch in der Jahresversammlung des *Jüdischen Hilfsvereins* im Mai 1934 und im Juni 1935 vorgetragen. Nicht einmal die im September 1935 angekündigten »Nürnberger Gesetze zum Schutze des deutschen Blutes und der deutschen Ehre«, die vor allem die

Abschiebung der Juden bezweckten, führten zu einem relevanten Anstieg der Auswanderungsquote.

Zwischen 1934 und 1937 stabilisiert sich die Zahl der Auswanderungen zwischen 20 000 und 25 000 pro Jahr. Davon sind:

22,1 % unter 20 Jahre alt
45,6 % zwischen 20 und 40 Jahre alt
15,6 % zwischen 40 und 50 Jahre alt
16,7 % über 50 Jahre alt.

Es wandern vor allem diejenigen aus, die infolge ihrer politischen Vergangenheit besonders bedroht sind, Familien, die durch die antijüdische Gesetzgebung ihrer Existenzgrundlage beraubt sind, und einige Wohlhabende, die ihr Vermögen in Sicherheit bringen wollen. Man kann jedoch feststellen, daß die Mehrheit dieser Emigranten eine nicht zu weit von Deutschland entfernte Zufluchtsstätte sucht. Über die Hälfte davon bleiben im westlichen Teil Europas (davon ein Drittel in Frankreich). 27 % wandern nach Palästina aus (das entspricht insgesamt 22 % der damaligen Auswanderungsquote).

Noch erstaunlicher ist die geringe Zahl derjenigen, die in die USA auswandern. Nur 27 000 Emigranten machen zwischen 1933 und 1937 von den 130 000 Genehmigungen Gebrauch, die deutschen Bürgern während dieser Zeit zur Verfügung stehen und dadurch verlorengehen.

So stellen die Machthaber nach fünf Jahren NS-Herrschaft entrüstet fest, daß ihre Einschüchterungsmaßnahmen nicht zu dem gewünschten Ziel, d. h. zu einem »judenreinen« Reich, geführt haben. Sie folgern daraus, daß die bisher angewandten Methoden »ergebnislos« waren und daß die Zeit gekommen sei, energischer einzugreifen. Es ist wohl kein Zufall, daß die ersten drohenden Äußerungen in diesem Sinne kurz vor Hitlers Enthüllung seiner politischen Pläne in einem Artikel des *Schwarzen Korps* vom 14. Oktober 1937 veröffentlicht werden.

Das Sprachrohr der SS, dem anläßlich jeder neuen Etappe der Judenverfolgung die Rolle des Vorboten zuzufallen schien, hebt den Widerspruch hervor, der zwischen dem sozialen und dem wirtschaftlichen Status der Juden im Reich besteht. Denn obwohl diese politisch, kulturell, biologisch vom Leben des deutschen Volkes ausgeschlossen worden seien, bleibe ihre Macht in Industrie und Handel ungeschmälert. Dieser Zustand sollte nicht länger geduldet werden, schreibt das SS-Blatt, das zu dem Schluß kommt: *»Heute brauchen wir keine jüdischen Betriebe mehr.«*[6]

Von diesem Zeitpunkt an setzen Verwaltung und Partei jüdische Betriebe und Geschäfte unter Druck, damit diese in »arischen« Besitz gelangen. Doch kommt es erst im Februar 1938, als Hitler alle Machthebel in der Hand hatte, zur neuen Phase der Judenpolitik. Wie er es bereits für den Boykott im April 1933 getan hatte, gibt der Nürnberger Gauleiter und Herausgeber des antisemitischen Hetzblattes *Der Stürmer* den Auftakt zu dieser neuen Phase, indem er vor den Vertretern der ausländischen Presse erklärt, Deutschland werde die Juden und ihre ganze Sippschaft im Falle eines Krieges vernichten.

Die gleiche Aussage erscheint im März 1938 in einem Artikel Alfred Rosenbergs, des Ideologen der Partei, und wird von da an zum Leitmotiv der NS-Führung, während sich die Ereignisse überstürzen. Drei Fakten von unterschiedlicher Art und Bedeutung weisen zu diesem Zeitpunkt auf eine markante Wende in Hitlers Judenpolitik:

1. Nachdem die UdSSR 1937 eine Anzahl deutscher Bürger ausgewiesen hat, beschließt die Reichsregierung als Vergeltungsmaßnahme, 500 sowjetische, in Deutschland lebende Juden, in ihr Ursprungsland abzuschieben. Da die UdSSR aber die Einreise verweigert und das Dritte Reich zu dieser Zeit keine gemeinsame Grenze mit ihr besitzt, werden die Vertriebenen einfach in ein KZ überführt, ohne daß irgendein Staat dagegen etwas einwendet.

2. Während das NS-Regime bis dahin die Juden als Individuen verfolgte, wendet sich zum erstenmal ein Gesetz vom März 1938 gegen ihre Kultstätten. Ihnen wird der

staatliche Schutz entzogen, der ihnen als »Körperschaft des öffentlichen Rechts« bisher zustand. Auch in diesem Fall kommt es zu keinem Protest.

3. Nach dem Anschluß Österreichs am 13. März 1938 erleiden die 192 000 jüdischen Bürger dieses Landes (90 % davon leben in Wien), das damals die drittgrößte jüdische Gemeinde Europas war, innerhalb einiger Wochen Verfolgungen, die alles übertreffen, was ihre deutschen Glaubensgenossen zwischen 1933 und 1938 erlebt haben.

Im März 1938 wird die Lösung der Judenfrage zum akuten Problem für die NS-Führung: einerseits, weil ungeachtet der Christen jüdischer Abstammung und der Kinder aus Mischehen, ca. 650 000 Juden im Großdeutschen Reich, d. h. mehr als bei der Machtübernahme in Deutschland, noch anwesend sind; andererseits, weil die österreichischen »Kampfgenossen« hemmungslos jüdische Habe für sich in Beschlag nehmen. Ein Beispiel, dem auch Genossen im Altreich folgen könnten und das die Wirtschaft, die alle verfügbaren Mittel zur Wiederaufrüstung braucht, ernstlich gefährdet.

Daher erklärt Hermann Göring am 26. März 1938 anläßlich einer öffentlichen Kundgebung in der österreichischen Hauptstadt, er werde in seiner Eigenschaft als Beauftragter für den Vierjahresplan ein Sondergesetz zur staatlichen Kontrolle des jüdischen Eigentums erlassen.

Das hier erstmalig zur Lösung der Judenfrage angewandte Verfahren wird künftig des öfteren von der NS-Führung in Anspruch genommen werden, d. h., antijüdische Maßnahmen werden zuerst örtlich oder auf Gauebene erprobt und anschließend auf Befehl der höheren Behörde entweder aufgegeben oder für das ganze Reich im »Interesse des Staates« legalisiert.

So zwingt das Gesetz vom 26. April 1938 die Juden unter Androhung gerichtlicher Verfolgung, ihr gesamtes Vermögen bei den Behörden anzumelden. Laut Paragraph 7 dieses Gesetzes kann der Beauftragte für den Vierjahresplan über das angemeldete Eigentum entsprechend den Bedürfnissen der deutschen Wirtschaft verfügen.[7]

In dem einige Tage später abgegebenen Pressekommentar weist Unterstaatssekretär Rudolf Brinkmann deutlich darauf hin, daß diese Maßnahme die Juden zur raschen Auswanderung veranlassen soll.[8] Neue Einschüchterungsmaßnahmen folgen bald darauf. In vielen deutschen Ortschaften führt die nach dem Anschluß in Österreich herrschende Judenhetze zu einer neuen Boykottaktion jüdischer Geschäfte, deren Schaufenster nun durch eine deutlich sichtbare weiße Inschrift gekennzeichnet sein müssen – eine Verordnung, die während der »Kristallnacht« die Aufgabe der Zerstörer und Plünderer erleichtern wird.

Mitte Juni 1938 werden ca. 1 500 jüdische Männer anläßlich Razzien in Berlin festgenommen und in Konzentrationslager gebracht. Allein 146 der Festgenommenen kommen in den drei darauffolgenden Monaten in Buchenwald um. Ursache der Verhaftung ist meistens ein nichtiger Vorwand: ein Verstoß gegen die Verkehrsordnung, gegen Wohn- oder Arbeitsgesetz, die eine Vorstrafe zur Folge haben, so daß man den Vorbestraften als in »Schutzhaft gehaltenen Asozialen« einstufen kann.

Diese Verhaftungen finden insbesondere auf Anordnung des Chefs der Berliner Polizei, General Kurt Daluege, in Kaffeehäusern und in den Hauptstraßen statt, auch am Stoelpchensee, dem einzigen Freibad der Berliner Umgebung, wo Juden noch zugelassen werden. Dalueges Schwager, der als Polizeikommissar in Berlin-Charlottenburg amtiert, zeigt auch unermüdlichen Eifer, um die jüdische Bevölkerung seines Bezirks ständig unter Druck zu halten. Ein abgelaufener Paß, unvollständige Ausweispapiere reichen für eine Festnahme aus. Der »Delinquent« wird verhaftet, registriert und nach zwei bis drei Tagen wieder freigelassen. Besonders stolz ist der Charlottenburger Polizeikommissar auf seine »Verkehrsfallen«: Fußgänger, die beim Überqueren einer Hauptstraße die Verkehrsvorschriften nicht beachten, werden angehalten. »Arier« dürfen nach Bezahlen der üblichen Geldstrafe (1 Mark) ihres Weges gehen. Juden hingegen bringt man aufs Polizeirevier, wo sie erst nach mindestens einem Tag freigelassen werden und eine Geldstrafe von 50 bis 500 Mark entrichten müssen. Ferner bedeutet auch diese Festnahme, daß sie nun als »vorbestrafte asoziale Elemente« registriert sind. Juden, die bis dahin noch ein Auto besaßen, verzichten lieber darauf, weil das leicht erkenntliche Nummernschild – alle »Judenautos« sind mit Nummern über 350 000 versehen – sie den Schikanen der Polizei aussetzt. Die »Verkehrsfallen« des erfindungsreichen Polizeikommissars erweisen sich besonders wirksam am Ausgang des Friedhofs oder des jüdischen Spitals, wenn Leute vor lauter Kummer und Pein nicht wahrnehmen, daß Polizisten anwesend sind.

Gleichzeitig beginnen die Polizeibeamten Listen der in ihrem Viertel wohnenden Juden aufzustellen und laden zu diesem Zweck den Rabbiner oder Vorstandsmitglieder der jeweilig betroffenen Gemeinde vor.

Eine noch viel unangenehmere Überraschung erlebt die jüdische Gemeinde von München. Die Behörde der bayrischen Landeshauptstadt ist nämlich auf den sadistischen Gedanken gekommen, anläßlich der Ausschußsitzung des *Allgemeinen Rabbinerverbandes*, die am 8. Juni 1938 im Gemeindehaus stattfindet, dem Gemeindevorsitzenden, Geheimrat Neumeyer, mitzuteilen, er habe innerhalb 24 Stunden die Synagoge nebst Verwaltungsgebäude dem Staat abzutreten.

In einem Brief vom 29. 6. 1938 berichtet der erste Kantor der Israelitischen Kultusgemeinde und zeitweilige Professor an der Königlich-Bayerischen Tonakademie Emanuel Kirschner:

»Mittwoch, 8. d. M., machten wir bei wundervoll sonnigem Wetter einen Ausflug nach Kleinhesselohe ... Um 6 Uhr kamen wir heim und fanden Bauerwald (den Rabbiner der Gemeinde) mit verstörter Miene am Tor stehen, neben ihm Rabbiner Wahrmund aus Oels, der während der Rabbinertagung unser Logiergast war, sowie Glaser (zweiter Kantor), der mich fragte, ob ich noch nichts von der Nachricht wisse. Auf meine verneinende

Antwort erfuhr ich dann, die Synagoge müsse abgebrochen werden, um einen Parkplatz zu schaffen, das gleiche Schicksal treffe auch unser Gemeindehaus, in dem wir wohnen, das bis spätestens in vier Wochen geräumt sein müsse. Um 6 ½ Uhr finde der Abschiedsgottesdienst statt. Wir gingen in unsere Wohnung, wo nach wenigen Minuten Dr. Bruno Finkelstein kam, um mich in Bauerwalds Namen zu ersuchen, als Abschluß des letzten Gottesdienstes in der Synagoge, die ich vor 51 Jahren mit eingeweiht hatte, Mismor 102 zu rezitieren ... Als es so weit war, ging ich bemarat nafschi (schweren Herzens) vor den Schulchan (Lesepult), fing mit beschwertem Gemüt zu singen an, und ein ness (Wunder) geschah, denn meine Stimme klang reiner und kräftiger, und wenn mich das Trauergefühl übermannte, dann übertrug sich diese Stimmung auch auf die die Synagoge füllende Gemeinde, deren Augen wie die meinen nicht tränenlos blieben. Der ergreifendste Moment sollte aber erst kommen, als wir mit den Sifre Thoras (Rollen des Pentateuchs) im Arm das dem Untergang geweihte Beth Haknesset verließen. Wer nur irgendwie sich herandrängen konnte, küßte inbrünstig unter Schluchzen und Stöhnen die Sifre Thoras, die dann ihren vorläufigen Aufbewahrungsort in der Bibliothek erhielt.

Schon am nächsten frühen Morgen begann das Verwüstungswerk unter lärmendem Gehämmer, unter Abbröckelung, und wo das Gestein sich hart wie Granit erwies, nahmen die Arbeiter ihre Zuflucht in Sprengungen, die unser Haus vom Keller bis zum Dach erbeben ließen ...

Anschrift von Ida Kirschner, geb. Buehler: ... Was sich bei uns alles vollzogen hat, gestern und heute war für uns sehr viel. Emanuel hat bald, unberufen, sein inneres Gleichgewicht erhalten, bei mir war es nicht so rasch hergestellt, denn die hausfraulichen Fragen berühren die Herren weniger. Das Umstellen auf das Israelitische Pensionat war nicht leicht, jetzt gewöhne ich mich nach und nach, daß wir in einem Altersheim sind ... In dieser schweren Zeit haben wir gesehen, daß wir gute Freunde haben. Gleich nach der Bekanntgabe, daß unser Haus auch abgerissen wird, kamen Leute und boten ihre Wohnung an, bis wir selbst wieder ein Obdach bekommen ...«[9]

Nach München, der »Hauptstadt der Bewegung«, meldet sich Nürnberg, »die Stadt der Parteitage«, in ähnlicher Weise. Allerdings konnte Nürnberg, wo Juden seit dem

13. Jahrhundert verzeichnet waren, den modernen Peinigern eine sich über Jahrhunderte hinziehende, umfassende Chronik der Judenverfolgungen bieten.[10] Schon 1349 hatte Karl IV. den Abbruch von Judenhäusern zur Raumbeschaffung für den »Grünen Markt« und den Obstmarkt erlaubt. An die Stelle der großen Synagoge, die in dem Viertel stand, wurde die Marien- oder Frauenkirche errichtet. Der darauffolgende Pogrom führte zur Beschlagnahme jüdischen Eigentums zugunsten der königlichen Kammer und der Stadtgemeinde. Die meisten Juden flohen; diejenigen, die zurückgeblieben waren, wurden ausgewiesen. 570 Männer, Frauen und Kinder kamen ums Leben, die letzten wurden am »Judenbuckl« – später Maxfeld – verbrannt. Doch fünf Jahre später holte man Juden der Umgebung in die in wirtschaftliche Not geratene Stadt zurück unter der Bedingung, daß sie ihren ehemaligen Schuldnern alle verbrieften und unverbrieften Schulden erließen. Darauf folgte ein Jahrhundert relativer Ruhe, d. h. »nur« mit üblichen Anfeindungen und Rechtseinschränkungen. Anschließend loderte der Judenhaß wieder auf. Nach dem großen Pogrom von 1492 gestattete Maximilian I., dem Druck der Bevölkerung folgend, erneut die Vertreibung der Juden. Wiederum suchte der größte Teil der Vertriebenen Zuflucht in der Umgebung, wo sie auf eine Beruhigung der Lage warteten. Die gebildetsten zogen es jedoch vor, die ungastliche Stadt für immer zu verlassen und neue Gemeinden in Württemberg, Frankfurt am Main, Prag oder Saloniki zu gründen.

Während dieses Pogroms wurden jüdische Wohnungen ausgeplündert und mit dem Beistand des Stadtrats alles jüdische Eigentum beschlagnahmt. Am 26. Juni 1498 wurden alle Judenhäuser verkauft. Der Bildhauer Veit Stoss erwarb das Haus des Meier Jeels um 800 Gulden. Der »Humanist« Willibald Pirckheimer vertrat die Stadt bei den Versteigerungen.

Der jüdische Friedhof wurde eingeebnet, die Grabsteine bei allen möglichen, Bauten u. a. für die Stufen der Sebaldus- und der Lorenzkirche, verwendet.

In den folgenden Jahrhunderten genoß Nürnberg den zweifelhaften Vorzug, die Stadt zu sein, in der die meisten und gehässigsten Bücher gegen die Juden geschrieben wurden. Vom 16. bis zum 19. Jahrhundert war es Juden untersagt, sich in Nürnberg niederzulassen. Da sich aber dadurch ein reger Handelsverkehr in der Umgebung entwickelte und die Steuereinnahmen den Nürnbergern entgingen, gewährten sie allmählich zeitlich beschränkte Aufenthaltsbewilligungen gegen Geldabgaben. Der erste Jude, dem die Genehmigung, sich in Nürnberg niederzulassen, im Jahre 1839 erteilt wurde, war Johann Wassermann, der Postkutschenfahrer der fürstlichen Thurn und Taxis' Postverwaltung. Er hatte zuvor sechs Jahre bei der Kavallerie in einem Ansbacher Regiment, dann als Unteroffizier in der Königlichen Gendarmerie in München gedient.

1855 wohnten einundzwanzig jüdische Familien wieder in Nürnberg, darunter der erste jüdische Landtagsabgeordnete Dr. David Morgenstern. Vier Jahre später genehmigte der Stadtmagistrat die Gründung des *Israelitischen Religionsvereins*. Doch konnte die Kultusgemeinde erst 1862 gegründet werden, während die feierliche Einweihung infolge des Krieges erst am 8. September 1874 stattfand. Ein Nürnberger Blatt deutete das Ereignis als »eine Art Sühne für die früher in Nürnberg verübten Greuel an den Juden«. Der Bürgermeister betonte in seiner Rede seine Freude, die Pforten der Synagoge zu eröffnen, nachdem sein Urahne Ulrich Stromer im Jahre 1349 die Juden mit Feuer und Schwert vertrieben habe. Abschließend erklärte er: »Die Behandlung der sogenannten Judenfrage halte stets gleichen Schritt mit dem Stande der Gesittung und Humanität bei Nationen wie bei Einzelnen.«

Die Gründerjahre nach dem erfolgreichen Krieg 1870/71 zeigen mit dem raschen Anstieg der Stadtbevölkerung einen noch größeren Zuwachs an jüdischen Einwohnern. Zwischen 1871 und 1930 steigt ihre Zahl von 1831 auf 10 200, d. h. 2,4 % der Gesamteinwohnerschaft, während der Durchschnittsprozentsatz kaum 0,9 % für das ganze Reich beträgt.

So schien das Leben der jüdischen Gemeinde endlich zur Ruhe gekommen zu sein und eine gewisse Stabilität erreicht zu haben, als im Jahre 1920 der damals noch unbekannte fränkische Volksschullehrer Julius Streicher plötzlich auftauchte. Mit Reitstiefeln und Reitpeitsche führte er eine kleine Gruppe antisemitischer Rowdies an, die in ganz Franken eine furchtbare Hetzkampagne betrieben. Das Ergebnis war, daß bis 1933 ungefähr zweihundertmal jüdische Friedhöfe geschändet wurden, die Juden sich vom öffentlichen Leben immer mehr zurückzogen und während des Gottesdienstes der hohen Feiertage einen Alarm- und Wachdienst einrichten mußten. Als der Nationalsozialismus zur Macht gelangte und Streicher als Gauleiter Frankens eingesetzt wurde, waren die Juden dort buchstäblich »vogelfrei«. Daher entfloh bereits ein Teil ab 1933 dieser »Hölle auf Erden«. Der Boykott jüdischer Geschäfte im April desselben Jahres, dessen Leitung Streicher in Hitlers Auftrag für das ganze Reich übernahm, erfolgte in Nürnberg und Franken auf die brutalste Weise. Am 20. Juli 1933 wurden dort bereits ca. 300 Männer, meistens Mitglieder der Bnei-Brith-Loge, darunter mehrere über 70 Jahre alt, verhaftet. Sie wurden durch die Straßen geführt, geschlagen und zu den erniedrigendsten Arbeiten gezwungen, unter anderem, mit den Zähnen Gras auszurupfen. »Arische« Frauen, die ein Verhältnis mit einem jüdischen Mann hatten, wurden mit geschorenem Kopf und einem Schild, auf dem zu lesen war: »Ich bin eine Judensau« durch die Straßen geführt. Im September 1934 begaben sich während des Reichsparteitags 300−400 SA-Männer vor die Synagoge am Hans-Sachs-Platz, versuchten über die geschlossenen Tore zu klettern, an die sie Stürmerbilder hefteten, und belästigten die Synagogenbesucher derart, daß ein Gestapobeamter, der sich in der Synagoge befand, die Polizei herbeirief, um die Ordnung wiederherzustellen.

Durch die fortwährende Hetzkampagne von Streichers *Stürmer* lebten die Nürnberger Juden in den darauffolgenden Jahren wie ihre Vorfahren in der ständigen Angst

einer neuen Pogromwelle. Vielleicht erklärt dieses Gefaßt-
sein auf das Schlimmste die entschlossene Haltung des Ge-
meindevorstands, als er am 18. Juni 1938 die Mitteilung
der sofortigen Enteignung der großen Synagoge und der
dazugehörenden Gebäude vom Stadtrat erhielt.

Im Gegensatz zur resignierten Haltung der Münchener
Gemeinde beschlossen die Nürnberger Vorstandsmitglieder einstimmig, das Gotteshaus freiwillig nicht aufzugeben und nur der Gewalt zu weichen. In den darauffolgenden Wochen versuchte die Stadtverwaltung vergeblich, die
Gemeinde von ihrem Standpunkt abzubringen, um das
Damoklesschwert der Gewalt durch freiwilligen Verzicht
zu vertuschen. So beschloß der Stadtrat in der Sitzung
vom 3. August 1938 die Enteignung des Synagogengebäu-
des aufgrund des »Gesetzes über die Neugestaltung deutscher Städte« vom »4. Oktober 1937 in Verbindung mit
dem Erlaß des Führers und Reichskanzlers über städte-
bauliche Maßnahmen in der Stadt des Reichsparteitages
Nürnberg« vom 9. April 1938. (Reichsgesetzblatt 1938 I.
S. 379).

Bei dieser Gelegenheit führte Oberbürgermeister Willy
Liebel aus:

»Im Zuge der Wiederherstellung des unvergleichlich schönen
Nürnberger Altstadtbildes wird der Stadtrat nun auch daran gehen, unschöne, stilwidrige und aufdringliche Bauwerke in der
Altstadt zu beseitigen ... Die schlimmste Bausünde aus vergangenen Jahrzehnten ist ohne Zweifel die in einem der schönsten
Teile der Nürnberger Alstadt, am nördlichen Pegnitzufer mit
seinen idyllischen und reizvollen alten Häusern gegenüber der
Insel Schütt gelegene Synagoge. Eine von demokratischem Ju-
dengeist umnebelte Vertretung der Nürnberger Bürgerschaft hat
es den Juden dereinst durch einen hier in diesem Saal am 5. März
1869 einstimmig gefaßten Plenarbeschluß ermöglicht, am Hans-
Sachs-Platz, der eine Umrahmung aus schönen alten Bürgerhäu-
sern aufweist, und an dessen Südseite sich die Heilig-Geist-Kir-
che befindet, in der jahrhundertlang die Reichsinsignien und
Reichskleinodien aufbewahrt worden waren, ein undeutsches,
frech aufdringliches, orientalisches Bauwerk zu errichten.

Dieser, wie in dem seinerzeitigen Baugesuch ausdrücklich betont wird ›nach den jüdisch-rituellen Erfordernissen‹ mitten in einer schönen alten deutschen Stadt errichtete morgenländische Kuppelbau, der gleichsam ein Wahrzeichen der einstigen Judenherrschaft in Nürnberg darstellt, wirkte auch von weitentfernten Stellen aus von jeher als ein Fremdkörper im Stadtbild. Es war uns Nürnberger Nationalsozialisten schon immer ein Dorn im Auge und wie in so vielem, so ist und auch hier vom Schicksal die Aufgabe gestellt worden, die Sünden früherer Geschlechter wieder gutzumachen zum Wohle unserer Stadt ... Ich kann Ihnen, meine Ratsherren, der Presse und damit der gesamten Öffentlichkeit, heute die erfreuliche, für die Geschichte Nürnbergs geradezu historisch bedeutsame Tatsache bekanntgeben, daß der Abbruch der Synagoge am Hans-Sachs-Platz bereits von mir angeordnet worden ist und innerhalb einer Woche in Angriff genommen werden wird. Bis zum Reichsparteitag 1938 wird er aller Voraussicht nach in der Hauptsache bereits durchgeführt sein.

In den nächsten Wochen wird durch die Abbrucharbeiten allerdings die bisherige beschauliche Ruhe am Hans-Sachs-Platz wohl vorübergehend auch in den Nachtstunden ab und zu erheblich gestört und beeinträchtigt werden, aber wir dürfen wohl erwarten, daß die Anwohner dieser Notwendigkeit umsomehr Verständnis entgegenbringen, als sie ja die Voraussetzung dafür ist, daß ihnen dann für alle Zukunft der allwöchentliche Anblick der zu und von der Synagoge kommenden mauschelnden Mischpoche erspart bleiben wird!«[11]

Nach dieser denkwürdigen Stadtratssitzung, in der »der Sprecher der Ratsherren und der gesamten Bevölkerung Nürnbergs für diese Tat den gebührenden Dank« dem Oberbürgermeister übermittelte und ein Beitrag von 550 000 RM für die Abbruchkosten veranschlagt wurde, fand am 10. August die feierliche Eröffnung des Zerstörungswerks statt. Morgens um 10.10 Uhr, in Anwesenheit der Stadt- und Gaubehörden sowie einer großen Zuschauermenge, setzt Gauleiter Streicher persönlich von einem Podium aus den Kran in Bewegung, mit dem der große Davidstern von der Synagogenkuppel entfernt wird. Anschließend sprengt eine Pionierkompanie die Mauern und

Säulen des Bauwerks. So brach das Sühnezeichen der früher an den Nürnberger Juden verübten Greuel in Schutt und Asche zusammen. Die Stadt kehrte zu ihrer jahrhundertealten antisemitischen Tradition zurück.

Einige Wochen später fiel als drittes Opfer der Zerstörungswut die Dortmunder Synagoge. Die 100 000 RM Enteignungsgeld, die der Gemeinde hierfür überwiesen wurden, kehrten in den folgenden Monaten als »Strafabgabe« wieder in die Staatskasse zurück.

Aufgrund dieser neuen, seit dem Anschluß Österreichs einsetzenden Verfolgungswelle herrscht zum erstenmal seit 1933 großer Andrang von Auswanderungsanwärtern in den Konsulaten des Reichs. Die amerikanischen Vertretungen werden buchstäblich erstürmt von asylsuchenden Juden, während Nachbarländer wie die Tschechoslowakei, Ungarn, Jugoslawien, Italien, die Schweiz, Belgien, Frankreich sich weigern, diejenigen aufzunehmen, die die Gestapo illegal in ihr Territorium einzuschleusen sucht. Großbritannien befürchtet seinerseits, durch eine starke jüdische Einwanderung in Palästina den Aufruhr der arabischen Bevölkerung hervorzurufen.

Um dem Druck der öffentlichen Meinung nachzugeben und eine plötzliche Flüchtlingswelle in den Vereinigten Staaten aufzuhalten, beauftragt Präsident Roosevelt den ehemaligen Leiter der *American Steel Federation*, Myron C. Taylor, eine internationale Konferenz zur Lösung der Flüchtlingsfrage anzuberaumen.

Roosevelts Beauftragter erklärt, daß die Frage der politischen Flüchtlinge keine Privatangelegenheit sei. Sie erfordere das Eingreifen der Regierungen. Wenn diese erlauben, daß die Flut der Emigranten in asylgewährenden Staaten chaotisch anwachse, wenn gewisse Regierungen weiter einen großen Teil ihrer Bevölkerung in eine Welt treiben, die gegen die Krise kämpfe und nicht auf ihre Aufnahme vorbereitet sei, so drohe ihnen die Katastrophe menschlichen Leidens, die zur Verschärfung der internationalen Spannungen und nicht zur Verwirklichung des Friedens, den alle Völker zutiefst ersehnen, führe.[12]

In der Tat spiegelt die im Juli 1938 in Evian, am französischen Ufer des Genfer Sees, stattfindende Konferenz — die Schweiz hat die Tagung auf ihrem Territorium abgelehnt — die Interessenkonflikte der einzelnen Staaten wider: Die Sowjetunion und die Tschechoslowakei sind nicht vertreten, Italien hat die Einladung abgelehnt, Ungarn, Rumänien und Polen schicken Beobachter, aber nur um zu bitten, man möge sie von den Juden im eigenen Land befreien. Die Reichsregierung, die jegliche Zusammenarbeit mit anderen Staaten in einer Frage ablehnt, für die sie sich allein zuständig erachtet, gestattet jedoch einer Delegation der jüdischen Gemeinden Deutschlands und Österreichs, nach Evian zu fahren. Doch die Vertreter der zweiunddreißig an der Konferenz teilnehmenden Staaten lösen sich eine Woche lang am Rednerpult ab, um Präsident Roosevelts Initiative zu begrüßen, den Opfern der Verfolgung ihre Sympathie auszudrücken, und gleichzeitig auch mitzuteilen, daß die wirtschaftliche und soziale Lage ihres Landes keine Erweiterung der Emigrationsquote zulasse.

Der australische Handels- und Zollminister Oberstleutnant J. W. White erklärt sogar, es sei unmöglich, Nichtbriten Privilegien einzuräumen, ohne anderen Unrecht zuzufügen, sein Land, das bis jetzt mit dem Rassenproblem nicht konfrontiert worden sei, habe nicht die Absicht, dieses Problem zu »importieren«.[13]

Gerade dieser Mann wird zum Vorsitzenden des Komitees gewählt, das die Delegation der Verfolgten empfangen soll. So wundert es einen nicht, daß die Vertreter von vierzig verschiedenen Organisationen in einem Nachmittag abgefertigt werden. Während dem Jüdischen Weltkongreß, der im Namen von sieben Millionen Juden spricht, ebenso wie der Vereinigung für hilfsbedürftige deutsche Wissenschaftler im Ausland fünf Minuten Audienz gewährt werden, muß sich die Delegation der Juden des Reiches, die nicht auf der Liste der zu empfangenden Organisationen steht, damit begnügen, eine Denkschrift zu überreichen.

Unter dem Titel »Powers slam doors against German Jews« resümierte die *New York Times* vom 8. Juli 1938 den allgemeinen Eindruck, niemand wolle sich der 650 000 Verfolgten im Reich annehmen. Ironisch fragte Goebbels in einem Artikel desselben Tages: »Was fangen wir mit den Juden an?« und unterstrich, daß es bei mangelnder Bereitwilligkeit der »Aufnahmeländer« möglich wäre, die unerwünschten Gäste in Uganda oder Madagaskar anzusiedeln.

Nach acht Tagen vornehmer und pathetischer Reden endet die Konferenz mit dem Beschluß, »das in Evian glücklich begonnene Werk« anläßlich einer für den 3. August festgelegten Sitzung weiterzuführen. Diese soll in London abgehalten werden, das fortan der ständige Sitz des *Intergovernmental Committee for Refugees* unter der Leitung des amerikanischen Diplomaten George Rublee sein soll.

Auf Anregung der südamerikanischen Delegation wird jegliche polemische Äußerung gegen das Dritte Reich in der endgültigen Fassung der abschließenden Resolution gestrichen. Doch diese Rücksichtnahme hindert nicht die deutsche Presse, sich aufs heftigste über die Heuchelei derer aufzuregen, die über das Schicksal der Verfolgten jammern, sich aber weigern, sie aufzunehmen.

»Juden preiswert abzugeben – wer will sie? Niemand?« proklamiert der *»Reichswart«* vom 14. Juli 1938 in Riesenbuchstaben.

Ähnlich äußert sich der *Danziger Vorposten:* »Wir stellen fest, daß man die Juden gerne bemitleidet, solange dieses Mitleid eine böswillige Hetze gegen Deutschland nährt, daß aber kein Staat dazu bereit ist, gegen die kulturelle Belastung in Mitteleuropa einzuschreiten, indem er einige Tausend Juden aufnimmt. Die Konferenz ist also eine Rechtfertigung der deutschen Politik gegen die Juden.«

Die NS-Führung hat nun den Beweis, daß das Ausland trotz seines empörten Protestes im Grunde sich nicht um das Schicksal der deutschen Juden kümmern will. Mehrere

Fakten bekräftigen in den darauffolgenden Monaten diese Überzeugung:

1. Als der Danziger Gauleiter Forster anläßlich einer Unterredung mit Churchill im Juli 1938 diesen fragt, ob die antijüdischen Gesetze ein Hindernis für die deutsch-britischen Verständigungen seien, antwortet der britische Staatsmann verneinend.[14]

2. Die Schweiz, die wie England seit dem Anschluß Österreichs bei den Reichsbehörden darauf drängt, dem Strom jüdischer Einwanderer auf ihrem Territorium vorzubeugen, sendet im September 1938 Dr. Heinrich Rothmund, den Chef der Eidgenössischen Polizei, nach Berlin zur Verhandlung eines diesbezüglichen Abkommens.[15] Dem Abkommen entsprechend, erklärt sich die Reichsbehörde bereit, deutschen Juden, die weder eine Aufenthaltsgenehmigung noch ein Durchreisevisum für die Schweiz besitzen, die Ausreise zu verweigern. Um die Ausdehnung dieser Maßnahme auf »arische« Reichsbürger zu vermeiden, schlägt Rothmund der NS-Behörde vor, Juden durch einen besonderen Vermerk im Paß kenntlich zu machen. Dieser Vorschlag findet seinen Niederschlag im Gesetz vom 7. Oktober 1938, das den Entzug des deutschen Reichspasses für Juden anordnet. Statt dessen soll ihnen ein Sonderausweis ausgehändigt werden, der auf der ersten Seite links mit dem drei Zentimeter hohen roten Buchstaben »J« versehen ist.[16]

3. Ab September 1938 schränken auch die lateinamerikanischen Staaten drastisch die Einwanderung jüdischer Flüchtlinge ein.

4. In einer Denkschrift zum *Intergovernmental Committee for Refugees,* das die französische Regierung im Oktober 1938 an das Auswärtige Amt richtet, wird dessen »rein humanitärer Charakter« betont. *Keiner der daran beteiligten Staaten streite der deutschen Regierung das uneingeschränkte Recht ab, gegen bestimmte Staatsangehörige*

Maßnahmen zu ergreifen, die allein unter die Ausübung seiner Souveränität fallen.[17]

Nach der Münchener Konferenz, auf der England und Frankreich zur Erhaltung des Friedens ihre tschechoslowakischen Verbündeten preisgegeben haben, ist Hitler berechtigt zu denken, daß es sich nicht um eine diplomatische Floskel handelt, sondern daß die an der Konferenz von Evian teilnehmenden Mächte ihm rundweg das Recht zubilligen, seine Staatsangehörigen — geschweige die Juden — so zu behandeln, wie er es für richtig hält.

Allen Anzeichen nach scheint Hitler nach dem Scheitern der Konferenz von Evian entschlossen, die irritierende Judenfrage durch die Faustschlagmethode zu lösen, die sich bis dahin im Umgang mit den westlichen Demokraten so bewährt hat. Im Tagebuch, das er von 1932 bis zu dem gemeinsam mit seiner Frau jüdischer Abstammung und seiner Stieftochter im Dezember 1942 begangenen Selbstmord führt, bemerkt der protestantische Schriftsteller Jochen Klepper am 23. August 1938: »Seit die Konferenz von Evian erwiesen hat, daß das Ausland den deutschen Juden nicht hilft, ist alles noch viel tragischer.«[18] Tatsächlich werden zwischen Juli und Oktober 1938 stets neue Verordnungen und Gesetze zur Einschränkung der Existenzmöglichkeiten der Juden im Dritten Reich erlassen. Jüdische Ärzte und Rechtsanwälte dürfen künftig nur noch ihren Beruf als Krankenpfleger und Rechtsberater ihrer Glaubensgenossen ausüben. Nichtarischen Handelsvertretern und Straßen- und Markthändlern wird die Berufslizenz entzogen, indessen Geschäftsbesitzer und Gewerbetreibende ihre Tätigkeit ab 1. Januar 1939 einstellen müssen. Zum Schreckgespenst der Arbeitslosigkeit gesellt sich bald auch die Gefahr, obdachlos zu werden. Denn seit der Einführung des Sonderausweises und der Pflichtverordnung, je nach Geschlecht den Vornamen Israel oder Sarah zu tragen, die seit Hans Globkes[19] Kommentar zu den Nürnberger Gesetzen vom 17. August 1938 in Kraft ist, fällt es Juden immer schwerer, in »arischen« Häusern zu bleiben. Der Druck der Partei oder die Befürchtung einer Denunziation veranlassen »arische« Hausbesitzer, neue jüdische Mieter abzuweisen und die alten schnellstens loszuwerden — eine Situation, die um so peinlicher ist, da jüdische Hausbesitzer zur selben Zeit gezwungen werden, ihre Häuser zu verkaufen.

So bleibt nur die Flucht. Doch die wachsende Verschärfung der Gesetzgebung über Umtausch und Ausfuhr von Devisen, die Blockierung jüdischen Eigentums, das der Kontrolle der Wirtschafts- und Finanzministerien unterliegt (seit dem 8. August haben Juden nur noch im Beisein eines Inspektors des Finanzamtes Zugang zu ihrem Safe), beunruhigen die Betroffenen. Sie haben das Gefühl, Gefangene eines Staates zu sein, der sie zur Auswanderung drängt, ihnen gleichzeitig aber systematisch die Mittel dazu entzieht.

In einer Sitzung[20] im Luftfahrtministerium, an der am 14. Oktober 1938 die höchsten Reichsbeamten teilnehmen, erörtert Feldmarschall Göring in seiner Eigenschaft als Beauftragter für den Vierjahresplan die Notwendigkeit, die deutsche Wirtschaft den wachsenden Bedürfnissen des Heeres anzupassen. Zur intensiven Vorbereitung eines bevorstehenden Krieges, erklärt Göring, müsse die Wirtschaft schnellstens der unsicheren Elemente, d. h. der Juden, entledigt werden. Doch soll diese totale Ausschaltung zugunsten des Staates erfolgen und nicht in anarchischer Weise, wie dies in Österreich der Fall war. Die »Arisierung« jüdischen Eigentums dürfe nicht »als ein Versorgungssystem untüchtiger Parteigenossen angesehen werden«. Darauf protestiert der österreichische Ministerialrat Fischböck aufs heftigste und verteidigt die alten NS-Kämpfer, worauf Göring sofort die Sitzung aufhebt, indem er nochmals betont, daß diese Angelegenheit ausschließlich in die Kompetenz des Staates falle. Während die zuständigen Verwaltungen den Verkauf jüdischen Eigentums forcieren — zwei der sieben Milliarden des angemeldeten jüdischen Eigentums sind bereits zwischen April und Oktober in »arischen« Besitz übergeführt worden —

bleiben Polizei und Sicherheitsdienste nicht untätig.[21] Immer häufiger werden die Leiter der jüdischen Gemeinden schon um sieben Uhr früh in die Büros der Gestapo gerufen, wo man sie stundenlang festhält und ihnen einschärft, die Ausreise ihrer Glaubensgenossen zu beschleunigen. Die SS-Zeitschrift *Das schwarze Korps* macht kein Hehl daraus, daß sie mit Ungeduld die Stunde erwartet, da das Reich »entjudet« sein wird.

In den KZs Buchenwald und Sachsenhausen müssen die Gefangenen ihr Lager vergrößern, Vorräte an Lebensmitteln und Kleidung werden dort angelegt. In den Werkstätten von Dachau müssen die Häftlinge Davidsterne auf die gestreiften Kittel nähen.[22] Die alarmierendsten Nachrichten kursieren in jüdischen Kreisen. Laut gut informierten Quellen hätte der letzte Parteikongreß beschlossen, daß die SA und die SS im Fall eines Krieges eine »Nacht der langen Messer« gegen die Juden organisieren sollten. Die Nachricht erscheint um so wahrscheinlicher, als in einigen kleinen bayrischen und hessischen Ortschaften, die den während der Münchner Krise ergangenen Befehl, jede Aktion einzustellen, nicht rechtzeitig erhalten hatten, bereits Pogrome von nie dagewesener Heftigkeit stattgefunden haben. Die Unruhe verwandelt sich in Panik, als Mitte Oktober bekannt wird, daß die NS-Behörden, ohne den in der Münchner Konferenz vorgesehenen Völkeraustausch abzuwarten, die Juden aus dem Sudetenland in die Tschechoslowakei abgeschoben haben, die sie ihrerseits schon am nächsten Tag nach Ungarn weitergeschickt hat. Da die Ungarn die Juden aber ihrerseits ausweisen, kampieren sie auf Donaukähnen, bis sich ein Land bereiterklärt, sie aufzunehmen. Dem Gesandten Großbritanniens, den seine Regierung beauftragt hat, diesbezüglich bei den Tschechen vorzusprechen, wird geantwortet, London täte besser daran, die Auswanderung zu erleichtern und bei den Deutschen vorzusprechen, damit sie aufhörten, »unerwünschte Juden von den von ihnen besetzten Gebieten in den noch bestehenden Teil der Tschechoslowakei zu treiben«[23].

Kaum hat die Nachricht dieser Odyssee die jüdischen Gemeinden erreicht, als ein noch schlimmeres Ereignis sie zutiefst bestürzt:

Ottilie Schönwald, Präsidentin des Jüdischen Frauenbundes bis zu dessen Auflösung im Jahr 1938, die damals in Bochum lebte, erzählt:[24]

»Ich glaube, daß ich jede Einzelheit dieses Tages behalten werde, aber das Datum ist mir ganz und gar entfallen. Ich weiß nur noch: Es war ein bitterkalter Oktobertag 1938. Nach altjüdischer Tradition begann es alles schon am Vorabend, bzw. Nachmittag. Unentwegt klingelte es an der Haustür. In unserer großen Wohnzimmer-Bibliothek saß bald ein ganzer Kreis jüdischer Menschen, bekannt und unbekannt, ein Querschnitt durch die ganze Gemeinde. Das Stimmengewirr machte mich aufmerksam, daß wieder etwas ›los‹ war, aber zuerst war es schwierig, aus den widersprechenden Gerüchten die Tatsache herauszuschälen.

›Alle Ostjuden sind verhaftet.‹

›Nein, nur die Polen.‹

›Im Gegenteil, die sind noch frei, nur die Staatenlosen!‹

Die Gemeindesekretärin kam zu ihrem Parnes (Vorsitzenden) – das war mein Mann – und berichtete endlich einigermaßen authentisch: Niemand war bisher verhaftet, aber die staatenlosen Ostjuden waren ausgewiesen worden und mußten am frühen Morgen des nächsten Tages die Stadt (Bochum) verlassen mit ihren Familien. Was sollte man ihnen raten: passiven Widerstand, Eingaben um Aufschub, Befolgung der Ausweisung?

Das hing davon ab, ob es sich hier um eine örtliche Einzelmaßnahme handelte, gegen die man eventuell durch Eingreifen der Gemeinde oder der jüdischen Gesamtorganisation bei der Parteileitung protestieren und so einen Aufschub wenigstens versuchen konnte, ob um einen Generalerlaß von Berlin. Ich rief daraufhin bei den jüdischen Gemeinden in Essen und Dortmund an und, trotz der übereinstimmenden bejahenden Auskunft, dann noch bei der Reichsvertretung der Juden in Berlin. Nach Rücksprache mit Dr. Leo Baeck und seinem Rat blieb leider nichts anderes übrig, als an die harte Tatsache zu glauben und den armen Ausgewiesenen nach Kräften zu helfen. Nachdem ich dann noch die Geschäftsstelle des Jüdischen Frauenbundes in Berlin angerufen und in meiner Eigenschaft als Vorsitzende des Bundes in langer Rücksprache mit Hannah Karminski Mittel und Wege gesucht hatte, von dort aus einen Pflegedienst an den Eisenbahnknotenpunkten zu organisieren, begannen wir mit den naheliegenden örtlichen Aufgaben.

Zuerst hieß es, die Hilfe der wenigen jüdischen Autobesitzer zu werben, was nicht schwierig war, da sie fast alle bei uns versammelt waren. Sie begannen sofort ein Sammelwerk von tragbaren Handkoffern, damit die Ausgewiesenen soviel wie möglich von ihren Habseligkeiten mitnehmen konnten. Bei jedem Klingeln der Haustürglocke traf eine neue, aufregende Botschaft ein: Alle betroffenen Männer sind ins Gefängnis gebracht worden! Früh um 8 Uhr müssen die Frauen und Kinder am Bahnhof sein, aber sie sind ganz rat- und haltlos ... Die Männer verweigern die Speisen im Gefängnis, wollen nur koscher essen.

Was tun? Die Autokolonne fuhr zu allen jüdischen Metzgern, kaufte alle vorhandenen koscheren Würste auf, dann zu den Bäckern, die versprachen, am Morgen ein paar hundert frische Brötchen zu reservieren. Hilfe zum Scheuern unseres großen kupfernen Waschkessels war schnell requiriert, und so konnten wir in aller Morgenfrühe, gut ausgestattet mit warmer Kost, am Gefängnis vorfahren. Die verdutzte Wache einfach beiseite schiebend, gelangten wir gerade auf den Innenhof, als das mitleiderregende Häuflein der Juden stramm »ausgerichtet« wurde. Der mir bekannte Wachhabende bedeutete mir, wir sollten unsere Speisung am Bahnhof vornehmen, bot sogar seinen Wagen für den dampfenden Kessel an ...

Am Bahnhof war schon eine wimmelnde Masse aufgeregter, weinender, schreiender Frauen und Kinder versammelt, und immer neue Lastautos fuhren an und ›schütteten‹ förmlich ihre Elendlast auf den Vorplatz. Bochum war Sammelstelle für die umliegenden kleinen und auch größeren Ortschaften mit vorwiegend Arbeiterbevölkerung.

Ich muß hier wohl ein erklärendes Wort über die Konzentrierung so vieler Ostjuden in jener Ruhrgegend sagen. Während des Ersten Weltkriegs, als Deutschland polnische Gebiete besetzte, brachte man zwangsweise polnische Männer, teilweise mit Familien, in die Ruhrgegend, um sie in den Bergwerken, die keine Männer mehr hatten, zu beschäftigen. Es waren ihrer so viele, daß die betreffenden Gemeinden jüdische Arbeitsämter zur Betreuung dieses unfreiwilligen Zuzugs errichten ... Nach dem Krieg optierten diese Leute, die sich dann später ihren alten Berufen als Kaufleute etc. zuwandten, für Deutschland, verloren also ihre polnische Staatsangehörigkeit und galten in Polen als Deserteure. Eine Rückkehr nach Polen war also für diese Leute gleichbedeutend mit Todesstrafe. Das machte die Ausweisung so besonders tragisch. Die als kleine Kinder nach Deutschland verbrachten und die in Deutschland geborenen Kinder wußten nichts von Polen, hatten keinerlei Beziehungen dort und sprachen und verstanden die Sprache nicht.

Am Tag der Ausweisung und Vertreibung standen aber andere Nöte im Vordergrund. Durch Verhandlung mit dem aufsichtsführenden Beamten der Gestapo ... war es mir gelungen, den Wartesaal 3. Klasse für die Frauen und Kinder reserviert zu bekommen, so daß der inzwischen mobilisierte jüdische Frauenbund und -verein ein ausgedehntes koscheres Verpflegungswerk beginnen konnte. Das bekannte gute jüdische Herz erschöpfte sich mit Käsebroten, Kuchen und Kaffee. Die Würstchen waren den ausgehungerten Männern vorbehalten geblieben.

Es war nicht schwierig festzustellen, daß aus manchen Gemeinden die Frauen und Kinder aus den Betten geholt worden waren ... Nachdem ich mir telefonisch vom Herrn Parness die Genehmigung hatte geben lassen, die Bochumer Gemeinde mit den Kosten zu belasten, wurde die Autokolonne wieder in Betrieb gesetzt, um aus den jüdischen Geschäften alle Wolldecken und warme Unterzeuge, die noch greifbar waren, herbeizuschaffen ...

Der Stationsvorsteher hatte mir verraten, daß es unmöglich sein würde, vor 11 Uhr abends einen Sonderzug abzulassen. Er versprach gleichzeitig einen Gepäckwagen anzuhängen, damit die Leute in ihren Sitzen schlafen könnten. Uns gab das Gelegenheit, einige der Männer, für die ich mich verbürgt hatte, nach Hause zu fahren, wo sie größere Koffer packen und so einen kleinen Teil ihrer Habe mitnehmen konnten, besonders Kinderwäsche und Kleidungsstücke. Beim Hinhorchen hörte man aber immer wieder bei den Männern die große Besorgnis um das Schicksal ihrer Geschäfte. Deshalb fuhr ich schnell nach Hause, um mir von meinem Mann, der Anwalt war, Formulare für Vertretungsvollmachten, die für diesen Zweck zugeschnitten waren, ausstellen zu lassen. Die Leute konnten demzufolge Verwandte oder ihre jüdische Gemeinde zu Vertretern ihrer Interessen einsetzen. So groß war auch dann noch das Vertrauen zu der Wirksamkeit deutscher Rechtsauffassung und geschäftlicher Gepflogenheiten ...

Keine andere Maßnahme, keine Verpflegung, nicht einmal die Erlaubnis, aus der eiskalten Abendluft in die Wärme des Wartesaals zu ihren Frauen und Kindern übersiedeln zu dürfen, hat auch nur einen Bruchteil der Beruhigung verschafft wie die Ausstellung der ›Vollmachten‹, die man mir teilweise mit Gebetworten in die Hand drückte ...

Ein steinalter, gelähmter Mann war mir schon lange aufgefallen; er und ein anscheinend hochfieberndes junges Mädchen waren bestimmt nicht transportfähig. Selbst der herbeigerufene Nazi-Arzt mußte das unwillig feststellen, aber beide weigerten sich, ins Krankenhaus zu gehen, und bestanden darauf, bei ihren Leuten zu bleiben. Der Wutausbruch des jungen Arztes äußerte sich dahin (dem Sinn nach, die Worte sind mir entfallen), daß man ihn wegen des ›Judenpacks‹ nicht hätte zu behelligen brauchen. Daraufhin sagte ich ihm (ebenfalls dem Sinn nach), daß ich die Verantwortung für seine Belästigung trüge, und zwar weil ich geglaubt habe, dies sei eine beabsichtigte Ausweisung von unerwünschten Juden, aber kein Todesurteil: Wenn aber die Leute freiwillig mitgehen wollten, weil sie den Tod einem Zurückbleiben in Deutschland vorzögen, so könne ich das gut verstehen.

Ich sehe noch seinen verdutzten, dummen Gesichtsausdruck, mit dem er mir die Überweisungen ins Krankenhaus zuschob. Dann flüsterte er, verstohlen auf mich weisend, mit dem Aufsichtsbeamten und ging dann brummend und achselzuckend fort ... Es gelang dann keinem Zureden, die beiden Patienten umzustimmen. Der gelähmte Mann ließ sich seelenruhig auf seinem Stuhl festbinden, um transportfähig zu sein ...

So legte sich dann auch beim Einsatz der frühen Dämmerung eine Art lähmende Erstarrung über die wimmelnde Menschenmasse. Die letzten Wollsachen waren verteilt, Hunger und Durst gestillt, die guten Feen vom Frauenverein und auch die selbstlosen ›Autofahrer‹ waren heimgekehrt. Die Kinder hatten in den schützenden Armen ihrer Mütter Ruhe gefunden, schliefen auf ihrem Schoß oder zu ihren Füßen und gaben so vielleicht ein wenig ihrer vertrauensseligen Gewißheit an ihre Umgebung ab.

Als es dann aber gegen 10.30 Uhr hieß: ›Alle auf den Bahnsteig‹, erlebten wir eine Massenpsychose reinster Ausprägung: Alles hetzte, drängte, obwohl doch keiner diesen Augenblick herbeigesehnt hatte. Die Mütter schrien nach ihren Kindern, die sie an der Hand oder am Rockzipfel hängen hatten, die Kinder schrien nach ihren Müttern; jeder Versuch, etwas Ordnung in das Chaos zu bringen, mußte scheitern. Aber endlich waren doch alle mit Sack und Pack, im wahrsten Sinne des Wortes, auf dem Bahnsteig, wo große Stöße von Wolldecken aufgestapelt waren, die den Neid eines Trupps der HJ auf dem gegenüberliegenden Bahnsteig erregten. Ich hoffe, daß das sich entwickelnde Gespräch zwischen uns ihnen etwas Verständnis dafür beigebracht hat, daß es sich hier nicht um ein Vergnügen oder um eine ›Nachtübung‹, sondern um das leibhaftige Leben der Empfänger der Wolldecken handelte.

Die Erregung stieg zu einem Höhepunkt, als ein Signal das Nahen des Zuges ankündigte. Es stieg wie ein Stöhnen und Schluchzen eines einzigen großen Wesens auf, und im gleichen Augenblick klammerten sich die Hände der umstehenden Frauen und Kinder an uns, die wir ihnen wie eine feststehende Stütze vorkamen. Ich entsinne mich genau, daß ich ihnen sagte: ›Es mag nicht mehr lange dauern, dann werden sie draußen im Ausland vielleicht sagen: ›Nebbich die Armen, die jetzt noch in Deutschland sind! Die haben keinen, der ihnen beisteht, wenn ihr Abtransport erfolgt!‹ Ihnen ruft noch jemand: ›Mazel Tow‹ und ›Schalom‹ nach.

Ein Händedruck — und der Sturm auf die Sitzplätze im Zug begann. Auch hier wieder das natürliche Ventil. Die leiblichen Wünsche und Bedürfnisse des Augenblicks verdrängten das Bewußtsein des Schicksalhaften.

Eine Szene möchte ich aber noch festhalten, die ein Schlaglicht auf die Verhältnisse in Nazideutschland wirft: Als der schon erwähnte alte, ehrwürdige Jude in Kaftan und rundem Hut auf seinem Stuhl angebunden in den Zug getragen wurde, hörte ich einen jungen Mann (in einer kleinen Gruppe von drei Nazi-Jugendlichen) zu seinem Kameraden sagen: ›Du, sieh dir mal die Nulpe an, den mußt du in deinem Skizzenbuch festhalten.‹ Worauf ich in all meiner Erregung auf sie losfuhr und, sicher nicht sanft, hinzufügte: ›Ja, tun Sie das, und dann vergessen Sie nie, was Sie jetzt hier sehen. In all Ihren Träumen soll es Ihnen erscheinen, bis zum jüngsten Tag!‹ Wieder das verdutzte, verlegene Lächeln. Wer so sprach, konnte doch nicht dazugehören. Vielleicht eine Nazi-Frauenvertreterin? Jedenfalls — Vorsicht war damals der Tapferkeit besserer Teil, und so schlichen die ›Helden‹ sich wortlos ohne Skizze davon.

Wer kennt nicht das unheimlich verlassene Gefühl, wenn ein

normaler Zug gerade den Bahnsteig verlassen hat und anstelle des bisherigen Gewühls und Gewimmels plötzlich die Stille und Leere einen umgibt? Das war in jener Schicksalsnacht ins fast Unerträgliche gesteigert, so daß ich den Zuspruch des Bahnhofsvorstehers und des Wachhabenden in erster Aufwallung zurückwies. Aber um der Gerechtigkeit willen muß ihre menschliche Handhabung und gemilderte Ausführung eines unmenschlichen Befehls in diesem Bericht erwähnt werden. Auch sie waren Deutsche.«

In der Tat trug die polnische Regierung von 1938 eine schwere Verantwortung für die Durchführung dieser ersten Massendeportation der Juden im Dritten Reich. Die Warschauer Machthaber, die befürchteten, daß die etwa 50 000 noch in Deutschland und Österreich lebenden polnischen Juden zu den dreieinhalb Millionen hinzukommen würden – deren sie sich durch Methoden zu entledigen suchten, die denen des nationalsozialistischen Systems nicht unähnlich[25] waren –, hatten sich beeilt, durch Sondermaßnahmen diese Rückkehr zu verhindern. So bestimmte ein Gesetz vom 31. März 1938, ergänzt durch die Verordnung vom 9. Oktober, daß der Paß jedes seit mindestens fünf Jahren im Ausland lebenden Polen nicht mehr gültig sei ohne Sondervisum eines zuständigen Konsulats. Den Reichsexperten der ›Rassengesetzgebung‹ entgeht die Tatsache nicht, daß die Maßnahme vor allem die Juden betrifft, so daß Deutschland nach dem vorgesehenen Termin des 30. Oktober 1938 die Gefahr läuft, zigtausend staatenlose Juden, die kein Land aufnehmen will, behalten zu müssen. Um dieser Gefahr zu entgehen, beschließt Berlin, den Ereignissen zuvorzukommen. Am 26. Oktober erhält sein Botschafter den Auftrag, Warschau mitzuteilen, daß das Reich die sofortige Ausweisung der polnischen Juden von seinem Territorium vornehmen werde, wenn die polnische Regierung sich nicht ausdrücklich verpflichte, diese zu jeder Zeit mit oder ohne Kontrollvisa in ihr Ursprungsland wieder zurückkehren zu lassen.[26]

Da die polnische Regierung in ihrer Antwort vom 27. Oktober sich weigert, diese Forderung zu erfüllen, erteilt die Gestapo den Befehl, sofort die betroffenen Personen festzunehmen und sie vor der Inkraftsetzung der polnischen Verordnung »jenseits der grünen Grenze« abzuschieben.[27]

So werden ca. 12 500 Männer, Frauen und Kinder aus ihrem täglichen Leben gerissen, in Polizeirevieren oder Bahnhöfen versammelt, mit einem Koffer und 10 RM Taschengeld in Züge gesetzt, die in der Nacht vom 28. zum 29. Oktober in Richtung deutsch-polnische Grenze rollen. Aus Stuttgart, Essen, Duisburg, Köln, Hannover, Hamburg, Berlin, ja sogar Wien befördern die bewachten, abgeriegelten Wagen ihre Fracht Ausgewiesener ins Ungewisse. Laut Bericht der Reichsbahnstation Hannover an die Gestapo erfolgt die Aktion nach den besten Traditionen preußischer Ordnung:

»Sonderzug SP Han. 4199, um 19.30 Uhr zusammengestellt – ungefähr 2 Stunden vor der Abfahrt. Bestand aus 14 gut beleuchteten Wagen mit je 55 Plätzen, wovon 35–40 besetzt waren. Die Abfahrt der Juden, die viel Handgepäck hatten, erfolgte auf Bahnsteig 5, der vor Bildung des Zuges abgesperrt wurde. Die Juden durften Reiseproviant und Rauchwaren kaufen. Der Sonderzug ist pünktlich um 21.40 Uhr von Gleis 11, Bahnsteig 5, abgefahren.«[28]

Pünktlichkeit, Ordnung, Zuvorkommenheit werden zunichte, sobald der Zug vom Bahnhof in die Finsternis der Illegalität rollt.

In einem Brief aus Krakau vom 1. 11. 1938 berichtet einer der aus Berlin Ausgewiesenen:

»Wir fuhren um 2 1/2–3 Uhr ab und waren um 12 Uhr nachts in Konitz (Grenze). Keiner durfte ans Fenster oder aussteigen, alles war verschlossen. Mit schußbereiten Gewehren und Pistolen wurden wir bedroht, falls wir ans Fenster kamen. Die Beamten in Konitz waren sehr erstaunt, da der Transport nicht gemeldet war. Mit einmal waren sämtliche deutsche Beamten, die uns begleitet hatten (200 Mann), verschwunden. Während der Fahrt wurden wir alle wie Verbrecher behandelt ...

Bis nachts um drei Uhr wurden die Pässe nachgesehen und gestempelt. Um die Unterkunft hat sich niemand gekümmert. 2 000 Menschen mußten in 2 kleinen Räumen von Freitag bis Montag verbringen. Das Bild kann sich niemand vorstellen. Die Luft zum Ersticken, es sind in 2 Tagen 4 Leute gestorben; es war sehr schade, daß niemand von uns einen Photoapparat hatte, damit man solche Bilder ins Ausland schickt. Wir hatten alle kein Geld und hatten nichts zu essen, wir waren gezwungen, auf schnellstem Wege Abhilfe zu schaffen, da die Leute vor Entkräftung krank geworden sind. Es kamen aus der Umgebung jüdische Damen und Herren, die haben alles getan, was nur möglich war. Leute vom Kurfürstendamm, sehr vermögend, standen nachts um 2 Uhr an, bis sie an die Reihe kamen, um ein Stück trockenes Brot und ein Glas Tee zu bekommen ... Am Montagabend 5 Uhr kamen wir in Krakau an. Wir wurden alle sehr herzlich empfangen, es gab zu essen, daß wir erstaunt waren ... Ärzte und Schwestern waren anwesend. Wir wurden alle in Autos abgeholt, und sofort für Unterkunft gesorgt. Die Leute kostet jeder Tag 100 000 Sloty ...«[29]

Es ist noch ein mildes Schicksal im Vergleich zu dem der tausend Hamburger Juden, die nach zwölf Stunden Fahrt um 5 Uhr morgens in der Nähe von Zbonszyn eintreffen. »Dort mußten wir alle aussteigen«, berichten Rosa und Koppel Friedfertig. »Dann wurden wir auf Geld hin untersucht, indem mehrere Leute nebeneinander durch Posten durchgehen mußten ... Dann begann ein schrecklicher Marsch von etwa 7 Kilometern, ohne Rücksicht auf die körperlichen Fähigkeiten des Einzelnen. Wer sein Gepäck nicht tragen konnte oder zurückblieb, dem wurde das Gepäck abgenommen und weggeworfen. Wer nicht mitkam, wurde geschlagen ...« — »Die etwa 1 000 Menschen, unter ihnen Greise, kleine Kinder, Kinderwagen usw.«, fährt ein anderer Zeuge aus Stuttgart fort, »waren von den polnischen Grenzbeamten mit aufgepflanztem Bajonett empfangen worden, und als sie zurückgehen wollten, wurden sie von der deutschen Schutzpolizei und SS mit Kolben zurückgestoßen mit den Worten: ›Ihr könnt ruhig gehen, die sind doch zu feige zu schießen!‹ Dann gaben die polnischen Beamten den Befehl, sich hinzulegen, und alle mußten sich auf die verregnete Landstraße werfen.«

Nachdem die Posten zur Abschreckung einige Schüsse in die Luft abgegeben haben, lassen sie die Vertriebenen den Schlagbaum passieren. Daraufhin müssen sie drei Stunden im Regen in einem naheliegenden Wäldchen warten, bis die polnische Behörde den Einlaß nach Zbonszyn gewährt. Am Sonnabend, den 29. Oktober, um halb acht erreicht die Gruppe den Bahnhof von Alt Bentschen, wo sie mit 6 000 der 11 000 aus anderen deutschen Städten eingetroffenen Menschen – 5 000, die genügend Geld hatten, konnten noch weiterreisen – in den Wartesaal des Bahnhofs, in Scheunen und Pferdeställen untergebracht werden. Gegen fünf Uhr nachmittags werden alle auf einen großen Platz geführt, wo sechs Beamte die Personalien und die Anschrift eventueller Verwandter in Polen aufnehmen. Der Ansturm ist so heftig, daß die zur Registrierung aufgestellten Tische umfallen, worauf die Beamten erst am Sonntag und Montag bis spät in der Nacht die Leute in kleinen Gruppen vorlassen. Trotz deutschfeindlicher Stimmung zeigt sich die Bevölkerung hilfsbereit, während ein Warschauer jüdisches Hilfskomitee eine Feldküche einrichtet und warme Kleidungsstücke besorgt. Doch bleibt die Lage der Ausgewiesenen äußerst prekär.

Der Vorwand

Am 3. November 1938 erhält in Paris ein junger polnischer Jude, namens Herschel Grynszpan, eine Postkarte von seiner Schwester Berta, die ihm mitteilt, die ganze Familie sei aus Hannover ausgewiesen und in das polnische Lager von Zbonszyn überführt worden.

Lieber Herschel,

»Du hast gewiß von unserem großen Unglück gehört. Ich gebe dir eine Beschreibung der Vorgänge. Donnerstagabend liefen Gerüchte umher, alle polnischen Juden einer Stadt seien ausgewiesen worden. Allerdings weigerten wir uns, es zu glauben. Donnerstagabend um 21 Uhr ist ein Schupo zu uns gekommen und hat uns erklärt, wir müßten ins Polizeirevier kommen und unsere Pässe mitbringen. So wie wir waren, gingen wir alle zusammen in Begleitung des Schupos zum Polizeirevier. Dort war bereits fast unser ganzes Viertel versammelt. Ein Polizeiwagen hat uns sofort alle ins Rathaus gefahren. Alle wurden dorthin gebracht. Man hatte uns noch nicht gesagt, worum es sich handelte, aber wir hatten gesehen, daß es um uns geschehen war. Man steckte jedem von uns einen Ausweisungsbefehl in die Hand. Wir sollten Deutschland vor dem 29. Oktober verlassen. Man hat uns nicht mehr erlaubt, nach Hause zu gehen. Ich hatte gebeten, man lasse mich in die Wohnung zurück, um wenigstens einige Sachen zu holen. Ich bin dann in Begleitung eines Schupos heimgegangen und hatte die notwendigsten Kleider in einen Koffer gepackt. Und das ist alles, was ich gerettet habe. Wir haben keinen Pfennig. Könntest Du uns nicht etwas nach Lodz schikken? Küsse von uns allen. Berta[1]

Diese traurige Nachricht versetzt Herschel Grynszpan in tiefste Verzweiflung. Am Montagmorgen, den 7. November, gegen 9.35 Uhr, erscheint ein junger Mann in der Deutschen Botschaft, rue de Lille 78. Das von Boffrand, einem Schüler des großen französischen Baumeisters Mansart, 1714 für einen Neffen Colberts errichtete Gebäude war später der Wohnsitz der Familie de Beauharnais und nach der endgültigen Niederlage Napoleons I. 1818 für 575 000 Francs damaliger Währung an Friedrich Wilhelm III. verkauft worden. Ab 1871 wurde das Gesandtschaftsgebäude Preußens zum Sitz der Botschaft des Deutschen Reichs in Paris.

Vor dem stattlichen Gebäude angelangt, fragt der junge Mann den diensthabenden französischen Polizisten Autret nach dem Eingang für das Publikum. Der Polizeibeamte zeigt ihm den Weg. Frau Mathis, die Pförtnerin, fragt ihn, was er wünsche.

»Ich habe ein wichtiges Dokument persönlich zu überreichen«, antwortet der junge Mann. Frau Mathis verweist ihn an Herrn Nagorka, den im ersten Stock diensthabenden Amtsdiener. Der Besucher geht über den Vorhof, betritt das Hauptgebäude und begibt sich in den ersten Stock, wo er Nagorka wiederholt, er wolle einem der Botschaftssekretäre ein wichtiges Dokument aushändigen. Nagorka schlägt vor, das Dokument selbst zu überreichen. Doch der junge Mann lehnt energisch den Vorschlag ab und besteht darauf, das Dokument persönlich zu übergeben. Der Beamte bittet daraufhin den Besucher, einige Minuten im Wartesaal Platz zu nehmen, und führt ihn dann, ohne zuvor einen Besucherschein auszufüllen, in das Büro des dritten Botschaftssekretärs Ernst vom Rath, des einzigen höheren Beamten, der um diese Zeit in der Botschaft ist. Der Besucher heißt Herschel Grynszpan.

Herschels Vater, Sendel Siegmund Grynszpan, ist in Dmenin geboren, als dieser Teil Polens noch unter russischer Herrschaft war. Seine Mutter, Rifka Silberberg, stammt aus Nowo Radomsk. Im April 1911, ein Jahr nach der Heirat, flieht das Ehepaar aus Polnisch-Rußland, weil es die Ausdehnung des in der Ukraine[2] herrschenden Pogroms befürchtet, und läßt sich in Hannover nieder. Dort behalten die Eheleute die russische Staatsangehörigkeit bis zum Ende des Ersten Weltkriegs. Nachdem der Versailler Vertrag die Unabhängigkeit des polnischen Staates wiederhergestellt hat, nehmen Sendel und Rifka Grynszpan die polnische Staatsangehörigkeit an. Von den sechs Kindern, die aus dieser Ehe stammen, haben nur drei überlebt. Das erste Kind starb bei der Geburt am 11. November 1912, das zweite 1928 mit vierzehn Jahren an Scharlach, ein dritter Sohn kam bei einem Verkehrsunfall um. Am Leben bleiben nur die 1916 geborene Tochter Esther Beile (Berta) und zwei Söhne, der 1919 geborene Marcus und Herschel Feibel, der am 28. März 1921 in Hannover in der Burgstraße 36 auf die Welt kommt.

Zwanzig Jahre lang bemüht sich Sendel Grynszpan die von Krankheit und Unglück heimgesuchte Familie durch sein Gewerbe als Schneider in der Altstadt von Hannover redlich zu ernähren. Nach all den harten Schicksalsschlägen muß er jedoch infolge der Weltwirtschaftskrise von 1929 sein Geschäft aufgeben. Vier Jahre lang verdient er so wenig als Trödler, daß ihm das Wohlfahrtsamt einen Zuschuß gewährt. Die Wiederaufnahme seines früheren Gewerbes fällt mit Hitlers Machtantritt zusammen. Von 1933 bis 1938 gelingt es der Familie Grynszpan, im Dritten Reich kümmerlich weiterzuleben.

Das Aufatmen geht aber jäh zu Ende, als die polnische Regierung am 31. März, kaum drei Wochen nach dem Anschluß Österreichs an das Deutsche Reich, ein Gesetz erläßt, das allen über fünf Jahre ununterbrochen im Ausland lebenden Polen, die jede Verbindung mit der Heimat verloren haben, die polnische Staatsangehörigkeit ab 31. Oktober 1938 aberkennt. Um sich der polnischen Bürger, die in Kürze staatenlos sein werden, zu entledigen, befehlen die Machthaber des Dritten Reichs die sofortige Ausweisung von 15 000 polnischen Juden, die unter dieses Gesetz fallen, in der Nacht vom 28. zum 29. Oktober. Darunter befindet sich die Familie Grynszpan mit 480 anderen Menschen aus Hannover.

»Wir wußten nichts«, erklärte Sendel Grynszpan 1961 anläßlich des Eichmann-Prozesses in Jerusalem[3], »es war an einem Donnerstag, den 27. Oktober gegen 20 Uhr, als ein Polizist kam und uns sagte, wir sollten uns im 11. Revier mit unseren Pässen melden. Er fügte hinzu: ›Sie brauchen nichts mitzunehmen, Sie kommen gleich zurück‹. Als wir — meine Frau, meine Tochter und mein Sohn Marcus — im Revier ankamen, haben wir mehrere Personen gesehen: Die einen saßen da, andere standen herum, andere weinten. Ein Polizeibeamter schrie: ›Unterschreibt, unterschreibt den Revers, ihr seid ausgewiesen.‹ Ich habe wie alle anderen unterschreiben müssen. Man hat uns in einen Konzertsaal am Leineufer geführt, wo wir ungefähr 600 Personen aus allen Stadtteilen vorfanden. Wir sind da ca. 24 Stunden, bis Freitagabend, geblieben. Dann hat man uns in Polizeiwagen gebracht. Ca. 20 Personen pro Wagen, und zum Bahnhof gefahren. Die Straßen von Hannover waren voller Leute, die schrien: ›Juden nach Palästina!‹

Wir wurden mit dem Zug bis zur deutschen Grenze Neu-Bentschen auf der Strecke Frankfurt an der Oder — Posen transportiert. Als wir dort gegen 6 Uhr morgens am Samstag, den 29. Oktober, ankamen, standen da Züge aus allen Teilen Deutschlands, aus Leipzig, Berlin, Köln, Düsseldorf, Bielefeld, Essen, Bremen.

Wir waren etwa 12 000. Als wir die Grenze erreichten, wurden wir durchsucht: Wir durften zehn Mark mitnehmen, das übrige wurde beschlagnahmt. Das war das deutsche Gesetz. Man sagte uns: ›Ihr habt nicht mehr mitgebracht, als ihr in Deutschland ankamt, ihr könnt nicht mehr mitnehmen.‹ Wir konnten mit niemandem Kontakt aufnehmen, wir wurden bewacht. Und die SS sagte uns, wir müßten ca. zwei Kilometer bis zur polnischen Grenze gehen. Die SS sind mit Peitschen gekommen und haben uns geschlagen, die nicht gehen konnten, wurden geschlagen. Blut floß auf der Landstraße. Man riß ihnen die Pakete, die sie trugen, aus den Händen. Sie verhielten sich grausam und barbarisch. Zum erstenmal sah ich, welche Barbaren die Deutschen waren. Sie befahlen uns zu laufen und schrien: ›Lauft, lauft schnell.‹ Ich selbst erhielt einen Hieb und fiel auf den Rand der Landstraße. Aber mein Sohn Marcus zog mich an der Hand und sagte: ›Komm, Papa, wir laufen, sonst holen sie dich.‹ Wir erreichten die Grenze. Wir überschritten sie, die Frauen voran, denn man begann, auf uns zu schießen. Die Polen wußten nicht, warum wir ankamen und weshalb so viele Leute da waren. Ein General und polnische Offiziere erschienen und prüften unsere Papiere. Sie sahen, daß wir polnische Bürger mit Sonderpässen waren. Sie beschlossen, uns hereinzulassen. Wir wurden in eine kleine Stadt von 6 000 Einwohnern, d. h. halb so viel wie unsere Gruppe, geführt. Es regnete in Strömen, manche fielen ohnmächtig hin, ältere Leute hatten Herzanfälle. Wir hatten seit Donnerstagabend nichts gegessen, da wir das Brot der Deutschen verweigert hatten, und waren ausgehungert. Wir wurden in den Ställen eines Truppenquartiers untergebracht, weil sonst nirgendwo Platz war. Wir haben nicht sofort geschrieben, weil wir zu ausgehungert waren. Sonntag kam ein Lastwagen aus Poznan. Wir stürzten uns auf das Brot, das abgeladen wurde. Es gab genug, bis wir alle gesättigt waren. Dann habe ich einen Brief nach Paris meinem Sohn Herschel geschrieben. Ich sagte ihm, uns nicht mehr nach Deutschland, sondern nach Zbonszyn in Polen zu schreiben.«

Entweder hat dieses Schreiben den Sohn nie erreicht, oder der alte Mann verwechselt den Absender, denn die Postkarte, die Herschel Grynszpan am 3. November 1938 in Paris erhält, wurde von seiner Schwester Berta abgeschickt. Diese Nachricht trifft ihn um so härter, da der Siebzehnjährige so unstet ist wie die Zeit und die Lebensbedingungen, unter denen er aufgewachsen ist. Bereits vom Kindergarten als Störenfried abgewiesen, besucht er anschließend von 1926 bis 1935 die Volksschule in Hannover, ohne die letzte Klasse zu schaffen. Die Lehrer halten ihn zwar für überdurchschnittlich intelligent, der scheue, streitsüchtige Junge hat aber keine Lust zu arbeiten. Er verkehrt nur mit jüdischen Schulkameraden; diese fürchten sich jedoch vor ihm und geben ihm den Spitznamen »Juda, der Makkabäer«.

Als er 1935 die Volksschule verläßt, geht Herschel, der der zionistischen religiösen Organisation Misrahi in Hannover beigetreten ist, nach Frankfurt am Main in die Salomon-Breuer-Jeschiwa, in die höhere Talmudschule, um im Hinblick auf eine spätere Auswanderung nach Palästina Hebräisch zu lernen. Dort bleibt er vom 10. Mai 1935 bis zum 15. April 1936 und kehrt dann nach Hannover zu seinen Eltern zurück. Während sein Bruder Marcus bei einem jüdischen Spengler in die Lehre geht, fährt Herschel zu einer Tante nach Brüssel, um dort auf das erforderliche Visum für die Einreise nach Palästina zu warten.

Als polnischer, in Deutschland geborener Bürger besitzt er seit dem 3. Juni 1935 einen vom polnischen General-konsul in Hamburg ausgestellten Paß, der eine Gültigkeit von zwei Jahren hat. Um die belgische Einreisegenehmi-gung zu bekommen, braucht er ein Rückkehrvisum der deutschen Polizei, das er am 8. Juli 1936 beantragt und das ihm am 16. desselben Monats mit Gültigkeit bis 1. Okto-ber 1937 erteilt wird. Bis zu diesem Zeitpunkt hat Her-schel die Absicht, nach Palästina auszuwandern. Aber die Begegnung mit einem alten Mann läßt ihn seine ursprüng-lichen Pläne fallenlassen. Er erzählte:

»Eines Tages sah ich in der Synagoge einen alten Mann, der mir sagte, es sei schwer, einen Jungen zu finden, der wie ich in die Bücher schaut, und mich einlud, ihn aufzusuchen. Es war ein alter Uhrmacher. Aber ich spreche nicht gern mit Menschen, die ich nicht kenne. Er riet mir, nicht in Deutschland zu bleiben. ›Ein Junge wie du kann nicht in Deutschland bleiben, wo ein Jude nicht wie ein Mensch, sondern wie ein Hund behandelt wird.‹ Ich antwortete ihm, alle Länder würden uns abweisen. Er riet mir, nach Frankreich zu gehen. Er sprach darüber mit mei-nem Vater, der damit einverstanden war, so Onkel Abraham, der in Paris wohnte, sich bereit erklärte, mich aufzunehmen. Doch ich wollte nach Palästina auswandern. Mein Vater hat meinem Onkel geschrieben. Dieser hat sich nicht nur bereit erklärt, mich aufzunehmen, er wollte mich sogar adoptieren.«

Mitte Juli 1936 verläßt Herschel Hannover mit einem gültigen polnischen Paß und einem belgischen Visum. Be-vor er nach Brüssel fährt, verbringt er, seiner Aussage nach, noch zwei bis drei Wochen bei seinem Onkel Isaac in Essen. In Brüssel angekommen, sucht er in der rue des Tanneries seinen Onkel Wolf auf. Er wird ziemlich kühl empfangen, da der Onkel feststellt, daß der Neffe mittel-los ist. Daraufhin sucht Herschel Unterschlupf bei dessen Nachbarn Zaslawsky, der ein weitläufiger Verwandter der Familie Grynszpan ist. Der gastfreundliche Nachbar gibt aber Herschel zu verstehen, daß er sich nur für einen kur-zen Zeitraum bei ihm aufhalten dürfe.

Am 15. September 1936 erhält Herr Zaslawsky Besuch von seiner Schwester, Frau Rosenthal, die in Paris wohnt. Einige Tage später verläßt sie Brüssel in Begleitung des jungen Grynszpan, den sie bis zur französisch-belgischen Grenze begleitet. Herschel fährt allein illegal weiter in einer Sonderstraßenbahn für Angestellte der französischen Eisenbahn, die nicht kontrolliert wird. Doch während er auf diese Weise die französische Stadt Valenciennes erreicht, hat sich seine Lage schlagartig verändert. Jenseits der Grenze, im belgischen Quiévrain, war er ein legaler Reisender mit Papieren, die bis zum 3. Juni 1937 gültig waren. Auf der anderen Seite, im französischen Valenciennes, taucht er in die Illegalität, indem er sich ohne Visum und ohne Aufenthaltsgenehmigung auf fremden Boden begibt. Ab Ende September 1936, nachdem Onkel Abraham den Neffen in seine Pariser Wohnung am Boulevard Richard Lenoir 23 aufgenommen hat, kämpft Herschel verzweifelt beinahe zwei Jahre um eine offizielle Aufenthaltsgenehmigung.

»Schon in den ersten Tagen nach seiner Ankunft«, erzählt der Onkel, »begleitete ich ihn zum Hilfskomitee für jüdische Emigranten, 5 rue de la Durance, wo man sofort einen Antrag für eine Ausländerkennkarte stellte, die ich für meinen unmündigen Neffen unterschrieb. Diese Eingabe sandte ich ans Innenministerium. Ferner wurde mir geraten, selbst zur Polizeipräfektur zu gehen, wo ich Herschels Paß vorlegte. Ich mußte 100 Francs Strafgeld wegen des fehlenden Visums zahlen und ein Certificat d'hébergement unterschreiben, in dem ich mich verpflichtete, für meinen Neffen aufzukommen und ihn einen Beruf zu lehren.«

In der Tat reicht das Zentrale Hilfskomitee für jüdische Emigranten den Antrag für Herschel Grynszpans Personalausweis erst am 29. Janaur 1937 beim Innenministerium ein. Dieses bestätigt den Empfang elf Tage später und leitet ihn am 20. Februar an die Polizeipräfektur weiter, welche Grynszpan eine Empfangsbestätigung aushändigt, die als vorläufige Aufenthaltsgenehmigung gilt.

Am 24. Mai desselben Jahres wendet sich Grynszpan,

dessen Rückreisevisum nach Deutschland bald ablaufen wird, an den polnischen Konsul in Paris mit der Bitte, ihm eine Zweitschrift seines Passes, den er einige Tage zuvor verloren habe, auszustellen. Anfang August stellt ihm das Konsulat einen für sechs Monate gültigen Paß aus. In der Zwischenzeit sind aber Rückreisevisum und Aufenthaltsgenehmigung für Hannover abgelaufen. Weder Herschel noch sein Vater unternehmen die notwendigen Schritte zur Verlängerung des Rückreisevisums oder der Aufenthaltsgenehmigung in Hannover. Ebensowenig kümmert sich Herschel um die Verlängerung seines neuen polnischen Passes, der ab 7. Februar 1938 nicht mehr gültig ist. Infolgedessen verliert der junge Flüchtling von diesem Zeitpunkt an durch seine eigene Schuld die legale Aufenthaltsmöglichkeit in vier Ländern auf einmal, d. h. in Frankreich, Belgien, Polen und Deutschland.

Seit seiner Ankunft in Frankreich sucht Herschel weniger Arbeit als Zerstreuung. Hie und da hilft er seinem Onkel im Konfektionsatelier, macht einige Besorgungen. Dafür bekommt er jede Woche 30 bis 40 Francs Taschengeld und nutzt jede Gelegenheit aus, um auszugehen. Nach der harten Zeit in Hannover erscheint ihm das Pariser Leben wie ein Paradies. Des öfteren nimmt er an Ausflügen teil, die von jüdischen Sportgruppen oder jüdischen Zeitschriften organisiert werden. Man trifft ihn auch bei den Tanzveranstaltungen im Rathaus des 3. Arrondissements mit Nathan Kaufman, mit dem er sich erstaunlicherweise gut versteht. Nathan und Herschel treffen sich des öfteren in der Wohnung von Onkel Abraham. Obwohl die Familien der beiden Jungen Nachbarn sind und den gleichen Beruf ausüben, verkehren sie nicht miteinander.

Am 11. August 1938 erhält Herschel Grynszpan den offiziellen Bescheid des Ministeriums, er müsse innerhalb vier Tagen das französische Territorium verlassen. Wenn er rechtzeitig einen Antrag stellt, hat er noch die Möglichkeit, den polnischen Paß verlängern zu lassen. Schlecht beraten, besteht er jedoch darauf, illegal in Frankreich zu bleiben, und zwingt seinen Onkel, ihn in einer Mansarde im fünften Stock, rue Martel 8, heimlich unterzubringen. Er will versuchen, vom Außenministerium die Aufenthaltsgenehmigung und den Personalausweis zu bekommen.

Doch ab jenem Donnerstag, dem 3. November, an dem Herschel Grynszpan das tragische Schicksal seiner Familie in Deutschland erfahren hat, kümmert er sich nicht mehr um die eigene Lage. Er ist von dem Gedanken besessen, sich an den Deutschen zu rächen, die seine Angehörigen ins Unglück getrieben haben. Noch quälender wird dieser Gedanke, als er im *Pariser Haint*, einer jiddischen Zeitung, die sein Onkel regelmäßig bezieht, am 4. November folgenden Bericht des Korrespondenten von Zbonszyn liest:

»Schreckliche Lage der aus Deutschland ausgewiesenen polnischen Juden. Über 8 000 von einem Tag auf den anderen staatenlos gewordene Menschen wurden festgenommen und ins deutsch-polnische Niemandsland, hauptsächlich von Zbonszyn, deportiert. Die Aufenthaltsbedingungen sind besonders unerträglich und deprimierend. 1 200 dieser Menschen sind bereits erkrankt, mehrere Hundert sind obdachlos. Da man Epidemien befürchtet, haben Ärzte des Roten Kreuzes und des jüdischen Kinderhilfswerks (OSE) die Impfung gegen Typhus vorgenommen und 10 000 Aspirintabletten verteilt. Man meldet einige Fälle geistiger Störungen und Selbstmorde.«

In fieberhafter Erregung verbringt Herschel den Samstag, den 5. November. Immer wieder sieht er im Geiste die Ereignisse von Zbonszyn: Was sich dort abspielt, ist schrecklich, die für diese Situation Verantwortlichen, die Deutschen, müssen dafür büßen, aber wie? Am Sonntag, den 6. November, wirft er in höchster Erregung dem Onkel und der Tante vor, sie würden nicht genügend Mitgefühl für das Unglück seiner Angehörigen aufbringen. Onkel Abraham erwidert zornig: »Wenn du nicht zufrieden bist, kannst du gehen.« Herschel will ihn beim Wort nehmen; es gelingt der Tante und dem anwesenden Freund

Nathan Kaufman, ihn zurückzuhalten. Aber der Streit entfacht von neuem zwischen dem Onkel und dem Neffen, der die Wohnung verläßt und die Tür wütend hinter sich zuschlägt. Nathan Kaufman eilt ihm nach, es gelingt ihm, Herschel zu überreden, zum Ball des Sportclubs »Aurore« mitzugehen.

Gegen 19.30 Uhr verlassen beide den Tanzsaal, verabschieden sich, nachdem sie abgemacht haben, sich gegen 21 Uhr in der Brasserie »Tout va bien« am Boulevard de Strasbourg zu treffen. Nathan wartet aber vergeblich auf den Freund. Nach einiger Zeit beschließt er, nach Hause zu gehen, wo ihn Herschels Onkel aufsucht in der Hoffnung, seinen Neffen bei ihm anzutreffen. Während der Onkel und Nathan rätseln, wo Herschel zu dieser späten Stunde wohl sein mag, ist Herschel tausend Meilen von derartigen Sorgen entfernt. Er ist nur noch von dem Gedanken besessen, der ihm durch den Kopf geschossen ist, als er nachmittags mit seinem Freund durch den Faubourg Saint-Martin zum Ball ging. Im Vorbeigehen ist ihm plötzlich das Geschäft eines Waffenhändlers aufgefallen und die Lösung eingefallen, die er den ganzen Tag über verzweifelt gesucht hat. Eine Waffe. Töten.

Von diesem Augenblick an drängen sich fieberhafte Vorstellungen dem überreizten Geist auf. Ich kaufe einen Revolver. Ich gehe zur Botschaft. Ich verlange, den Botschafter zu sprechen. Er empfängt mich. Ich richte den Revolver auf ihn, schreie »Rache für die polnischen Juden!« und erschieße ihn wie ein Tier.

Solange Herschel mit Nathan Kaufman zusammen ist, hütet er sich, dem Freund die stürmischen Gedanken mitzuteilen, die ihn bewegen. Als dieser ihm ein neues Treffen am Abend vorschlägt, willigt er ein, obwohl er weiß, daß er nicht hingehen wird. Denn sobald er sich um 19.30 Uhr von Nathan an der U-Bahn-Station Strasbourg-Saint-Denis verabschiedet hat, geht er in das nahe gelegene Hotel de Suez und mietet sich für eine Nacht ein. Am Empfang trägt er sich unter dem Namen Heinrich Halter als in Hannover wohnender Vertreter ein. Unter dem

Vorwand, er habe seine Papiere im Koffer am Bahnhof gelassen, füllt er das grüne, für Ausländer obligatorische Formular nicht aus und versichert, er werde die Eintragungen machen, sobald er den Koffer abgeholt habe. Da er sofort die Übernachtung zahlt, gibt man ihm ohne weiteres den Zimmerschlüssel. Er geht hinauf und bleibt dort bis zum nächsten Morgen. Nach einer unruhigen Nacht, während der er im Traum die mißhandelten Eltern sieht, schreibt er ihnen einen Abschiedsgruß auf die Rückseite eines Fotos. Gegen acht Uhr morgens bestellt er das Frühstück, das er gleich bezahlt. Eine halbe Stunde später verläßt er das Hotel und begibt sich sofort in das Geschäft »A la fine lame« (Zur scharfen Klinge), 61, rue du Faubourg Saint-Martin. Dort äußert er den Wunsch, einen Revolver kaufen zu wollen. Monsieur Carpe, der ihn bedient, legt eine große Auswahl von Revolvern auf den Ladentisch. Der junge Kunde kann sich zwischen einer automatischen Feuerwaffe und einem Trommelrevolver nicht entscheiden.

»Wozu wollen Sie eine Waffe kaufen?« fragt der Waffenhändler.

»Ich bin Ausländer«, erwidert Herschel Grynszpan, »und reise stets mit bedeutenden Geldsummen für meinen Vater.«

Daraufhin empfiehlt ihm Monsieur Carpe einen 6,35-Millimeter-Trommelrevolver, der handlicher als ein automatischer ist. Herschel entschließt sich für die empfohlene Waffe mit den dazu passenden Patronen, läßt sich zeigen, wie man sie betätigt, zeigt dem Händler seinen polnischen Paß und zahlt insgesamt 245 Francs. Nachdem er das Geschäft verlassen hat, geht er kurz vor neun Uhr in die Toilette der Brasserie »Tout va bien«, wo er den Revolver lädt und in die linke innere Jackentasche steckt. Dann verläßt er das Lokal und eilt zur U-Bahn-Station Strasbourg-Saint-Denis, steigt an der Place de la Madeleine um und erreicht den Halteplatz Solferino, ganz in der Nähe der Deutschen Botschaft. Einige Minuten später wird er vom dritten Legationsrat Ernst vom Rath empfangen. Herschel betritt das Büro, wo ihn vom Rath auffordert, Platz zu nehmen und ihm sein Anliegen vorzutragen.

»Sie haben mir ein wichtiges Dokument zu übergeben?«

Im selben Augenblick springt Grynszpan auf, zieht den Revolver aus der Tasche, richtet ihn auf den Legationsrat und schreit: »Sie sind ein ›sale boche‹[4], hier ist das Dokument, im Namen der 12 000 verfolgten Juden!« und schießt fünfmal auf vom Rath, der trotz seiner schweren Verletzungen noch die Kraft aufbringt, bis zur Tür zu kriechen und um Hilfe zu rufen. Die Amtsdiener Nagorka und Krüger laufen als erste herbei. Sie finden den Mörder unbeweglich am Tatort, er versucht auch nicht zu fliehen. Sie nehmen ihn fest und übergeben ihn dem wachhabenden französischen Polizisten François Autret, der ihn ins nahegelegene Polizeirevier, rue de Bourgogne, abführt.

In der Zwischenzeit hat man den schwerverletzten Legationsrat, der noch bei Bewußtsein ist, in die Clinique de l'Alma, rue de l'Université, gebracht. Dort kann er noch dem ersten Botschaftssekretär Ernst Achenbach mitteilen, der Besucher habe unmittelbar nach Betreten des Amtszimmers auf ihn geschossen und geschrien, er wolle die Juden rächen.

Es ist nicht der erste Anschlag, den ein junger Jude auf einen Vertreter des nationalsozialistischen Regimes verübt. Am 4. Februar 1936 hatte David Frankfurter, ein jüdischer Medizinstudent jugoslawischer Nationalität, der seit Hitlers Machtantritt sich in die Schweiz geflüchtet hat, den NS-Führer der in der Schweiz lebenden Deutschen in Davos getötet.

»Wenn Sie mich fragen, warum ich Gustloff getötet habe«, erklärt Frankfurter nach seiner Verhaftung, »kann ich folgendes sagen: ein Haßausbruch erfaßte mich gegen alles, was sich Braunhemd oder Nationalsozialist nannte.«[5]

Auch wenn Botschaftssekretär vom Rath kein fanatischer und skrupelloser Nazi wie Gustloff war und man später versuchte, aus ihm einen Gegner des NS-Regimes zu machen, der bei seinen Vorgesetzten in der Partei schlecht angeschrieben war, muß festgehalten werden, daß vom Rath, Sohn eines preußischen Aristokraten, bereits vor Hitlers Machtantritt der NSDAP beigetreten war.

Als Ernst Eduard vom Rath am 3. Juni 1909 in Frankfurt am Main zur Welt kommt, ist sein Vater ein Mitarbeiter des Kölner Regierungspräsidenten. Nach dem Gymnasium studiert er in Bonn, München und Königsberg. Nach dem Abschluß des Jurastudiums im Jahr 1932 beginnt er seine Tätigkeit als Referendar zuerst am Gericht von Zinter bei Königsberg, dann in Berlin. Dort startet er 1934 seine diplomatische Laufbahn als Gesandtschaftsattaché im Auswärtigen Amt. Nach der mit Erfolg abgelegten Prüfung erhält er den Auftrag, für ein Jahr persönlicher Referent seines Onkels, des deutschen Botschafters Koester, in Paris zu sein. Nach einem Aufenthalt von sechs Monaten in Berlin bezieht er ein neues Amt im Generalkonsulat von Kalkutta, wo er an der Ruhr erkrankt. Da es im Konsulat nicht genügend Personal gibt, bleibt er trotzdem auf seinem Posten, bis die Ärzte ihn nach Deutschland zurückschicken, wo er vier Monate in einem Sanatorium in Sankt Blasien (Schwarzwald) verbringt. Im Juli 1938 kehrt er in die Deutsche Botschaft nach Paris zurück, diesmal nicht zu seinem Onkel, der in der Zwischenzeit von Graf Welczeck abgelöst worden ist, sondern als Legationsrat. Drei Monate später hat ihn der Zufall als Sühneopfer auserkoren.[6]

Nach seiner Einlieferung in die Klinik wird Ernst vom Rath von Professor Baumgartner, dem Vater des künftigen Finanzministers und späteren Gouverneurs der Banque de France, operiert. Zwei der fünf Schüsse, die Herschel Grynszpan abgegeben hat, haben vom Rath getroffen. Die eine Kugel in der Schulter kann mühelos entfernt werden; die andere, die durch die linke Leiste eingedrungen ist, hat die Milz platzen lassen und den Magen sowie den linken Lungenflügel getroffen. Professor Baumgartner muß die Milz entfernen und den Magen an zwei Stellen nähen. Der Ansicht des Chirurgen nach ist diese zweite

Kugel für das Schicksal des Verwundeten ausschlaggebend.

Unterdessen begibt sich Reichsbotschafter Graf Welczeck ins französische Außenministerium, wo er vom Minister Georges Bonnet sofort empfangen wird, und erstattet ihm Bericht über den Anschlag auf den dritten Legationsrat. Bonnet bekundet dem Botschafter seine Sympathie und bittet ihn, auch seine Regierung davon in Kenntnis zu setzen. Am selben Tag beeilt sich Regierungspräsident Daladier, dasselbe zu tun. Sobald Hitler vom Auswärtigen Amt in der Wilhelmstraße die Nachricht erhält, befördert er vom Rath zum Botschaftsrat und beschließt, seinen Leibarzt Karl Brandt und den Münchner Professor Georg Magnus nach Paris zu entsenden.

Die Junkers startet von Nürnberg morgens um 1.44 Uhr und landet nach einem kurzen Aufenthalt in Köln um 5 Uhr auf dem Pariser Flughafen Le Bourget. In Begleitung von Legationsrat Breuer gehen beide Ärzte am Vormittag des 8. November in die Clinique de l'Alma. Nach einer langen und sorgfältigen Untersuchung des Patienten veröffentlichen sie folgendes Bulletin:

»Der Zustand des Herrn Botschaftsrats vom Rath muß als ernsthaft betrachtet werden wegen der Verletzung am oberen Teil des Magens. Der bedeutende Blutverlust, der infolge der Sprengung der Milz entstand, wird durch Transfusionen kompensiert. Die ausgezeichnete Behandlung des Pariser Chirurgen Professor Baumgartner erlaubt Hoffnung für die Zukunft zu hegen.«[7]

Am frühen Nachmittag desselben Tages tritt dank einer zweiten Bluttransfusion eine leichte Besserung ein. Bei aller Tragik eine erfreuliche Meldung für die Befürworter der deutsch-französischen Annäherung: Monsieur Thomas, ein mit der Tapferkeitsmedaille und dem Kriegsverdienstkreuz ausgezeichneter Frontkämpfer des Ersten Weltkriegs, spendet zum 108. Mal Blut.

Im Laufe des 8. November sendet Graf Welczeck dem Auswärtigen Amt einen ausführlichen Bericht, in dem er die »Neutralität« der französischen Presse mit Ausnahme der kommunistischen Zeitung *L'Humanité* und des ihr nahestehenden, von Louis Aragon geleiteten Blatts *Ce Soir* sowie des *Œuvre* von Marcel Déat und der Agentur Havas hervorhebt.

Letztere Zeitung hatte bereits am 7. November ein Kommuniqué folgenden Wortlauts veröffentlicht: »Nach dem Anschlag heute morgen gegen Herrn vom Rath in der Deutschen Botschaft, rue de Lille 78, hat der Presseattaché der Botschaft den Journalisten folgende Mitteilung gemacht: ›Unter den ersten Besuchern, die heute morgen die Botschaft betraten, befand sich ein junger Mann, beinahe ein Jüngling, der den Stellvertreter des Botschafters sprechen wollte, um ihm ein Dokument von größter Wichtigkeit zu überreichen. Er wurde zum jungen Botschaftsattaché vom Rath, dem Neffen von Botschafter Koester geführt, der lange das Dritte Reich in Frankreich vertrat.«[8]

Diese Darstellung der Ereignisse irritiert die Botschaft, die sie zu harmlos findet und daher eine Berichtigung verlangt. Die Agentur Havas fügt sich der deutschen Forderung und veröffentlicht fünf Minuten später ein zweites Kommuniqué, in dem Grynszpan nicht mehr als »junger Mann, beinahe ein Jüngling« bezeichnet wird, sondern als »bewußter, fanatischer Mörder, der mit Vorbedacht gehandelt hat, um die polnischen, aus Deutschland ausgewiesenen Juden zu rächen[9].«

In einem Artikel des *Œuvre*, einer der wenigen französischen Zeitungen, die nicht die vom Botschafter Welczeck gewürdigte »Neutralität« wahrt, verwirft Paul Elbel wie alle anderen Journalisten den Mordanschlag, bemerkt aber gleichzeitig, daß »der Chef des Pressedienstes der Deutschen Botschaft dessen Ursache in einer Weise auslegt, die nicht jedermann akzeptieren kann« und meint abschließend: »Ob man es eingesteht oder nicht, allein die Judenverfolgung, der Antisemitismus, der in Deutschland entfesselt ist, haben aus diesem jungen Mann einen Mörder gemacht.«[10]

Am 9. November, gegen 9.30 Uhr morgens, wird Monsieur Thomas zu einer dritten Blutspende aufgefordert. Vom Rath hat eine unruhige Nacht verbracht. Seine Eltern, die mit dem Nord-Express von Köln angekommen sind, warten in der Klinik voller Bangigkeit auf die Diagnose.

Kurz vor zwölf Uhr gibt Professor Baumgartner jegliche Hoffnung auf, Ernst vom Rath zu retten. Auf den Einwand, ein so junger Mensch könne doch durchkommen, erwidert der Chirurg, er sei pessimistisch wegen der dreifachen Verletzung. Drei Stunden später tritt das Koma ein. Am Spätnachmittag veröffentlicht die Botschaft folgendes Kommuniqué: »Herr vom Rath, der vom Führer zum Botschaftsrat ernannt wurde, ist um 16.30 Uhr an den Folgen des gegen ihn am 7. November verübten Anschlags gestorben.«

Eine halbe Stunde später geht Dr. Paul in seiner Eigenschaft als Gerichtsarzt des Departments der Seine in die Klinik, um die Leiche zu obduzieren. Um 22.30 Uhr wird der Sarg auf einen Leichenwagen getragen; etwa zweihundert Angehörige der deutschen Kolonie in Paris, angeführt von Botschafter von Welczeck und den von Hitler gesandten Ärzten, geben ihm das letzte Geleit. Erst drei Tage später findet ein Trauergottesdienst in der deutsch-lutherischen Kirche der rue Blanche in Anwesenheit des französischen Außenministers Georges Bonnet statt. Regierungspräsident Daladier hat sich von seinem Kabinettchef Chataigneau, der Präsident der französischen Republik Albert Lebrun von Oberst Tassi vertreten lassen. Die Trauerreden werden von Pastor Dahlgrün und Staatssekretär Freiherr Ernst von Weizsäcker, der die deutsche Delegation leitet, gehalten. Vom Rath wird als »der erste Blutzeuge des Auswärtigen Amtes, der für das Dritte Reich gefallen« ist, bezeichnet, und er wird abschließend mit den Worten begrüßt: »Trete an die Fahrt in die Heimat, ganz Deutschland erwartet dich!«[11]

Weitere vier Tage vergehen, bevor die sterblichen Überreste des Botschaftsrats den Aachener Bahnhof erreichen und von dort aus am Mittwoch, den 16. November, mit einem deutschen Sonderzug nach Düsseldorf überführt werden. Entlang der deutschen Strecke stehen auf den Bahnhöfen uniformierte Mitglieder der NSDAP Spalier. In Düsseldorf wird der Sarg des Diplomaten in der Rheinhalle aufgebahrt, die mit schwarzem Tuch und nationalsozialistischen Fahnen ausgeschlagen ist. Um den in eine deutsche Nationalflagge gehüllten Sarg liegen Kränze mit weißen Chrysanthemen. Ganz vorn liegt der große, einfache Laubkranz des Führers mit einem schwarz-weiß-roten Band. Daneben, auf einem Samtkissen, die Orden des Botschaftsrats. Andere Kränze tragen die Unterschrift von Ribbentrop, Rudolf Heß, dem Stellvertreter des Führers, von Graf Ciano, dem Außenminister Italiens, von Georges Bonnet im Namen Frankreichs. Ein Vertreter der SA, ein Vertreter der SS, ein Mitglied der Hitlerjugend und ein Mitglied der NS-Motorstandarte stehen Wache am Sarg, auf den man vom Raths Mütze gelegt hat. Im Laufe des Donnerstagmorgens ziehen Tausende von Menschen an der Bahre vorbei und heben den Arm zum letzten Gruß.[9]

Nachdem Hitler in Düsseldorf eingetroffen ist, begibt er sich sofort in die Rheinhalle, wo ihn die Anwesenden stürmisch begrüßen. Mit Ribbentrop hält er einen Augenblick vor dem Sarg inne und nimmt anschließend Platz in der ersten Reihe. Das Orchester spielt Beethovens »Eroica«. Dann ergreift Staatssekretär Bohle, Führer der NS-Organisation der Deutschen im Ausland, das Wort: »...der Tod Wilhelm Gustloffs und vom Raths verpflichtet jeden Deutschen im Ausland, welche auch seine Lage sei, dem Führer und dem Vaterland treu zu dienen.«

Nach ihm hält Ribbentrop die Trauerrede und erinnert an Hitlers Worte drei Jahre zuvor, am Grab des ermordeten Wilhelm Gustloff: »Wir haben die Herausforderung verstanden und wissen, wie wir darauf antworten werden.«[13]

Die Trauerfeier geht um 13.45 Uhr zu Ende, nachdem Hitler die Eltern des Botschaftsrates ein letztes Mal begrüßt und ihnen sein Beileid ausgesprochen hat.

In Paris erklärte unterdessen der junge Herschel Grynszpan, er habe fünfmal auf einen unbewaffneten Mann in seinem Büro geschossen, um seine unglücklichen, von den Deutschen verfolgten Eltern zu rächen. Diese Rechtfertigung seiner Tat hatte er bereits dem Polizisten Autret vorgebracht, als dieser ihn ins Polizeirevier zu Polizeikommissar Monneret brachte. Doch kaum hat Monneret mit dem Verhör begonnen, da erscheint ein vom Botschafter Welczeck beauftragter Beamter der Botschaft, Herr Lorz, der den Wunsch äußert, dem Verhör beizuwohnen. Der französische Polizeikommissar begnügt sich nicht nur damit, dieser Bitte zu entsprechen, was, wie das Gerichtsverfahren später hervorheben wird, rechtswidrig ist, er gestattet sogar dem NS-Funktionär, den Angeklagten zu verhören.

»Warum haben Sie auf den Botschaftssekretär geschossen?« fragt Herr Lorz auf französisch.

»Um die von den ›sales boches‹ angezettelten Verfolgungen zu rächen«, erwidert Herschel gereizt.

»Warum«, fährt Lorz fort, »glaubten Sie, zu dieser Rache ermächtigt zu sein?«

»Weil die polnischen Vertriebenen meine Glaubensgenossen sind.«

»Sind Sie Jude?«

»Jawohl.«[14]

Bei der Durchsuchung Herschels findet man die im Hotel geschriebene Abschiedskarte an die Eltern, die eine Rechtfertigung seiner Tat darstellt:

»Meine lieben Eltern, ich kann nicht anders handeln. Gott möge mir verzeihen. Mein Herz blutet, wenn ich von der Tragödie der 12 000 Juden höre. Ich muß dagegen aufschreien, damit die ganze Welt meinen Ruf hört, und das muß ich tun. Verzeiht mir, Euer Herschel.«

Die Kläger legten später diese Abschiedsworte so aus, als habe Herschel mit Vorbedacht gehandelt.

Nachdem Monneret das erste Geständnis Grynszpans

zu Protokoll genommen hat, erfolgt die Rekonstruktion des Anschlags. Am Spätnachmittag des 7. November legt er mit dem Angeklagten den Weg zurück, den dieser am Tag zuvor gegangen ist. Er stellt ihn seinem Onkel Abraham gegenüber, dann dem Portier des Hotel de Suez, schließlich dem Waffenhändler Carpe. Dann geht der französische Polizeibeamte allein zur Deutschen Botschaft (aus Angst, von den Nazis festgenommen zu werden, hat sich Herschel geweigert, ihn zu begleiten), um den Ort des Geschehens zu inspizieren. Am selben Abend noch leitet Monneret das Protokoll des ersten Verhörs an die Gerichtspolizei weiter mit dem Vermerk, Grynszpan habe die Fakten zugegeben und erklärt, er habe so gehandelt, um die Juden Deutschlands zu rächen. Kurz vor Mitternacht wird Grynszpan zur Gerichtspolizei gebracht, wo er ein zweites Mal verhört wird. Diesmal erklärt er Polizeiinspektor Badin, er habe sich gleich nach dem Erhalt der Postkarte seiner Schwester entschlossen, einen Racheakt gegen einen Vertreter des Dritten Reichs zu begehen — ein infolge höchster Nervosität und Müdigkeit abgelegtes Geständnis, das Grynszpan im Laufe der Untersuchung zu widerrufen versucht.

Mit gefesselten Händen und einem Polizisten, der ihn am linken Arm hält, wird Herschel am Nachmittag des 8. November von drei Polizeiinspektoren zum Untersuchungsrichter geführt. Das Gesicht des kleinen, schmächtigen Siebzehnjährigen ist fahl vor Bestürzung. Die von der Familie Grynszpan bestellten Rechtsanwälte Szwarc und Vesinne-Larue, die seit zehn Uhr morgens auf ihren Klienten warten, treten hinter ihm in das Büro des Untersuchungsrichters Tesnière ein. Ein Posten der republikanischen Wache löst die drei Polizeiinspektoren, die sich zurückziehen, ab. Herschel, der den schlechten Eindruck, den er bei den vorhergehenden Verhören hinterlassen hat, wieder wettmachen will, erklärt sofort dem Richter, er habe weder aus Haß noch aus Rache, sondern aus Liebe zu seinen Eltern und zu seinem Volk, die Unsagbares erleiden müssen, gehandelt. Er bedauere zutiefst, einen

Mann verwundet zu haben, er habe aber kein anderes Mittel gehabt, um seinen Willen zum Ausdruck zu bringen. Nachdem er den Leidensweg der polnischen Juden in Deutschland geschildert hat, fügt er hinzu: »Es ist doch kein Verbrechen, Jude zu sein. Wir sind keine Hunde. Das jüdische Volk hat auch das Recht zu leben.«

Untersuchungsrichter Tesnière klagt ihn des Mordversuchs an. Eine Anklage, der zwei Tage später, nach dem Ableben von Ernst Eduard vom Rath, diejenige des Mordes mit Vorbedacht hinzugefügt wird. In der Zelle des Gefängnisses von Fresnes, wo Grynszpan nun auf das nächste Verhör wartet, drängen sich die Rechtsanwälte. Denn Salomon Grynszpan, ein anderer Onkel Herschels, hat den Rat des Jüdischen Weltkongresses und des Bundes der jüdischen Organisationen befolgt und seit dem 10. November den berühmten Rechtsanwalt Moro-Giafferi, der bereits David Frankfurter in Chur beigestanden hatte, gebeten, mit den Rechtsanwälten Weill-Goudchaux und Fränkel, der Jiddisch spricht, die Verteidigung seines Neffen zu übernehmen, ohne sich mit den beiden anfangs vorgesehenen Rechtsanwälten zu besprechen.

Für die Begleichung der hohen daraus entstehenden Kosten sorgt Mrs. Dorothy Thompson, eine Journalistin der *New York Herald Tribune,* die die öffentliche Meinung der Vereinigten Staaten mobilisiert hat mit der Aufforderung, Grynszpan und den deutschen Juden zu helfen.

»Der Fall Herschel Grynszpan ist nicht«, schreibt sie, »der Fall eines Einzelnen. Es ist der Fall einer ganzen Rasse *(sic!),* die in den Ländern, wo sie verfolgt wird, keinen Anspruch auf Recht hat. Hinter dem begangenen Mord können Dinge stehen, die für alle Völker der Welt von großem Interesse sind.«[15]

Dorothy Thompsons Aufruf findet Gehör in sechsundvierzig Staaten der USA. Sie erhält daraufhin dreitausend Telegramme, Berge von Briefen, sogar unaufgeforderte Geldspenden. Fast alle Briefschreiber fragen, was sie tun können.

Mehrere amerikanische Journalisten bilden mit ihr ein Fundraising Committee zur Verteidigung Herschel Grynszpans, dessen Ertrag Rechtsanwalt Moro-Giafferi überwiesen wird. Letzterem obliegt nun auch die Verteidigung des Onkels Abraham und seiner Frau Chawa. Die Polizisten, die nach dem Anschlag das Haus von Herschels Verwandten durchsuchten, haben nämlich beide festgenommen und dem Staatsanwalt vorgeführt, der sie wegen Vergehen gegen die Ausländerverordnung angeklagt hat, deren § 4 bestimmt: »Jeder, der direkt oder indirekt einem Ausländer bei einer illegalen Einreise, illegalem Verkehr oder bei einem illegalen Aufenthalt hilft, fällt unter die vorgesehenen Strafen . . .«

Ferner werden sie nach vom Raths Tod als Mitschuldige des Mordes angeklagt. Da es sich um Leute aus bescheidenen Verhältnissen handelt und Untersuchungsrichter Tesnière der Sache nicht zuviel Publizität geben will, findet ihr Prozeß bereits Ende November vor der 17. Kammer des Landgerichts in Paris statt. Obwohl die Behörden alles getan haben, um den Termin der Gerichtsverhandlung geheimzuhalten, sind mehr als zwanzig Rechtsanwälte gekommen, um den französischen Staranwalt zu hören.

Auf die gemäßigte Anklagerede des Staatsanwaltes, der nur eine leichte Strafe beantragt, erwidert Moro-Giafferi mit einer Rede, die über eine Stunde dauert.

Zu Abraham Grynszpan gewandt, erklärt der Verteidiger, daß man Herschel nicht hätte ausweisen dürfen. Denn laut § 11 der Ausländerverordnung »untersteht der Ausländer, dem es nicht möglich ist, das Land zu verlassen, nicht den Bestimmungen der §§ 8 und 9 der Verordnung.« Im Fall Grynszpans sei es offenbar, daß er weder nach Deutschland noch nach Polen zurückkehren konnte.

Das Gericht schließt sich dieser Beweisführung nicht an und verurteilt Abraham und Chawa zu vier Monaten Gefängnis und einer Geldstrafe von 100 Francs. Das Appellationsgericht erhöht die Gefängnisstrafe für Abraham auf sechs Monate, während die seiner Frau auf drei Monate herabgesetzt wird.

In seinem Bericht an Graf Welczeck beschreibt der Botschaftsvertreter, der dem Prozeß beigewohnt hat, seinen Eindruck von dem Verteidiger: »Die Redekunst Moro-Giafferis faszinierte die Richter. Er sprach nicht vom Mörder, sondern vom ›Kind‹ Grynszpan. Am Anfang vermied er sorgfältig jedes politische Argument. Zum Schluß aber ermahnte er im Feuer der Rede, man solle das Denkmal nicht vergessen, das dem Mörder des österreichischen Bundeskanzlers Dolfuß errichtet worden sei.« Seitdem die Machthaber des Dritten Reichs erfahren haben, daß Moro-Giafferi der Hauptverteidiger Grynszpans ist, machen sie keinen Hehl daraus, daß der französische Rechtsanwalt, der nicht nur ein talentvoller Redner ist, sondern auch ein entschlossener Feind des Faschismus, ein besonders gefährlicher Gegner für sie sein wird. *Der Angriff*, Goebbels Berliner Zeitung, hatte ihn bereits in einem fettgedruckten Titel als »Verteidiger des Weltjudentums« bezeichnet.[16] Monatelang versuchen sie vergeblich, seine jüdische Abstammung nachzuweisen, müssen schließlich aber anerkennen, daß sein Stammbaum »reinrassig« ist.

Ihr Haß ist um so größer, da ja der ehemalige radikalsozialistische Abgeordnete Korsikas, der in Herriots Regierung das Unterstaatssekretariat der »Nationalen Erziehung« innehatte, in mehreren Gelegenheiten seinen Entschluß, Hitlers Regime zu bekämpfen, bekundet hat. So hatte er sich schon 1933, anläßlich des Reichstagsbrandprozesses, dem antifaschistischen Komitee zur Verfügung gestellt. Am 11. November 1933, am Jahrestag des Waffenstillstands, hatte er im Saal Wagram in Paris Hitler und Göring öffentlich angeklagt, die Anstifter des Reichstagsbrandes zu sein. Kurze Zeit danach war er als aktives Mitglied der Kommission beigetreten, die zur Verteidigung des inhaftierten Präsidenten der KPD, Ernst Thälmann, ins Leben gerufen worden war. 1936 nahm er an der Pariser Konferenz demokratischer Juristen über »die Justiz im Dritten Reich« teil und rief zum Kampf gegen deren Ungerechtigkeit auf.

Im selben Jahr 1936 hatte Moro-Giafferi die Verteidigung David Frankfurters, des Mörders des NS-Führers Wilhelm Gustloff, übernommen. Vor dem Schweizer Gericht in Chur hatte Moro-Giafferi den von der Gesetzgebung des Kantons Graubünden vorgesehenen mildernden Umstand hervorgehoben, der junge Angeklagte habe unter dem Druck einer »gerechten Gemütsbewegung« gehandelt, die durch die antijüdischen Maßnahmen in Deutschland verursacht worden sei.

Doch trotz seiner juristischen Begabung und seines politischen Feingefühls, das die NS-Machthaber äußerst ernst nahmen, war der Fall Grynszpan für den Verteidiger kein Kinderspiel. Denn das Gutachten der vom Untersuchungsrichter beauftragten Psychiater[17] kam zu der Schlußfolgerung, daß sein junger Klient für den Anschlag voll verantwortlich sei. In diesem Gutachten heißt es:

»Vom rein psychiatrischen Standpunkt gesehen, haben wir kein pathologisches Element vorgefunden, das eine geistige Verminderung bzw. eine Verminderung der Verantwortung zur Folge haben könnte. Daher ist diese als vollständig anzusehen. Als er die Tat beging, befand sich der junge Herschel Grynszpan nicht in einem Wahnzustand im Sinne des § 64 des Strafgesetzbuches ...

Grynszpan ist ein normal intelligenter Junge, der sogar einen gewissen Scharfsinn aufweist und nicht besonders beeinflußbar erscheint. Seine Beurteilung der Situation ist in manchen Fällen durchaus zutreffend. So sagte er zum Beispiel, als wir ihn fragten, warum er nicht Selbstmord begangen habe, er sei überzeugt gewesen, daß der Tod eines Juden die Welt nicht bewegt hätte und er infolgedessen das Ziel des Protests nicht erreicht hätte.«[18]

Seitens der Kläger, d. h. der Behörden des Dritten Reichs, die anfangs von einem Rechtsanwalt der Deutschen Botschaft vertreten worden waren, nimmt der Fall einen ausgesprochen politischen Charakter an, als Goebbels den Juristen und »Frankreichkenner« Friedrich Grimm nach Paris schickt und dieser die französischen Rechtsanwälte

Maurice Garçon und Maurice Loncle beauftragt, die Interessen der deutschen Kläger vor dem Gericht zu vertreten. Ferner hat der Sonderbeauftragte Goebbels', Wolfgang Diewerge, dem Minister in einer Geheimschrift bereits mitgeteilt, daß Moro-Giafferi beabsichtigt, die Eltern seines jungen Klienten als Zeugen aus ihrem polnischen Exil kommen zu lassen, so daß das Dritte Reich rechtzeitig Druck auf die polnische Regierung ausüben kann, damit sie Grynszpans Eltern die Ausreise verweigert. Grimm ist sich durchaus bewußt, daß das Gericht durch die Schilderung der Deportation der Opfer stark beeindruckt sein würde. Daher bereitet er eine idyllische Version der »Reise« der polnischen Juden vor, die laut deutscher Aussage unter den besten Bedingungen erfolgte. Im Bericht des Polizeipräsidiums heißt es:

»Die polnischen Juden der Stadt Hannover wurden zuerst je nach Geschlecht in zwei verschiedenen Sälen des großen Restaurants ›Rusthaus‹, Burgstraße 30, versammelt, einem Lokal, das nur einige Häuser von der Wohnung der Eltern Grynszpans entfernt ist. Die Küche der Polizei und das jüdische Winterhilfswerk sorgten für die Betreuung. Für die Fahrt wurde genügend Reiseproviant verteilt. Alte Leute und Kranke wurden vom Transport ausgeschlossen sowie all diejenigen, die die polnische Staatsangehörigkeit verloren hatten oder keinen gültigen polnischen Paß besaßen. Schutzleute und Mitglieder der SS bemühten sich, Juden, die sie auszuweisen hatten, korrekt zu behandeln. Sie halfen sogar nach Möglichkeit, das zahlreiche Gepäck tragen. Niemand hat eine Beschwerde erhoben. Die zwei Säle des ›Rusthaus‹, wo die polnischen Juden Hannovers vor ihrer Abfahrt zur Grenze versammelt waren, sind gut gelüftet und geheizt gewesen. Im Saal der Frauen war ständig eine Krankenschwester anwesend, im Saal der Männer ein Sanitäter des Roten Kreuzes. Der Polizeiarzt stand ebenfalls zur Verfügung. Die Lebensmittelversorgung war so reichlich, daß die Juden, als sie das ›Rusthaus‹ verließen, so viel Brot und Proviant zurückließen, daß man nochmal so viele Menschen damit hätte ernähren können. Die polnischen Juden hatten nämlich 1 400 bis 1 600 Brötchen erhalten oder kaufen können, 10 Pfund Kuchen und hundert Stück Gebäckwaren, 600 Schmalz- und 500 Wurstbrote, 550 bis 600

Liter Erbsensuppe mit Speck, 400 Rationen koscheres Mittagessen, 300 bis 400 Liter Kaffee, 70 bis 100 Liter Milch, 434 Tafeln Schokolade, 700 Pakete Keks, 150 Flaschen Mineralwasser, 15 Pfund Obst, 1 000 Zigaretten, Bier, Cognak usw. Es gab Lebensmittel in solcher Fülle, daß ein Teil der Juden diese der Polizei verweigerten, unter dem Vorwand, sie seien nicht koscher und es vorzogen, auf das Mittagessen der jüdischen Küche zu warten.«[19]

Da Friedrich Grimm den Prozeß für die NS-Politik auswerten wollte, lieferte er den französischen Rechtsanwälten Garçon und Loncle alle juristischen und propagandistischen Unterlagen, die er herbeischaffen konnte, u. a. eine Kopie der Akten des antijüdischen Prozesses in Kairo (1934), die des Prozesses von David Frankfurter (1936) sowie antisemitisches Propagandamaterial wie z. B. *Die Juden in Deutschland* und Hans Diebows *Ewiger Jude.* Der Prozeß war allerdings für die NS-Propaganda nur eine weitere Gelegenheit, ihr Gift in die französische Öffentlichkeit zu verspritzen. Schon vier Jahre vor Hitlers Machtantritt gab es in Paris eine Gruppe der NSDAP, die 1929 aber nur einige entschlossene Anhänger hatte, während sie 1938 ca. 600 straff organisierte Mitglieder zählte, die genauestens das Pariser Leben kannten, fließend französisch sprachen und sich als Freunde Frankreichs ausgaben. In Wirklichkeit spielten sie die Rolle einer Propagandazentrale des Nationalsozialismus für die Reichsdeutschen auf französischem Boden sowie für alle, die bereit waren, dem Hitlerfaschismus zu dienen.

Noch gefährlicher gestaltete sich die indirekte Propaganda mittels der von Goebbels' Ministerium bezahlten Artikel und Bekanntmachungen in der französischen Presse, in Broschüren und Büchern. Laut einer von der französischen Zeitung *Le Petit Parisien*[20] damals veröffentlichten Propagandaschrift vertraten über zwanzig Zeitschriften unter französischer Maske Hitlers Thesen in Frankreich.

Andererseits verbreiteten »patriotische Vereine« wie *Le Réveil Français,* 54, rue Saint Lazare, oder *Le Faisceau*

Français, 31, avenue de l'Opéra in Paris 50 000 antisemitische Flugblätter und brachten 3 000 großformatige Plakate an, die die Bevölkerung aufriefen, die Ausländer und die Juden aus Frankreich zu verjagen. Das Material wurde direkt vom Reichsministerium für Propaganda und Volksaufklärung bezahlt.[21]

Vor dem Verhör des Vaters des Ermordeten, Gustav vom Rath, veranlaßt Grimm eine Arbeitssitzung mit Rechtsanwalt Maurice Garçon und Goebbels' Vertrauensmann Wolfgang Diewerge. Mit dessen Hilfe veranstaltet er auch eine Pressekonferenz für die deutschen Journalisten in Paris, die von beiden aufgefordert werden, soviel wie möglich über den Besuch des Vaters des ermordeten Botschaftsrats zu berichten. Am Tag des Verhörs, nachdem der Untersuchungsrichter Gustav vom Rath in Begleitung seiner beiden Rechtsanwälte in sein Büro gebeten hat, ereignet sich ein aufschlußreicher Vorfall: Die Kläger lehnen den vorgesehenen Dolmetscher ab mit der Begründung, er sei Jude. An seiner Stelle schlagen sie Friedrich Grimm vor, der selbstverständlich schon im Gerichtsgebäude wartet. Ohne die Rechtswidrigkeit dieses Vorgehens zu ermessen, akzeptiert Untersuchungsrichter Tesnière den Vorschlag. Anschließend verfassen die Deutschen selbst das Kommuniqué über den Verlauf des Verhörs, das zusammen mit Bildmaterial von der Agentur Havas von der gesamten französischen Presse veröffentlicht wird.

In einem kurz danach an Goebbels adressierten Schreiben berichtet Friedrich Grimm, Untersuchungsrichter Tesnière mache kein Hehl daraus, daß die zahlreichen Schreiben Grynszpans und seiner Familie ihn irritieren. Er behauptet, je mehr man sich dem Norden zuwende, je mehr würden die Leute die Wahrheit sagen. Doch je mehr man sich dem Süden zuwende, ob Südfrankreich, Italien oder Spanien, je weniger Wahrheitssinn könne man bei den Leuten finden, insbesondere bei den Ostjuden.[22] Die Einschätzung der Ostjuden als Südländer läßt zumindest Zweifel über den Wahrheitssinn des Berichterstatters aufkommen, denn es ist kaum anzunehmen, daß ein Franzose Ostjuden als Südländer bezeichnet hätte.

Friedrich Grimm genießt aber das volle Vertrauen seiner Auftraggeber und beschließt im Januar 1939 mit der Unterstützung des Chefs des Reichssicherheitshauptamts (RSHA) Reinhard Heydrich, der wie er den Stand der deutsch-französischen Beziehungen positiv einschätzt, zu versuchen, die Eröffnung des Prozesses zu beschleunigen. Doch zwei Monate später erschüttert die deutsche Besetzung der Rest-Tschechoslowakei die französische Öffentlichkeit zutiefst, so daß nun der Hauptverteidiger Grynszpans die Konjunktur für günstig hält. Grimm hingegen ist überzeugt, daß der Angeklagte unter diesen Umständen freigesprochen werden wird und versucht deshalb, Zeit zu gewinnen. Der Prozeß wird wiederum vertagt. Von Monat zu Monat führen neue politische Ereignisse zu dessen Vertagung bis zur Invasion Polens. Da infolgedessen Frankreich und England Deutschland den Krieg erklären, erscheint die Durchführung des Prozesses äußerst problematisch.

Vincent de Moro-Giafferi hofft bereits auf den Freispruch seines jungen Klienten, als der Genfer Rechtsanwalt Marcel Guinand im Namen der deutschen Kläger beim französischen Justizminister die Vertagung beantragt, die ihm auch gewährt wird. So beginnt für Herschel Grynszpan eine lange und peinliche Wartezeit. Von seiner Zelle aus bedrängt er regelrecht Moro-Giafferi mit abwechselnd freundlichen, verzweifelten, manchmal sogar drohenden Briefen, die meistens unbeantwortet bleiben. In Anbetracht dieses Schweigens, das er als Gleichgültigkeit auslegt, läßt Grynszpan einen zusätzlichen Rechtsanwalt, Henri Torres[23], kommen, der nichts anderes tun kann, als ihn mehrmals zu besuchen. Moro-Giafferi sucht ihn ein einziges Mal, am 17. Februar 1940, auf, um ihm mitzuteilen, daß alle seine Eingaben, gerichtet oder freigelassen zu werden, abgewiesen worden sind. Eine wiederholte Ablehnung, diesmal vom Staatsanwalt, erfolgt im März 1940. Der Antrag des Präsidenten der Liga für Menschenrechte, Victor Basch,[24] ist genauso erfolglos. So verbringt Herschel Grynszpan *zwanzig Monate* in Untersuchungshaft: ein Novum in der Geschichte der französischen Justiz.

Der Staatsanwalt vertraut persönlich Moro-Giafferi an, es bestünden Hindernisse sowohl hinsichtlich der Eröffnung des Prozesses als auch der Freilassung des Angeklagten, »deren Ursache zu suchen ihm nicht zukomme«.

Die rasche Entwicklung der Kriegslage zwingt jedoch die französischen Behörden, die offensichtlich den Fall einfrieren möchten, Maßnahmen zu ergreifen. Am 1. Juni muß die Regierung die Gerichtsverwaltung nach Angers, und die Insassen der Pariser Gefängnisse südlich der Hauptstadt evakuieren. So landet Grynszpan in einem Transport von 96 Häftlingen, der zuerst von Fresnes nach Orléans fährt, wegen des schnellen Vormarschs der Wehrmacht aber nach Bourges weitergeleitet wird. Unterwegs, zwischen Orléans und Bourges, wird der Transport von der Luftwaffe angegriffen: Die Bewachungsmannschaft verschwindet in der Landschaft, die meisten der sich selbst überlassenen Häftlinge beeilen sich, dasselbe zu tun. Der Rest der Gruppe, darunter Herschel Grynszpan, der vor allem befürchtet, in deutsche Hände zu fallen, verlangen, nach Bourges geführt zu werden, wo sie unter Bewachung eines Unteroffiziers am 17. Juni eintreffen. Der Name des Unteroffiziers ist nicht überliefert, obwohl seine Unbedachtsamkeit ein wahres Drama zur Folge hatte.

Der rasend schnelle Vorstoß des deutschen Heeres verursacht ein derartiges Durcheinander auf den Landstraßen und in den Städten, daß das Gefängnis von Bourges zur Unterkunft und Wiedervereinigungsstelle der durch die Flucht getrennten Familienmitglieder wird. Da die Deutschen immer näher rücken, geht der Oberaufseher der Strafanstalt am Morgen des 18. Juni zum Staatsanwalt, um ihn zu fragen, was mit den aus Orléans eingetroffenen Häftlingen − darunter Grynszpan − geschehen solle. Auf Anordnung des Präfekten Taviani empfahl der Staatsanwalt Paul Ribeyre[25] dem Oberaufseher, auf keinen Fall den Namen Grynszpans zu registrieren und diesen auf der einzig noch offenen Landstraße von Châteauroux »verschwinden« zu lassen. Grynszpan begibt sich, wie ihm befohlen wird, ins Gefängnis von Châteauroux, wo man ihn nach dem Süden weiterschickt. Schließlich kommt er allein und frei in Toulouse an.

Die Deutschen haben aber den »Juden Grynszpan« nicht vergessen. In den ersten Stunden des 19. Juni erscheinen Offiziere, die wahrscheinlich seine Spuren verfolgt haben, im Gefängnis von Bourges und verlangen die Auslieferung des »Verbrechers«. Der Oberaufseher erklärt ihnen, er kenne diesen Häftling nicht und habe niemanden dieses Namens in seiner Anstalt. So verlieren die Häscher die Spur ihrer Beute. Doch ihre Spürhunde machen sich sofort auf den Weg und finden den Unteroffizier, der Grynszpan von Orléans nach Bourges gebracht hatte. Sie fragen ihn so lange aus, bis er vor Angst zitternd und stammelnd gesteht, was er hätte verschweigen sollen: Er habe Grynszpan ins Gefängnis von Bourges gebracht. Die Feldpolizei, die Staatsanwalt Ribeyre für die Flucht Grynszpans verantwortlich macht, stellt ihn sofort unter Arrest und erwartet weitere Anweisungen aus Paris. Ironie des Schicksals: die Wache, die man in seiner Villa einquartiert hat, spielt zum Zeitvertreib stundenlang den Schlager »Tout va très bien, Madame la Marquise« (Alles ist in bester Ordnung, Madame la Marquise)[26] auf dem Grammophon. Vor seiner Garage steht Tag und Nacht ein deutscher Wagen, der die Ausfahrt seines Autos verhindern soll. Dank einer List gelingt es aber Präfekt Taviani, der Wachsamkeit der Posten zu entgehen und den Staatsanwalt kurz zu sprechen, so daß er ihm seine Aussagen beim Verhör in der Feldkommandantur mitteilen kann, damit dessen Aussagen mit den seinigen und denen des Oberaufsehers übereinstimmen. Beide haben lediglich zugegeben, infolge der Überfüllung des Gefängnisses einen Abtransport von Häftlingen nach Châteauroux angeordnet zu haben.

Am 30. Juni, nach mehreren Verhören durch die geheime Feldpolizei, wird Staatsanwalt Ribeyre unter schärfster Bewachung nach Paris überführt. Nach einem kurzen Aufenthalt im Gefängnis von Orléans zu weiteren Ermittlungen wird Ribeyre in das Pariser Gefängnis Cherche-Midi eingeliefert und in eine Zelle ohne Licht eingesperrt. Dort bleibt er in Geheimhaft bis zum 11. Juli. Während seines Verhörs durch einen Offizier, bei dem ein Dolmetscher zugegen ist, wird ihm mitgeteilt, er würde in drei Stunden erschossen. Nachdem man ihn in seine Zelle zurückgeführt hat, schreibt Staatsanwalt Ribeyre, der nach der Aufregung und der Angst der vorhergehenden Tage die Ruhe wiedergefunden hat, einen Abschiedsbrief an seine Familie und einen zweiten, in dem er den Oberaufseher des Gefängnisses von Bourges bezüglich des Transports Grynszpans nach Châteauroux für unschuldig erklärt und die volle Verantwortung dafür auf sich nimmt. Die dreistündige Frist ist längst abgelaufen. Die Nacht vergeht. Am 12. Juli wartet Staatsanwalt Ribeyre gefaßt den ganzen Tag auf einen Bescheid seiner bevorstehenden Hinrichtung. Erst am 13. Juli gegen 11 Uhr morgens erscheinen zwei bewaffnete Soldaten, die ihn in das Büro führen, wo er verhört worden war. Verblüfft sieht er dort den Pariser Staatsanwalt, der ihm zu verstehen gibt, er habe berechtigte Hoffnung auf seine baldige Freilassung. Gleichzeitig erfährt Ribeyre auch, daß Grynszpan, den man im Gefängnis von Toulouse wiedergefunden hat, der Besatzungsmacht laut § 19 des Waffenstillstandsabkommens, der die Auslieferung aller von der Siegesmacht angeforderten Personen vorsieht, übergeben werden soll. Was Ribeyre nicht erfährt, ist, daß der »französische Staat« Pétains seit dem 5. Juli ununterbrochen auf höchster Ebene mit der Besatzungsmacht über seine Freilassung verhandelte und sein Leben schließlich mit dem Leben Grynszpans erkaufte.[27]

Die Verhandlung begann mit einem Protestschreiben der französischen Delegation an den Vorsitzenden der Waffenstillstandskommission, General der Infanterie Heinrich von Stülpnagel. Darin wurde festgestellt, daß Staatsanwalt Ribeyre am 29. Juni von der deutschen Militärbehörde in Bourges festgenommen und inhaftiert wurde unter dem Verdacht, »einen Mörder namens Grünspan freigelassen zu haben«. Die Note protestierte ferner »gegen eine Maßnahme, die dem Ansehen des französischen Richterstandes Abbruch tat und die freie Ausübung der Justiz im Département Cher verhinderte«. Daher würde seine sofortige Freilassung verlangt. Am 6. Juli erfolgt um 9.50 Uhr eine telefonische Mitteilung vom französischen Verteidigungsministerium aus Clermont-Ferrand an die Delegation in Wiesbaden, wonach der Kabinettsdirektor des Justizministers in Vichy soeben folgendes Telegramm erhalten habe:

»Justiz-Gefängnisse an Justiz-Kabinett, Grünspan in Toulouse inhaftiert.«

Kabinettsdirektor Dupuich habe gebeten, General Weygand[28] schnellstens zu informieren, »damit er in Wiesbaden das nötige unternehme«. Ein zweites von Hauptmann de Soulanges am selben Tag um 19.30 Uhr durchgegebenes Fernschreiben an die französische Delegation in Wiesbaden gibt unumwunden die Anweisung, den Deutschen die Auslieferung Grynszpans gegen die Freilassung Ribeyres vorzuschlagen, »infolge des Berichts Nr. 208/DSA vom 3. Juli«, meldet Hauptmann de Soulanges, »gibt das Justizministerium bekannt: ›Grünspan in Toulouse inhaftiert. Bitte deutsche Behörden davon zu informieren, damit sie Staatsanwalt Ribeyre freilassen.‹«

Laut einer telefonischen Meldung des französischen Verteidigungsministeriums soll Grynszpan am 14. Juli in Chalon-sur-Saône ausgeliefert worden sein, d. h. gerade am Nationalfeiertag, an dem die Franzosen alljährlich dem Sieg der Ahnen von 1789 über die Tyrannei gedenken.

Tags darauf wird Ribeyre aus deutscher Haft entlassen. In Anerkennung seiner mutigen Haltung, wohl auch um ihm künftig jeden Kontakt mit der Besatzungsmacht zu ersparen, ernennt ihn Justizminister Alibert zum Staatsanwalt von Algier. Ribeyres Leidensweg ist zu Ende, derjenige Grynszpans fängt erst an. Denn ohne die schmachvolle Tat der Regierung Pétain schmälern zu wollen, muß festgehalten werden, daß Grynszpans Auslieferung von der Besatzungsmacht gefordert worden ist. Bereits am 15. Juni, d. h. kurz nach dem Einmarsch der Wehrmacht in die französische Hauptstadt und sieben Tage vor der Unterzeichnung des Waffenstillstands, liegen seine Akten mit denen deutscher, meist jüdischer Flüchtlinge, die es als Feinde des Dritten Reiches zu fahnden gilt, im Büro von Dr. Helmut Knochen, der sich vorläufig im Hotel Louvre einquartiert hat.

Der sportliche und gebildete Doktor der Philosophie, der mit Karl Oberg als »Schlächter von Paris« (boucher de Paris) in die Geschichte eingegangen ist, ist Heydrich aufgefallen, als es ihm gelang, noch in Friedenszeiten nach dessen Plan zwei britische Offiziere aus Venlo (Holland) zu entführen. Zu diesem Zeitpunkt war Knochen noch nicht der gefürchtete Chef des Sipo-SD im besetzten Frankreich, sondern nur ein geduldetes Element des Reichssicherheitshauptamtes, weil das Oberkommando der Wehrmacht sich – im Gegensatz zu den besetzten Ostgebieten – die polizeilichen Befugnisse vorbehalten hatte. Diese Situation verändert sich erst ab Mai 1942, nachdem sich der Militärbefehlshaber in Frankreich, Otto von Stülpnagel, geweigert hat, weitere Erschießungen französischer Geiseln als Repressalien für Sabotagen und Attentate gegen die Wehrmacht anzuordnen, weil diese die Bevölkerung gegen die Besatzungsmacht aufbringen. Doch hindert diese Situation Knochen nicht, die Wege vorzubereiten. So erteilt er SS-Sturmbannführer Karl Bömelburg den Auftrag, den Fall Grynszpan zu übernehmen. Bömelburg scheint ihm der geeignete Mann dafür zu sein, weil er ihn schon aus seiner früheren Tätigkeit als Verbindungsmann der Interpol zwischen der Deutschen Botschaft und der Polizeipräfektur in Paris kennt.

Durch diesen Befehl wird der deutsche Polizeiapparat in Bewegung gesetzt. Die erste und die schwierigste Aufgabe Bömelburgs lautet: Grynszpan und die in seinen Akten noch fehlenden Dokumente wiederfinden. Da seine Ermittlungen in Paris sowie bei den Staatsanwälten von

Orléans und Bourges ergebnislos geblieben sind, wendet er sich an die Beamten der Polizeipräfektur und schlägt ihnen vor, von den französischen Behörden in Vichy, bei denen die Besatzungsmacht zu dieser Zeit noch nicht vertreten ist, »einfach« die Auslieferung Grynszpans an die deutsche Polizei zu verlangen. Der tatsächlich an die Regierung von Vichy gerichtete Antrag fällt mit der Nachricht der Verhaftung Ribeyres und der überraschenden Entdeckung Herschel Grynszpans im Gefängnis von Toulouse zusammen.

Grynszpan ist in der Tat auf freiem Fuß in der Stadt eingetroffen. Da er aber mittellos ist, französisch mit einem starken deutschen Akzent spricht und nicht in der Lage ist, ohne Ratschläge in einem Land durchzukommen, das er kaum kennt, hält er es nicht länger als zwei Wochen in dieser Lage aus. Als Ausweg findet er kein anderes Mittel, als sich freiwillig ins Gefängnis zu begeben. Entgegen seinen Erfahrungen in Bourges wird ihm zu seiner Zufriedenheit die Aufnahme gewährt. Der nun Neunzehnjährige, der zuvor so oft unerschrocken aus eigener Initiative gehandelt hat, beweist in dieser Angelegenheit nicht einmal etwas gesunden Menschenverstand. In der durch die Niederlage Frankreichs und den Waffenstillstand hervorgerufenen Wende der politischen Konjunktur hätte er die unverhoffte Chance seiner Freilassung ausnutzen sollen, um sich auf dem Land zu verstecken oder Hilfe bei der Bevölkerung zu suchen. Durch einen merkwürdigen Zufall war diese Hilfe greifbar nahe, denn der größte Teil der Pariser Juden, die guten Grund hatten, den Einmarsch der Wehrmacht in die französische Hauptstadt zu befürchten, waren nach Südfrankreich geflohen. So befanden sich nicht nur sein Onkel Abraham, dessen Frau und ein anderer Onkel in Toulouse, sondern auch Rechtsanwalt Fränkel, während Moro-Giafferi ganz in der Nähe, in Aiguillon (Lot-et-Garonne), Zuflucht gefunden hat. Herschels Familie und zwei seiner Verteidiger hätten ihm beistehen können. Unglücklicherweise weiß er aber nichts davon. Noch grausamer ist die Tatsache, daß Rechtsanwalt Fränkel, der zufällig erfahren hat, daß er sich im Gefängnis von Toulouse aufhält, und vom Staatsanwalt eine Besuchsgenehmigung erhält, ihn nicht mehr vorfindet. Denn nach Bömelburgs indirekter Aufforderung, Grynszpan auszuliefern, hat die Regierung Pétain befohlen, den Häftling in allen Strafanstalten des unbesetzten Frankreichs zu suchen. Einige Tage später kann Botschafter Otto Abetz nach Berlin telegrafieren, der französische Justizminister habe ihm mitgeteilt, man habe Grynszpan im Gefängnis von Toulouse wiedergefunden, während der immer noch mit dem Fall betraute Jurist Friedrich Grimm nach Paris zum Delegierten der französischen Regierung in den besetzten Gebieten eilt, Grynszpans Auslieferung laut § 19 des Waffenstillstandsabkommens zu fordern.

Ohne zumindest etwas Zeit zu gewinnen, indem sie juristische Einwände gegen die deutsche Forderung erhebt oder sich wenigstens zu fragen, ob Grimm befugt ist, einen derartigen Antrag zu stellen, willigt die Vichy-Regierung darin ein, Grynszpan auszuliefern, allerdings – wie bereits erwähnt, gegen die Freilassung von Staatsanwalt Ribeyre. Heute noch behaupten unbelehrbare Anhänger Pétains, er sei das Schild Frankreichs gewesen, während de Gaulle dessen Schwert war. Der Fall Grynszpan beweist, wie viele andere, daß er eher ein Handlanger der Besatzungsmacht war, es sei denn, daß man das Schild für die Rettung gewisser Menschen um den Preis anderer (so z. B. eines Teils der französischen Juden auf Kosten der ausländischen) halte.

Unter diesen Umständen konnte Abetz am 18. Juli 1940 triumphierend nach Berlin telegrafieren: »Infolge der deutschen Forderung ist Grynszpan heute unseren Abgesandten an der Demarkationslinie übergeben worden und nach Berlin transferiert worden.«[29]

Zwei Monate später brandmarkt die *New York Times* die Tat der Vichy-Regierung. Unter dem Titel »Grynszpan von Vichy den Nazis ausgeliefert« schreibt das amerikanische Blatt: »Der junge polnische Jude, der im November 1938 einen nationalsozialistischen Diplomaten ermordete, ist von der Regierung von Marschall Henri Philippe Pétain und Pierre Laval der Gestapo ausgeliefert worden.«

»Durch diese unwürdige Tat, die die elementarsten Regeln des politischen Asylrechts verhöhnt, hat die Regierung Pétain-Laval Frankreich auf den Weg einer ehrlosen Zusammenarbeit mit Hitlers Besatzungsmacht geführt, die politische Flüchtlinge des Dritten Reichs, jüdische Männer und Frauen, jüdische Kinder Frankreichs, Patrioten und Widerstandskämpfer ausliefert, die sich weigern, vor dem Hitlerfaschismus zu kapitulieren.«[30]

Unterdessen wird Grynszpan von der Gestapo in Berlin in erstaunlich milder Weise verhört. Auch im Konzentrationslager Sachsenhausen, wo er am 18. Januar 1941 eingeliefert worden ist, genießt er im Vergleich zu den meisten Häftlingen, eine privilegierte Behandlung, da Goebbels die Absicht hat, unter Mitwirkung des Häftlings einen großen Schauprozeß gegen das Weltjudentum zu inszenieren. Während Ernst Lautz, Staatsanwalt beim Volksgericht, im Sommer 1941 die Anklageschrift ausarbeitet, die das Hauptdokument des Prozesses sein soll, wird Grynszpan von Sachsenhausen nach Berlin in das Moabiter Gefängnis der Gestapo zurückgebracht.

Da nach deutscher Gesetzgebung ein deutsches Gericht nicht die Befugnis hat, über einen im Ausland von einem Staatenlosen begangenen politischen Mord zu richten, umgeht das Reichsjustizministerium die Schwierigkeit, indem es Grynszpan anklagt, »ein Unternehmen des Hochverrats vorbereitet zu haben, das darauf zielte, durch Drohung oder Anwendung der Gewalt dem Führer und Reichskanzler sowie den Mitgliedern seiner Regierung die Ausübung der ihnen von der Verfassung anerkannten Befugnisse zu verwehren«. Die Anklage des Hochverrats gestattet der deutschen Gerichtsbarkeit, ihre Zuständigkeit zu erklären und ein Todesurteil zu beantragen.

So beschließen der Reichsjustizminister und Josef Goebbels nach einer Arbeitssitzung mit den beteiligten Juristen, den Termin des Prozesses auf den 18. Februar

1942 festzusetzen. Vorgesehen ist unter anderem die Aussage des ehemaligen französischen Außenministers Georges Bonnet. Berlin ist überzeugt, daß dieser trotz der durch den Krieg entstandenen »Veränderungen« in den deutsch-französischen Beziehungen bereit sein wird, den deutschen Behörden in der Beweisführung der Schuld des Weltjudentums in dieser Angelegenheit beizustehen. In seinem Tagebuch erklärt Goebbels, er werde dafür sorgen, daß Bonnets Aussage, die die jüdische Verantwortung in der Entfesselung des Zweiten Weltkriegs hervorheben soll, anständig *(sic!)* vorbereitet werde, damit dem Reich der größte Erfolg in seinem Kampf daraus entstehe.[31]

Betraut mit dieser Mission wird wiederum Dr. Friedrich Grimm, der den früheren Außenminister in seiner Pariser Wohnung aufsucht, um ihn zu überreden, als Zeuge der Anklage im Prozeß auszusagen. Am 22. Dezember 1941 teilt Regierungsrat Albrecht vom Auswärtigen Amt etwas voreilig mit, Bonnet sei in allen Punkten mit ihm einverstanden und erkläre sich prinzipiell bereit, im Prozeß auszusagen.[32]

Da Grimms Erfindungsgabe so zügellos wie seine Tätigkeit ist, will er auch Vernehmungsrichter Tesnière, der bis zur Kriegserklärung mit dem »Fall Grynszpan« betraut war, als Zeuge »einladen«. Durch einen seltsamen Zufall hat er nämlich erfahren, daß Tesnière sich nun als Offizier in deutscher Kriegsgefangenschaft befindet. Nachdem er Kontakt mit ihm aufgenommen hat, berichtet er der Gestapo in Berlin, dieser sei bereit, als Gegenleistung für seine Haftentlassung mit den deutschen Justizbehörden zusammenzuarbeiten.[33] Laut einer Aussage von Dr. Cuenot[34], hat Richter Tesnière in einem 1945 an ihn gerichteten Brief Grimms Behauptungen kategorisch zurückgewiesen und erklärt, er sei bereits im Dezember 1940 mit einem Sanitätstransport nach Frankreich zurückgekehrt.

Trotz der Hektik der NS-Justiz und -Propaganda mußte der Prozeß vertagt werden. Denn am festgesetzten Termin, am 18. Februar 1942, fand bereits ein anderer Schauprozeß in der französischen Stadt Riom statt[35], unweit des Sitzes der Vichy-Regierung, die ihn veranlaßt hatte. So schien es dem Oberregisseur der NS-Propaganda unmöglich, vor der Öffentlichkeit das Weltjudentum und zugleich die früheren Machthaber Frankreichs der Schuld am Krieg anzuklagen. Um die Überschneidung der beiden Prozesse zu vermeiden, erhält Friedrich Grimm den Auftrag, sich nach Vichy zu begeben, um den vorgesehenen Termin für den Abschluß des französischen Schauprozesses zu erfahren, bevor man einen neuen für Grynszpans Prozeß festsetzt.[36] Nach dem Eintreffen der Auskunft und der Einwilligung Hitlers soll der deutsche Schauprozeß nun am 11. Mai 1942 beginnen.

In der Tat wird der Prozeß nie stattfinden, weil es Grynszpan gelingt, die ganze Maschinerie mit einem Schlag zu blockieren, indem er behauptet, er habe homosexuelle Beziehungen zu vom Rath gehabt, das sei der Hauptgrund für dessen Ermordung gewesen.

Goebbels ist überzeugt, wie er seinem Tagebuch anvertraut, daß es sich um eine »unverschämte Lüge« handle. Doch sieht er ein, daß diese Lüge, sollte sie in aller Öffentlichkeit vorgetragen werden, das Hauptargument für die feindliche Propaganda hergeben könnte.[27] Obwohl Ribbentrop nach wie vor für die Abhaltung des Schauprozesses plädiert, gelingt es Goebbels, der den Skandal dieser »geradezu absurden, typisch jüdischen Behauptung« eines homosexuellen Verkehrs zwischen dem schäbigen polnischen Judenbengel und dem vornehmen arischen Diplomaten befürchtet, dessen Vertagung anzuordnen.

In seiner Aussage von 1966 im Prozeß Diewerges, eines der »Handlanger« von Goebbels, behauptete Schlegelberger, der ehemalige Stellvertreter des NS-Justizministers, die Machthaber des Dritten Reiches hätten den Prozeß gegen Grynszpan zur Rechtfertigung der Endlösung ausnutzen wollen.[38]

Es gibt keinen Beleg für diese These. Man kann jedoch vermuten, wie bereits am 8. November 1938 die französische Zeitung L'Humanité schrieb, der Racheakt Herschel

Grynszpans habe im November 1938 den Nationalsozialisten den idealen Vorwand für die Judenverfolgung geliefert[39], so wie Marinus van der Lubbe durch die Brandstiftung im Reichstag 1933 es zur Verfolgung der Kommunisten getan hatte.

Gewiß folgt das kommunistische Blatt der in diesen Kreisen herkömmlichen Vorstellung des »agent provocateur«, der im Fall van der Lubbe nie bewiesen wurde, im Fall Grynszpans höchst unwahrscheinlich ist. Dennoch irrte es nicht, wenn es schon am 8. November 1938 annahm, daß dessen Racheakt das Signal zu einer furchtbaren Judenhetze im ganzen Reich sein würde.

Was aus Grynszpan wurde, ist bis heute nicht völlig geklärt. Einige, u. a. Helmut Heiber, behaupten, er sei 1945 unter einem anderen Namen nach Paris zurückgekehrt – eine kaum glaubhafte Hypothese, da nach französischem Recht seine Tat verjährt war und er also nichts mehr zu befürchten hatte. Seine Angehörigen hingegen erklären, er sei von den Nazis umgebracht worden. Nach Gideon Hausner, dem Generalstaatsanwalt von Israel und Hauptankläger im Eichmann-Prozeß, kam Grynszpan ins KZ Sachsenhausen zurück, wo er von Eichmann verhört wurde. »Dies war das letzte Mal«, betont Hausner, »daß er, soweit man weiß, lebend gesehen wurde«.

Die Hetzjagd

Als die Nachricht des Attentats von Paris die jüdischen Gemeinden des Reichs erreicht, sind sich deren Mitglieder bewußt, daß sie auf das schlimmste gefaßt sein müssen.

Die deutsche Presse vom 7. November hat das Ereignis nur in einigen Zeilen auf der zweiten Seite erwähnt. Am nächsten Tag behandeln alle Zeitungen auf der Titelseite das Thema der »jüdischen Weltverschwörung« und kündigen ernste Repressalien an. Sogar die gemäßigte *Deutsche Allgemeine Zeitung* schreibt in der Berliner Ausgabe vom 8. November:

»Das jüdische Attentat in der Deutschen Botschaft in Paris wird, darüber soll sich niemand täuschen, die schwersten Folgen für die Juden in Deutschland haben, und zwar auch für die ausländischen Juden in Deutschland ... Sie dürfen erzitternd erkennen müssen, daß das in Paris gefallene Wort von den Rassegenossen sehr zweischneidig ist.«

Goebbels *Völkischer Beobachter* schreibt unumwunden in einem Leitartikel desselben Tages:

»Es ist klar, daß das deutsche Volk aus dieser neuen Tat seine Folgerungen ziehen wird. Es ist ein unmöglicher Zustand, daß in unseren Grenzen Hunderttausende von Juden noch ganze Ladenstraßen beherrschen, Vergnügungsstätten bevölkern und als ›ausländische‹ Hausbesitzer das Geld deutscher Mieter einstekken, während ihre Rassegenossen draußen zum Krieg gegen Deutschland auffordern und deutsche Beamten niederschießen. Die Linie von David Frankfurter zu Herschel Grynszpan ist klar gezeichnet. Wir können heute schon in der jüdischen Weltpresse erleben, daß man sich auch heute bemüht, den Täter reinzuwaschen und zu verherrlichen und den Niedergeschossenen zu verdächtigen. Wir werden uns die Namen jener merken, die sich zu dieser feigen Meucheltat bekennen, so wie wir auch die Namen jener nicht vergessen haben, die in der kritischen Septemberwoche das französische Volk zum Krieg gegen Deutschland aufhetzen wollten. Es sind dieselben Kräfte wie in Kairo und Davos, es sind Juden und keine Franzosen. Die Schüsse in der Deutschen Botschaft in Paris werden nicht nur den Beginn einer neuen deutschen Haltung in der Judenfrage bedeuten, sondern hoffentlich auch ein Signal für diejenigen Ausländer sein, die bisher nicht erkannten, daß zwischen der Verständigung der Völker letzten Endes nur der internationale Jude steht.«

Andere Blätter, wie *Der Angriff* vom 9. 11. 1938, heben mit Genugtuung antisemitische Kommentare rechtsorientierter französischer Zeitungen, wie *La Nation*, *Le Jour*, *Le Journal*, *L'Action Française* hervor. Alarmierend wirkt auch das am 8. November von den Behörden angeordnete Verbot der jüdischen Presse des Reiches. Denn mit dem Verlust der drei großen noch bestehenden jüdischen Zeitungen *Central Verein Zeitung*, Auflage: 40 000 Exemplare, *Jüdische Rundschau*, Auflage: 26 000 Exemplare, *Israelitisches Wochenblatt*, Auflage: 25 000 Exemplare sowie der vier Kulturzeitschriften und der 25 Gemeindeblätter – das Berliner Gemeindeblatt allein hat eine Auflage von 40 000 Exemplaren) verschwindet für die vom öffentlichen Leben ausgeschlossenen Juden, die bereits ihre Radioapparate abliefern mußten, die letzte Möglichkeit, sich zu informieren.

Am Abend des 8. November haben in vielen Ortschaften des Reichs antijüdische Kundgebungen stattgefunden. Alle nach dem gleichen Schema: Der Ortsleiter der NSDAP ruft zu einer Protestkundgebung auf, in der die »jüdischen Verbrechen« öffentlich angeprangert werden; anschließend wird die Synagoge in Brand gesteckt, jüdische Geschäfte und Wohnungen werden zerstört und geplündert. In den Städten und Dörfern, wo nichts geschehen ist, erscheinen am nächsten Morgen auswärtige Parteimitglieder, die die Ortsleiter aufsuchen und sie auffordern, gegen die Juden vorzugehen.

Die vielen Berliner Juden, die am selben Tag das französische Reisebüro Unter den Linden aufgesucht haben, weil sie Deutschland schnellstens verlassen wollen, werden von Nazis beschimpft und belästigt.

Magnus Davidsohn, der Oberkantor der großen Berliner Synagoge, und seine Frau statten den Eltern Ernst vom Raths, die sie als Nachbarn gut kannten, einen Beileidsbesuch ab und drücken ihnen das Bedauern und die Anteilnahme der jüdischen Gemeinde mit. Der trauernde Vater erwidert:

»Lieber Herr Oberkantor, weder Sie noch ein anderer Jude hat an dieser Sache schuld! Ich glaube, daß mein Sohn im Auftrag ermordet worden ist! Er hat zu viel geredet, da hat man sich eine Kreatur genommen.«

Vergeblich versucht Davidsohn dem alten preußischen Beamten, den die Nationalsozialisten kurz danach zum Leiter des Rassenamts – ein Sinnbild – ernennen, zu überzeugen, daß der Attentäter die Deportation seiner Eltern rächen wollte.

Unterdessen hat die Nachricht des Ablebens vom Raths Hitler erreicht. Im Alten Rathaus von München, wo er mit seinen Kampfgenossen am 9. November den Gedenktag des Putschversuches von 1923 feiert, erscheint gegen 21 Uhr ein Bote und teilt ihm mit, der Botschaftsrat sei seinen Verletzungen erlegen. Sichtlich beeindruckt ruft er Goebbels, unterhält sich eine Weile unter vier Augen mit ihm und verläßt dann plötzlich die Versammlung, ohne das Wort zu ergreifen. Vor seinem Abgang befiehlt er lediglich, man solle der SA freie Hand lassen.[2]

Der Bericht[3], den der oberste Parteirichter Walter Buch am 13. Februar 1939 über die bis zu diesem Zeitpunkt abgeschlossenen Verfahren wegen »Ausschreitungen anläßlich der judengegnerischen Aktionen vom 9./10. November 1938« Göring übersendet, zeigt deutlich, daß Goebbels die Hauptverantwortung für die »Kristallnacht« trägt. Seine Rache fordernde Rede im Münchener Rathaus, die Mitteilung, daß es in den Gauen Kurhessen und Magdeburg-Anhalt bereits zu »spontanen« judenfeindlichen Kundgebungen gekommen sei, dabei jüdische Geschäfte zertrümmert und Synagogen in Brand gesteckt worden seien, hat alle anwesenden Parteiführer überzeugt, es handle sich um mündliche Weisungen des Reichspropagandaleiters, »daß die Partei nach außen nicht als Urheber der Demonstration in Erscheinung treten, sie in Wirklichkeit aber organisieren und durchführen sollte. Sie wurden in diesem Sinn sofort — also geraume Zeit vor Durchgabe des ersten Fernschreibens — von einem großen Teil der anwesenden Parteigenossen fernmündlich an die Dienststellen ihrer Gaue weitergegeben«.

Die Hauptverantwortung des Propagandaministers in der Auslösung des Pogroms wurde auch vom Reichsjugendführer Baldur von Schirach, von Niepolt, Reichstagsabgeordneter und Gauleiter von München, sowie vom SA-Führer Obernitz, die alle am Kameradschaftsabend vom 9. November anwesend waren, vor dem Nürnberger Gericht bestätigt.[4] Ohne der Behauptung des Prinzen von Schaumburg-Lippe vollen Glauben zu schenken, wonach Goebbels über das Ausmaß des Pogroms entsetzt gewesen sei und dafür Julius Streicher und die »Idioten von München« gerügt hätte,[5] kann man mit einiger Wahrscheinlichkeit annehmen, daß Goebbels' Rolle am Abend des 9. November nur einen Bruchteil des Plans zur völligen Ausschaltung der Juden des Reichs darstellte. Denn, wie wir bereits zuvor bemerkten, dieser Plan wurde schon Anfang 1938 von Hitler und seinen engsten Mitarbeitern erwogen.

In seinen Memoiren *Zwölf Jahre mit Hitler*[6] erklärt Otto Dietrich, Hitler allein sei der Urheber des Pogroms, er habe Goebbels den Befehl erteilt, die Aktion auszulösen und der SA die nötigen Anweisungen dafür zu geben. Das Bestehen eines vorbereiteten Plans wird durch eine andere wichtige Tatsache bekräftigt: Während die Hauptführer der SA, die am Kameradschaftsabend in München am 9. November anwesend waren, nach Ende der Veranstaltung gegen 23 Uhr in ihr Quartier, ins Hotel Rheinischer Hof, zurückkehrten und ihren Gauleitungen die Anweisungen für den Pogrom telefonisch durchgaben, erging um 23.55 Uhr ein geheimes Fernschreiben des Chefs der Geheimen Staatspolizei in Berlin, Heinrich Müller, an alle

Stapo-Stellen und Stapoleitstellen des Reichs mit folgenden Anordnungen:

»1. Es werden in kürzester Frist in ganz Deutschland Aktionen gegen Juden, insbesondere gegen deren Synagogen, stattfinden. Sie sind nicht zu stören, jedoch ist im Benehmen mit der Ordnungspolizei sicherzustellen, daß Plünderungen und sonstige besondere Ausschreitungen unterbunden werden können.

2. Sofern sich in Synagogen wichtiges Archivmaterial befindet, ist dies durch eine sofortige Maßnahme sicherzustellen.

3. Es ist vorzubereiten die Festnahme von etwa 20–30 000 Juden im Reiche. Es sind auszuwählen vor allem vermögende Juden. Nähere Anordnungen ergehen noch im Laufe dieser Nacht.

4. Sollten bei den kommenden Aktionen Juden im Besitz von Waffen angetroffen werden, so sind die schärfsten Maßnahmen durchzuführen. Zu den Gesamtaktionen können herangezogen werden Verfügungstruppen der SS sowie Allgemeine SS. Durch entsprechende Maßnahmen ist die Führung der Aktionen durch die Stapo auf jeden Fall sicherzustellen.«[7]

Der Inhalt dieses Fernschreibens überdeckt sich nur teilweise mit den Anweisungen,[8] die von den SA-Führern an ihre Gauleitungen telefonisch durchgegeben wurden, denn er unterscheidet sich wesentlich davon in vier Punkten:

1. Die Anweisungen der SA-Führer erwähnten auch die Zerstörung der Synagogen sowie die Sicherstellung der Kultgegenstände, aber nicht das Archivmaterial. Ferner erwähnen sie die Anwesenheit der Feuerwehr, die allerdings nur zum Schutz der naheliegenden »arischen« Häuser eingreifen soll, während Müller nur von der Ordnungspolizei spricht, die Plünderungen und besondere Ausschreitungen zu verhindern hat.

2. Die SA-Führer erteilen ausdrücklich den Befehl, die jüdischen Geschäfte zu zerstören und an diese sowie an die zerstörten Synagogen ein Schild anzubringen mit der Aufschrift: »Rache für Mord an vom Rath. Tod dem internationalen Judentum! Keine Verständigung mit Völkern, die judenhörig sind!«

3. Während das Fernschreiben des Berliner Gestapochefs die »schärfsten Maßnahmen« anordnet gegen Juden, die im Besitz von Waffen gefunden werden, befehlen die SA-Führer, sie »bei Widerstand sofort über den Haufen zu schießen«.

Der gravierendste Unterschied liegt jedoch in der Verlagerung der Kompetenzen bei der Durchführung des Pogroms. Denn während Müllers Fernschreiben die Beteiligung der SS an den Aktionen vorsieht, aber deren Verantwortung der Geheimen Staatspolizei anvertraut, heißt es in den fernmündlichen Anweisungen der SA-Führer und mit höchster Wahrscheinlichkeit auch in denen von Goebbels, der Führer wünsche nicht das Eingreifen der Polizei. Diese Verlagerung der Verantwortung und der Befehl, zwanzig- bis dreißigtausend Juden des Reichs festzunehmen, der nicht in den Anweisungen der SA erscheint, deuten auf das Bestehen eines vorbereiteten Planes, den Müller sofort nach der Meldung von dem Ableben vom Raths ohne weitere Rücksprache mit seinen Vorgesetzten in Gang gesetzt hat.

Einer eidesstattlichen Erklärung des SS-Hauptsturmführers Luitpold Schallermeier[9] zufolge, der sich mit drei anderen Mitgliedern von Himmlers Stab bei Heydrich im Münchener Hotel Vier Jahreszeiten befand, soll Heydrich gegen 23.15 Uhr einen Anruf des Führers der Münchener Polizeileitstellen erhalten haben. Von Eberstein meldete, daß die Gaupropagandaleitung »einen Befehl über den Ausbruch des sogenannten Judenpogroms durchgegeben habe« und verlangte dementsprechende Anweisungen vom Chef der Sicherheitspolizei. Heydrich habe daraufhin erklärt, er und Gruppenführer Wolff wüßten nichts von dieser Aktion, er würde ihn wieder anrufen, nachdem Gruppenführer Wolff den Reichsführer SS Himmler, der sich in Hitlers Münchener Wohnung befand, aufgesucht hätte, »um ihm den Sachverhalt vorzutragen«. Der Münchener Polizeipräsident und SS Obergruppenführer von Eberstein, hat selbst vor dem Nürnberger Internationalen Militärgericht ausgesagt,[10] er habe Hitler gegen 22 Uhr in seine Münchener Wohnung zurückbegleitet und sei dann zum Odeonsplatz gegangen, wo er für die Sicherheits- und Absperrmaßnahmen zur alljährlich in der Nacht vom 9. auf den 10. November dort stattfindenden Vereidigung der neuen Waffen-SS verantwortlich war. Kurz nach seiner Ankunft habe ihn der Münchener Landrat angerufen und ihm mitgeteilt, eine Synagoge und Schloß Planegg, das dem jüdischen Baron Hirsch gehörte, seien von unbekannten Tätern in Brand gesteckt worden, die Feuerwehr werde daran gehindert, das Feuer zu löschen, die Gendarmerie bitte um Hilfe. Da Hitler gegen 23.45 Uhr zur Vereidigung kommen sollte, habe er nicht den Platz verlassen können, er habe aber SS-Brigadeführer Diehm den Befehl erteilt, Ordnung zu schaffen. Himmler, der gewiß auch an der Vereidigung der neuen Waffen-SS teilnahm, begab sich erst gegen 1 Uhr morgens zu Heydrich ins Hotel Vier Jahreszeiten,[11] um ihm die Richtlinien zu geben, die um 1.20 Uhr vom Chef des Sicherheitsdienstes weitergeleitet wurden.

»Der Reichsführer der SS betonte des weiteren in diesem Befehl«, erklärt Schallermeier, »daß die Gaupropaganda-Ämter federführend in dieser Aktion seien und daß die Staatspolizeistellen nur Schutzaufgaben wahrzunehmen hätten.«

Heydrichs Blitzfernschreiben erscheint in der Tat als Ergänzung der um 23.55 Uhr von Heinrich Müller an die Stapo-Stellen und Stapoleitstellen gerichteten Anweisungen. Es fordert diese auf, »sofort nach Eingang des Schreibens mit der für ihren Bezirk zuständigen politischen Leitung — Gauleitung oder Kreisleitung — fernmündlich Verbindung aufzunehmen und eine Besprechung über die Durchführung der Demonstration zu vereinbaren.« Ferner sollen der politischen Leitung die Weisungen vom Reichsführer SS und Chef der Deutschen Polizei mitgeteilt werden, damit diese sie zweckmäßig ihrer Aktion anpasse. Nicht erwähnt wird in Heydrichs Blitzfernschreiben, wie es in dem Müllers und in den Anweisungen der SA-Führer geschah, wie mit den Juden in Besitz von Waffen zu verfahren sei. Empfohlen wird hingegen darin, keine Aktion zu unternehmen, die deutsches Leben und Eigentum gefährden könnte, sich jeder Belästigung ausländischer Staatsangehöriger – auch wenn es sich um Juden handle – zu enthalten, das beschlagnahmte Archivmaterial der jüdischen Kultusgemeinden an die zuständigen SD-Dienststellen abzugeben. Im Gegensatz zu Müller gibt Heydrich keine genaue Zahl der festzunehmenden jüdischen Männer an, sondern betont, daß »sobald der Ablauf der Ereignisse dieser Nacht die Verwendung der eingesetzten Beamten hierfür zuläßt«, man »so viel Juden als in dem vorhandenen Haftraum untergebracht werden können« festgenommen werden, »nur gesunde männliche Juden, insbesondere wohlhabende, nicht zu hohen Alters« – ein Befehl, der, wie wir etwas später sehen werden, selten befolgt wurde. Ergänzend fügt auch Heydrich hinzu, unverzüglich nach deren Festnahme »mit den zuständigen Konzentrationslagern wegen schnellster Unterbringung der Juden in Lagern Verbindung aufzunehmen«.[12]

Die SA kümmert sich wenig um Himmlers und Heydrichs Richtlinien. Nachdem ihre Führer Goebbels' Rache und Vergeltung fordernde Ansprache im Rathaussaal gehört haben, sind sie überzeugt, daß die Stunde der Abrechnung mit den Juden geschlagen hat und daß sie bis zum nächsten Tag freie Hand haben, den Pogrom auf die Spitze zu treiben.

Im bereits erwähnten Bericht des obersten Parteigerichts an Göring über die während des Pogroms von der SA und der SS verübten »Ausschreitungen« schildert Major Buch, der Chef des Zentralamtes, die Geistesverfassung der daran aktiv Beteiligten:

»Die Nachprüfung der Befehlsverhältnisse hat ergeben, daß in all diesen Fällen ein Mißverständnis in irgendeinem Glied der Befehlskette entstanden ist, insbesondere dadurch, daß es dem aktiven Nationalsozialisten aus der Kampfzeit selbstverständlich ist, daß Aktionen, bei denen die Partei nicht als Organisator in Erscheinen treten will, nicht mit letzter Klarheit und in allen Einzelheiten befohlen werden. Er ist infolgedessen gewohnt, aus einem solchen Befehl mehr herauszulesen, als wörtlich gesagt ist, wie es auch auf der Stelle des Befehlsgebers vielfach Übung geworden ist, im Interesse der Partei — gerade wenn es sich um illegale politische Kundgebungen handelt — nicht alles zu sagen und nur anzudeuten, was er mit dem Befehl erreichen will.

So hat wohl jeder, der im Rathaussaal anwesenden Parteiführer die Weisung des Pg. Dr. Goebbels, daß die Partei diese Demonstration nicht zu organisieren habe, so aufgefaßt, daß die Partei als Organisation nicht in Erscheinung treten solle; Pg. Dr. Goebbels wird sie auch so gemeint haben, denn die politisch interessierten und darüber hinaus aktiven Kreise, die für solche Demonstrationen in Frage kommen, stehen eben in der Partei und ihren Gliederungen. Sie konnten selbstverständlich auch nur durch Dienststellen der Partei und der Gliederungen mobilisiert werden.

So hat auch eine Reihe von Unterführern die an sie mündlich oder fernmündlich gelangten, nicht immer sehr glücklich formulierten Befehle — z. B. Nicht der Jude Grünspan, das ganze Judentum trage die Schuld an dem Tod des Pg. vom Rath, das deutsche Volk nehme infolgedessen Rache am gesamten Judentum, im ganzen Reich brennten die Synagogen, jüdische Wohnungen und Geschäfte seien zu verwüsten, Leben und Eigentum der Arier müsse geschützt, ausländische Juden dafür nicht belästigt werden, die Aktion werde auf Befehl des Führers durchgeführt, die Polizei sei zurückgezogen, Pistole sei mitzubringen, bei geringstem Widerstand sei rücksichtslos von der Waffe Gebrauch zu machen, als SA-Mann müsse nun jeder wissen, was er zu tun habe usw. — so verstanden, daß nun für das Blut des Pg. vom Rath Judenblut fließen müsse, daß es jedenfalls nach dem Willen der Führung auf das Leben eines Juden nicht ankomme.«[13]

Gegen 1 Uhr morgens, d. h. bevor Himmlers und Heydrichs Richtlinien eingetroffen waren, sind SA- und SS-Männer meistens in Zivilkleidung schon am Werk. Vom Norden bis zum Süden des Reiches werden Synagogen, Gemeindehäuser, Altersheime, Krankenhäuser, Kinderheime, Wohnungen und Geschäfte von den tobenden Horden erstürmt.

In der kleinen oldenburgischen Gemeinde Lesum ruft SA-Truppführer Seggermann den Bürgermeister an.[14]

»Hier Standarte 411, Truppführer Seggermann. Haben Sie schon Befehl, Herr Bürgermeister?«

»Nein.«

»Großalarm der SA in ganz Deutschland! Vergeltungsmaßnahmen für den Tod von vom Rath. Wenn der Abend kommt, darf es keinen Juden mehr in Deutschland geben. Auch die Judengeschäfte sind zu vernichten.«

»Ja ... aber, was soll denn nun tatsächlich mit den Juden geschehen?«

»Vernichten, Herr Bürgermeister, vernichten!«

Jener Bürgermeister, der noch das Gefühl hatte, daß das Wort »vernichten« die Aufforderung zum Verbrechen enthielt, ruft den SA-Führer von Bremen an.

»Hier spricht Köster, Bürgermeister Köster von Lesum. Entschuldigung, aber ich habe hier so einen verrückten Befehl über diese Nacht und wollte nur fragen ... hat das seine Richtigkeit?«

»Jawohl, in Bremen ist schon die Nacht der langen Messer im Gang. Die Synagoge brennt schon.«

»Mit wem habe ich gesprochen?«

»Ich bin der Sturmbannführer vom Dienst.«

Um die verlorene Zeit wieder wettzumachen, eilen die SA-Männer von Lesum in die Wohnungen der drei dort ansässigen Juden. Ein SA-Trupp unter der Leitung von Scharführer August Frühling und Rottenführer Bruno Mahlstedt dringt in die Wohnung von Dr. Goldberg ein. Scharführer Frühling geht ins Schlafzimmer, wo Herr und Frau Goldberg aufgeschreckt durch den Lärm schon stehend neben ihren Betten warten.

»Ich bin angewiesen, einen schweren Auftrag durchzuführen«, sagt Frühling mit der Pistole in der Hand.

»Schießen Sie, bitte, gut, mein Herr«, sagt Frau Goldberg ruhig.

Der SA-Scharführer erschießt Frau Goldberg, während Rottenführer Mahlstedt ihren Mann tötet.

Herrn Sinasohn, dem dritten Juden von Lesum, ergeht es ähnlich.

Ende November 1938 wird auf Veranlassung Görings

die Untersuchung von sechzehn Fällen, in denen Mitglieder der Partei und SA-Männer schwere Mißhandlungen, Sittlichkeitsverbrechen und Tötungen begangen haben, dem staatlichen Gericht entzogen und dem Obersten Parteigericht übertragen »wegen des offenbaren Zusammenhangs der zu beurteilenden Vorgänge mit den Weisungen, die der Reichspropagandaleiter Pg. Dr. Goebbels während des Kameradschaftsabends im Rathaus-Saal gegeben hatte«. Von den neunundzwanzig am Mord eines oder mehrerer Juden Schuldigen, werden nur vier aus der Partei bzw. SA ausgeschlossen. Allein zwei von ihnen werden zusätzlich wegen Diebstahls und Sittlichkeitsverbrechen (Rassenschande), an einer dreizehnjährigen jüdischen Schülerin dem Strafgericht überstellt. Ferner erhalten zwei weitere Sturm- und Sturmbannführer eine Verwarnung mit dreijähriger Aberkennung der Amtsfähigkeit: einer, weil er entgegen gegebenem Befehl die Eheleute Seelig in Heilsberg (Ostpreußen) getötet hat, der andere, weil er den sechzehnjährigen Herbert Stein »nach beendeter Aktion entgegen gegebenem Befehl« erschossen hat. Für die dreiundzwanzig anderen, die einen oder mehrere Morde an Juden begangen haben – darunter Frühling und Mahlstedt – wird das Verfahren vom Obersten Parteigericht am 17. 1. 1939 eingestellt, oder es werden geringfügige Strafen ausgesprochen. Ferner bittet das Oberste Parteigericht den Führer, die Verfahren vor den staatlichen Gerichten niederzuschlagen« mit der Begründung:

»Der Befehl muß die Verantwortung verlagern vom Handelnden auf den Befehlsgeber ... Auch die Öffentlichkeit weiß bis auf den letzten Mann, daß politische Aktionen wie die des 9. November, von der Partei organisiert und durchgeführt sind, ob dies zugegeben wird oder nicht. Wenn in einer Nacht sämtliche Synagogen abbrennen, so muß das irgendwo organisiert sein von der Partei. Der Soldat aber darf nicht in die Lage gebracht werden, Überlegungen anzustellen, was er nun eigentlich nach dem Willen des Befehlshabers zu tun habe, ob der Befehl auch wirklich so gemeint sei, wie er lautet; denn möglicherweise kommen solche Überlegungen einmal in wichtigen Angelegenheiten zu einem falschen Ergebnis, oder es werden Überlegungen angestellt, wenn der Befehlsgeber den Befehl nun wirklich wörtlich aufgefaßt und durchgeführt wissen will. In jedem Fall aber wird dadurch die soldatische und damit nationalsozialistische Auffassung von Disziplin und Verantwortung untergraben«.[15]

Zahlreiche Berichte und Zeugenaussagen über den Verlauf des Pogroms offenbaren, daß es sich im ganzen Reich nach demselben Schema abspielte und lassen daher keine Zweifel — wie es übrigens das Oberste Parteigericht selbst äußerte —, daß es sich um eine von der Partei organisierte politische Aktion handelte.

In Breslau werden die große Synagoge am Ohlauer Stadtgraben und der jüdisch-orthodoxe Betsaal in Brand gesteckt — die Feuerwehr begnügt sich damit, die Straßen ringsherum abzusperren. Mit Knüppeln und Eisenstangen ausgerüstet, gehen die Zerstörer auf die jüdischen Geschäfte los, die seit der Anordnung, sie durch eine 25 Zentimeter hohe Inschrift auf dem Schaufenster erkenntlich zu machen, nicht schwer aufzufinden sind. In einer mit Eisenstangen aufgebrochenen Weinhandlung werden die Flaschen auf den Regalen eine nach der anderen unter dem Beifall der herbeigeeilten johlenden Menge zertrümmert. Es folgen eine Drogerie und ein Stoffgeschäft, wo die Waren einfach auf die Straße geworfen werden.[16]

In Berlin beginnt der Pogrom gegen 1 Uhr nachts, nachdem Fachleute zuvor die jüdischen Hauptgebäude isoliert haben, indem sie die Telefonleitungen abgeschnitten, die Strom- und Heizanlagen abgestellt haben und der Verkehr »von den neuralgischen Punkten« durch die Polizei umgeleitet worden ist. Tobende Gruppen bewerfen die jüdischen Geschäfte mit Pflastersteinen und holen aus den Schaufenstern alle Gegenstände, die als Geschoß dienen können. Sieben große Synagogen der Hauptstadt stehen in Flammen, darunter die der Fasanenstraße, in die Oberkantor Davidsohn eilt, um daraus zu retten, was noch zu retten ist.[17]

»Warum spritzen sie nicht«, ruft er dem Feuerwehrhauptmann zu, der mit seinen Leuten mit leeren Schläuchen dasteht.

»Was wollen Sie denn hier?« erwidert dieser. »Sie werden hier nur totgeschlagen.«

»Ich war hier an dieser Synagoge 27 Jahre tätig.«

»Tut mir leid, aber ich kann Ihnen nicht helfen, wir sind nur hier, um die Nebenhäuser zu schützen.«

»Um Gottes Willen, ich möchte wenigstens noch das Nötigste heraussuchen.«

Doch plötzlich hört er Schläge und sieht den Synagogenpförtner Wolfsohn blutüberströmt im Hemd in den Hof laufen. Da er sich weigert, die Schlüssel auszuhändigen, wird er bis aufs Blut geprügelt. Dann werden die Tore des Gebetshauses eingeschlagen, die Orgel mit 78 klingenden Registern über die Brüstung geworfen, die vor dem Altar stehenden Bronzeleuchter abmontiert, alle anderen Bronzegegenstände in Stücke geschlagen. Der Schrank, der Kantor Davidsohn gehört, wird aufgebrochen, sein kostbarer Talar und die Gebetbücher, darunter das seiner Mutter, werden in Stücke gerissen. SA- und SS-Männer kommen mit Kanistern an und übergießen alles, was aus Holz ist, mit Benzin, so daß nun auch das Innere der Synagoge lichterloh brennt. »Ich wollte hinein«, erklärte Davidsohn, »wurde aber festgehalten. Bis 5 Uhr früh stand ich dabei, dann rückte die Feuerwehr ab, das Feuer verglimmte, und ich sagte Kaddisch.«[18]

Kaum ist Magnus Davidsohn nach Hause zurückgekehrt, da läutet schon das Telefon: Er wird für 8 Uhr morgens zur Polizei bestellt. Dort findet er die verantwortlichen Redakteure jüdischer Zeitschriften vor. Sie bleiben den ganzen Tag dort, werden auf das schmutzigste beschimpft, bekommen nichts zu essen. Um 18 Uhr werden alle auf ihr Ehrenwort hin entlassen, daß sie am nächsten Morgen um 9 Uhr wieder dort sein würden.

Als Davidsohn am nächsten Morgen wieder bei der Polizei in der Dirksenstraße erscheint, sieht er, wie der ganze Vorstand der Gemeinde nebst Rabbiner, Kantoren und Chorleiter, durch eine Gittertür geführt wird und hört noch, wie man ihnen zuschreit: »Sie sind verhaftet, stellen Sie sich an.« Sie werden dann auf Lastwagen, die im Hof stehen, gebracht. Auf Anordnung des Polizeipräsidenten Helldorf werden die Journalisten, zu denen man Davidsohn rechnet, entlassen, während ca. 10 000 jüdische Männer der Hauptstadt ebenfalls festgenommen und in Konzentrationslager gebracht werden.

Manche Männer, die rechtzeitig gewarnt worden sind, verlassen fluchtartig ihre Wohnung, um unterzutauchen. Einige verbringen die darauffolgenden Nächte in der Untergrundbahn, andere verstecken sich in Wäldern der Umgebung oder reisen ab. Magnus Davidsohn, dem nach seiner Rückkehr nach Hause geraten wird, sich ins jüdische Altersheim Lichterfeld zu begeben, da die Polizei ihn nun auch suche, stellt fest, daß diese ihn wirklich sucht, weil er für Beerdigungen von Juden, die sich das Leben genommen haben, gebraucht wird.

In der benachbarten Stadt Potsdam[19] richtet sich der erste Sturm auf das jüdische Kinderheim des Vororts Caputh. Die dort untergebrachten Kinder werden aus dem Schlaf gerissen und unter Beschimpfungen und Mißhandlungen hinausgejagt. Da die Zerstörer die Potsdamer Synagoge, die seinerzeit Friedrich II. errichten ließ und die 1903 mit den Insignien des preußischen Adlers, Szepters und Schwerts neu erbaut wurde, nicht in Brand stecken können, weil sie sich auf dem Wilhelmplatz neben der Hauptpost und Wohnhäusern befindet, begeben sich fünf Männer in Zivil um 5.30 Uhr morgens in die Wohnung von Rabbiner Dr. Schreiber. Ihr Anführer, der sich dem notdürftigst Bekleideten als Gestapo-Beamter ausweist und ihn mit seinem Sohn verhaftet, fordert ihn auf, ihm die Schlüssel der Synagoge und die Gemeindebücher auszuhändigen. Als der Rabbiner darauf hinweist, daß die Schlüssel bei der »arischen« Pförtnerin seien, werden Vater und Sohn, die sich in Gegenwart der Beamten umziehen müssen, in ein Auto gebracht, das den Sohn im Polizeipräsidium absetzt und dann zur Synagoge weiterfährt. Dr. Schreiber erinnert sich:

»Dort stand bereits ein dunkler Haufen katilinarischer Gestalten in Zivil, gefährlich aussehende Burschen mit unheimlich wirkenden Werkzeugen in der Hand. Da die große Synagogentür dem Ansturm dieser etwa 20 bis 25 Mann starken Bande nicht nachgab, mußte ich die Anführer zum Nebeneingang führen, wo nach der Kastellanin geläutet wurde. Da es den Herren zu lange dauerte, bis die alte Frau erschien, wurde die Tür eingedrückt, und nun führte ich sie durch diesen Hintereingang in die Synagoge. Das sah dem Haupt der Bande wohl nicht feierlich genug aus, und so schrie er mich an: ›Wir wollen doch ins Allerheiligste geführt werden!‹ Ich erwiderte ihm, daß wir eben auf dem Weg dorthin seien. Wir standen dann auch bald zwischen der Kanzel des Rabbiners und dem Vorbeterpult. Im selben Augenblick dringt die vor dem Hauptportal versammelte Bande in die Synagoge ein und verwandelt innerhalb von fünf Minuten das Gotteshaus in einen Trümmerhaufen. Die Fenster werden mit hölzernen Übungsgranaten eingeschlagen, sämtliche Leuchter heruntergerissen, die Bänke zerschlagen, die Frauenempore demoliert, die Sitze des Rabbiners und des Vorstehers zerhackt, die Vorhänge des Thoraschreins zerfetzt, die Thorarollen in Stücke gerissen, der große Chanukahleuchter als Brechstange benutzt. Die Szene war so schauervoll und bestialisch, daß der Führer der Bande – ganz bestimmt kein weicher Mensch – dann zu mir sagte: ›Es ist wohl besser, wenn wir jetzt gehen.‹ Da sie die Synagoge nicht in Brand stecken konnten, begab sich unterdessen eine zweite Bande auf den jüdischen Friedhof und legte Feuer an die Leichenkapelle. Sämtliche männlichen Mitglieder der jüdischen Gemeinde wurden verhaftet. Die über 70 Jahre alten wurden wieder freigelassen, die anderen kamen nach Sachsenhausen.«

Aus Leipzig berichtet am 21. 11. 1938 der amerikanische Konsul David H. Buffum dem Generalkonsul der USA in Berlin über die Ereignisse in der sächsischen Großstadt:

»Die düsteren Umstände, die den Hauptinhalt dieses Berichts bilden, hatten einige Stunden, bevor sie stattfanden, in Leipzig ein passendes schauerliches Vorspiel in Gestalt von Riten, die auf einem der Hauptplätze der Stadt in der Nacht vom 9. November 1938 zum Gedenken an die vor der politischen Machtübernahme im Jahre 1933 gefallenen Märtyrer des Nazismus abgehalten wurden. Zu diesem Zweck war anscheinend alles, was in der Leichenkategorie nur entfernt mit Nazi-Märtyrertum verbunden werden konnte, ausgegraben worden. Zum wenigsten 5 Jahre alte Überreste derjenigen, die seinerzeit als gemeine Übertreter von Gesetz und Ordnung betrachtet worden waren, waren in verschwenderisch ausgestattete Särge gelegt worden. Zu Schauzwecken waren sie um eine riesige Flammenurne am Alten Markt aufgestellt und schließlich inmitten marschierender Truppen, leuchtender Fackeln und Begräbnismusik zum ›Ehrenhain‹, Leipzigs nationalsozialistischer Begräbnisstätte, überführt worden. Für diese propagandistische Zeremonie war der ganze Marktplatz mit ungefähr 10 Yard hohem hölzernem Gitterwerk umgeben worden. Dieses war mit weißem Tuch bedeckt, das den Hintergrund für zum mindesten fünf Yard hohe und breite schwarze Hakenkreuze bildete. Flammenspeiende Urnen und gigantische Banner vervollständigten mit Bezug auf Pomphaftigkeit der Bühnengestaltung ein Wagnerisches Gesamtbild. Wahrheitsgemäß kann aber nicht berichtet werden, daß die Zeremonie bei den Massen, die Zeugen waren, irgend etwas Ehrfurchtähnliches ausgelöst hätte. Nach einigen sehr vorsichtig gewisperten Bemerkungen zu urteilen, war die Bevölkerung weit mehr über die leichtfertige Materialverschwendung in diesen Tagen, wo Textilwaren jeglicher Art außerordentlich rar und teuer sind, betroffener, als von irgendwelchen sonderlich ehrfürchtigen Gefühlen beseelt zu sein. Andererseits gab es aus ersichtlichen Gründen keine offenen Kundgebungen der Mißbilligung. Der Bevölkerung war es bestimmt, am folgenden Morgen im Verlauf des heftigsten Gewaltausbruches, den die Stadt wahrscheinlich je erlebt hatte, viel mehr in Aufregung versetzt zu werden.

Das Zertrümmern von Schaufenstern, Plündern von Läden und Wohnungen von Juden, das in den Morgenstunden des 10. November 1938 begann, wurde nachher in der Nazipresse als ›eine spontane Welle gerechter Empörung in ganz Deutschland, als ein Ergebnis des feigen jüdischen Mordes an dem dritten Sekretär in der deutschen Gesandtschaft in Paris, vom Rath, gepriesen. Soweit es einen sehr hohen Prozentsatz der deutschen Bevölkerung anbelangt, kann ein Zustand von Volksempörung, der spontan zu solchen Übergriffen führen würde, als nicht bestehend betrachtet werden. Im Gegenteil, angesichts der Ruinen und der angewandten Begleitmaßnahmen, waren alle beobachteten örtlichen Massen sichtlich erstaunt darüber, was geschehen war, und entsetzt über die noch nie dagewesene Heftigkeit der Nazihandlungen, die mit verwirrender Geschwindigkeit in ihrer ganzen Stadt stattgefunden hatten oder noch stattfanden. Die ganze beklagenswerte Angelegenheit war in solch einer schlimmen Weise organisiert, um der Theorie Glaubhaftigkeit zu verleihen, daß zu ihrer Durchführung wohlüberlegte Vorbereitung notwendig gewesen war.

Es ist von diesem Amt aus festgestellt worden, daß der Plan einer ›spontanen Entrüstung‹ in Leipzig einige Stunden bevor die Nachricht vom Tod des dritten Sekretärs vom Rath am 10. November 1938, zehn Uhr abends, gerundfunkt worden war, allmählich bekanntgeworden war. Es wird von glaubhaft zuverlässiger Quelle erklärt, daß der größte Teil des Abends benutzt wurde, um Listen der vom Verhängnis bedrohten Opfer aufzustellen. Einige diesem Amte bekannte Personen wußten am Abend des 9. November 1938 um 9 Uhr abends, daß der ›spontane Ausbruch für jene Nacht irgendwann nach Mitternacht‹ geplant war, und einige jener befragten Personen blieben absichtlich auf, um davon Zeuge zu sein.

Am 10. November 1938, 3 Uhr morgens, wurde ein Wirbel von Nazigrausamkeit losgelassen, die weder in Deutschland noch sonstwo in der Welt seit der Zeit der Barbarei, wenn je, seither ihresgleichen hatte. In jüdischen Wohnungen wurde eingebrochen und deren Inhalt vernichtet oder geplündert. In einem der jüdischen Viertel wurde ein achtzehnjähriger Junge aus einem Fenster im zweiten Stock geschleudert, um auf der Straße, die mit brennenden Betten und anderen Haushaltungsgegenständen und Effekten aus der Wohnung seiner Familie und der anderen bedeckt war, mit zwei gebrochenen Beinen zu landen. Diese Information wurde von einem behandelnden Arzt erteilt. Von einem anderen Viertel wird berichtet, daß unter häuslicher Habe, die aus einer jüdischen Wohnung hinausgeworfen wurde, ein kleiner Hund vier Treppen tief mit gebrochenem Rückgrat auf die mit Trümmern übersäte Straße fiel. Obwohl anscheinend auf die ärmeren Distrikte konzentriert, war der Angriff nicht auf die niederen Klassen beschränkt. Eine Wohnung von außergewöhnlich feinen Einwohnern, die dieser Stelle bekannt sind, wurde gewalttätig durchsucht, mutmaßlich in der Suche nach Wertgegenständen, die nicht umsonst war, und einer der Plünderer stieß einen Stock durch ein unschätzbares mittelalterliches Gemälde, das eine biblische Szene darstellte ...

Jüdische Schaufenster wurden mit einem auf einige Millionen Mark geschätzten Verlust in der ganzen Stadt zu Hunderten systematisch und mutwillig zertrümmert. Es gibt Berichte, daß ermeßliche Verluste auf dem berühmten Leipziger ›Brühl‹ erlitten wurden, da viele Schaufenster zur Zeit der Zertrümmerung mit kostbaren Pelzen gefüllt waren, die entnommen wurden, bevor die Fenster mit Brettern verschlagen werden konnten . . .

Nach zuverlässigem Zeugnis wurde der Gewaltausbruch von nicht uniformierten SS- und SA-Männern durchgeführt, von denen jede Gruppe mit Hämmern, Äxten, Brecheisen und Brandbomben ausgestattet worden war.

Drei Synagogen in Leipzig wurden gleichzeitig durch Brandbomben angesteckt und alle geheiligten Gegenstände und Dokumente entweiht oder vernichtet, in den meisten Fällen durch die Fenster geschleudert und in den Straßen verbrannt. Keinerlei Versuch wurde unternommen, das Feuer zu löschen, nachdem die Tätigkeit der Feuerwehr darauf beschränkt worden war, Wasser auf die Nachbargebäude zu spritzen. Die Synagogen wurden alle von den Flammen, nicht wiedergutzumachend, ausgebrannt, und die Mauern der zwei sich in unmittelbarer Nähe des Konsulats befindlichen werden gerade jetzt zerstört. Die ausgebrannten Häuser waren während der vergangenen Schreckenswoche Anziehungspunkt für beredsam schweigende und verwirrte Volksmengen gewesen. Eines der größten Bekleidungsgeschäfte im Herzen der Stadt wurde durch Flammen, von Brandbomben verursacht, vernichtet . . . Es ist außerordentlich schwer zu glauben, aber die Eigentümer des Bekleidungsgeschäftes wurden tatsächlich beschuldigt, das Feuer angezündet zu haben und wurden auf Grund dessen um 6 Uhr morgens aus ihrem Bett gerissen und ins Gefängnis geworfen. Taktiken, die nahe ans Dämonische herankamen, fanden auf dem jüdischen Friedhof statt, wo der Tempel zusammen mit einem von Verwaltern bewohnten Gebäude in Brand gesteckt, Grabsteine umgeworfen und Gräber geschändet wurden. Zuverlässige Augenzeugen berichten, daß 10 Leichen eine Woche lang auf diesem Friedhof unbeerdigt geblieben waren, weil alle Totengräber und Friedhofswärter in Haft genommen worden waren.

So grausam die Verletzung von Eigentum war, die schrecklichste Phase der sogenannten ›spontanen‹ Aktion ist die Massenverhaftung und die Versendung männlicher deutscher Juden im Alter zwischen sechzehn und sechzig, ebenso wie die jüdischen

Männer ohne Staatsangehörigkeit, in Konzentrationslager ...
Nachdem die unersättlichen, sadistischen Täter Wohnungen zerstört und das meiste der beweglichen Effekte auf die Straße geschleudert hatten, warfen sie viele der zitternden Einwohner in
einen kleinen Bach, der durch den Zoologischen Garten fließt,
während sie entsetzten Zuschauern befahlen, sie anzuspucken,
mit Schmutz zu bewerfen und in ihrer mißlichen Lage zu ver-
höhnen ... Diese Taktiken wurden ohne polizeilichen Eingriff
den ganzen Morgen des 10. November ausgeführt und auf Männer, Frauen und Kinder angewendet.

Es gibt viele Beweise körperlicher Gewalttätigkeiten, einschließlich einiger Todesfälle. Wenigstens ein halbes Dutzend
Fälle sind persönlich beobachtet worden, Opfer mit blutigen,
bös zerschlagenen Gesichtern, die zu diesem Amt in dem Glauben geflohen waren, daß als Flüchtlinge ihr Wunsch auszuwandern, hier beschleunigt werden könne. Tatsächlich ist dieses
Konsulat ein Asyl der Menschenliebe gewesen. Die meisten dieser Besucher waren verzweifelte Frauen, deren Ehegatten und
Söhne in Konzentrationslager verschleppt worden waren ...«[20]

Wieder einmal in der Geschichte zeichnet sich Bayern
durch das Ausmaß des antijüdischen Pogroms aus. In
München, wo die große Synagoge bereits während des
Sommers 1938 gesprengt worden war, beginnen die Verhaftungen gegen 3 Uhr morgens.[21] Als die Polizei an der
Tür von Emil Krämer klopft, dem Mitinhaber der Bank
Aufhäuser, die seit Generationen das Vermögen der königlichen Familie Bayerns verwaltet, stürzt er sich mit seiner Frau aus dem Fenster im dritten Stock. 6 000 Juden
werden am selben Tag in der bayrischen Hauptstadt festgenommen und nach Dachau gebracht, während ein Pfarrer über Matthäus »Herr, Dein Wille geschehe« predigt, es
stehe in der Heiligen Schrift, daß das Blut Christi über die
Juden kommen wird. Die Prophezeiung habe kein Datum
angegeben, aber die Zeit sei gekommen, und das den Juden beschiedene Los entspreche dem göttlichen Willen.

In Nürnberg[22], wo die große Synagoge einige Monate
zuvor gesprengt worden war, handeln SA- und SS-Trupps
mit besonderer Grausamkeit. In der Morgendämmerung
des 10. November werden die jüdischen Wohnungen sy-

stematisch demoliert – die Geschäfte waren es schon lange zuvor in dieser Hölle des Antisemitismus –, die Bewohner werden schwer mißhandelt. Einem Mann, der einen Dolchstoß erhalten hat und der versucht, den Kopf mit den Händen zu schützen, werden zwei Finger gebrochen. Seine Frau, die herbeigeeilt ist, weil sie schreien hörte, wird mit Knüppeln auf den Kopf geschlagen und die Treppe hinuntergestoßen. Jacob Spaeth, dem dasselbe widerfährt, bleibt tot liegen. Simon Loeb wird tot in seiner Wohnung, Pirkheimerstraße 22, aufgefunden. Paul Lebrecht, den die Nazis in den Hof werfen, bleibt am Geländer des Balkons hängen, wo man ihn tot auffindet. Herr Bamberg erliegt einem Herzschlag während der Zerstörung seiner Wohnung. Paul Astruck wird aus dem Bett gerissen und in den Wald geführt, wo man ihn in kläglichem Zustand auffindet. In der Rankestraße 47 wird Nathan Langstadt mit aufgeschnittener Kehle in der Badewanne entdeckt. Allein am 10. November konnte die jüdische Gemeinde Nürnberg neun Morde und zehn Selbstmorde verzeichnen, davon waren es zur Hälfte Frauen.

In der Nachbarstadt Fürth wird dem Sadismus freier Lauf gelassen. Alle Juden, auch Kinder im jüngsten Alter, Kranke und schwangere Frauen werden gegen 2 Uhr morgens aus den Wohnungen geholt. Manche werden zuerst ins Theater geführt: die einen in den dunklen Saal, die anderen auf die grell beleuchtete Bühne, wo sie verprügelt werden. Alle werden anschließend, kaum gekleidet, auf dem Marktplatz versammelt, wo sie drei Stunden lang stehen bleiben müssen. Frauen, Kinder und Kranke werden dann nach Hause geschickt, während die Männer einzeln aufgerufen und schrecklich mißhandelt in Lastwagen getrieben werden, die sie ins KZ Dachau fahren.

In Lichtenfels, einer kleinen Ortschaft Oberfrankens, wird eine jüdische Frau, die Kultgegenstände aus der brennenden Synagoge retten wollte, von Kindern getötet, die anschließend mit den Gebetbüchern Fußball spielen. Nachdem man ihre Wohnungen zerstört und die Männer abgeführt hat, werden alle jüdischen Familien in Ingolstadt angewiesen, innerhalb einer Stunde die Stadt zu verlassen und zu Fuß nach München zu gehen.

In allen Städten Süddeutschlands, auch in den kleinsten Ortschaften, wo noch eine jüdische Gemeinde existiert, stehen die Synagogen und Gebetsäle in Flammen. Das vertrauliche Schreiben, das der amerikanische Generalkonsul in Stuttgart am 12. November dem amerikanischen Botschafter in Berlin zukommen läßt, klingt nicht minder empört, als die Berichte seiner Kollegen in Mittel- und Norddeutschland. Konsul Samuel W. Honaker schreibt:

»Ich habe die Ehre, Ihnen zu berichten, daß die Juden Süddeutschlands während der letzten drei Tage Verfolgungen ausgesetzt waren, die einer in einem fortschrittlichen Lande lebenden Person des 20. Jahrhunderts als unglaubhaft erscheinen würden, wäre sie nicht selber Zeuge ihrer schrecklichen Erfahrungen gewesen oder hätte sie nicht von mehreren Personen absoluter Verläßlichkeit Bestätigung davon erhalten.«[23]

Überall — in Stuttgart, Karlsruhe, Freiburg, Heidelberg, Heilbronn usw. — ereignet sich das gleiche. Die Tore der Synagogen werden aufgebrochen, bestimmte Teile des Gebäudes und der Einrichtung mit Benzin übergossen und angezündet; Bibeln, Gebetbücher und andere geweihte Gegenstände werden in die Flammen geworfen ...

Unter dem Titel »Der gerechte Volkszorn übt Vergeltung« berichtet der *NS-Kurier:*[24]

»In Stuttgart war es gegen 3 Uhr in der Frühe, als sich der mondbeschienene Himmel vom Flammenschein rötete. Die Synagoge in der Hospitalstraße brannte lichterloh ... Das nächtliche Schauspiel hatte verständlicherweise noch viele Zuschauer angelockt. Überall empfand man Freude darüber, daß auf diese Weise wenigstens ein ganz bescheidener Bruchteil der Verbrechen der Juden eine Sühne findet. Jedenfalls vollzog sich der Ablauf der Geschehnisse in einer eindrucksvollen Disziplin ... Um die Mittagsstunden waren die Ansammlungen der erregten Menge so stark, daß auf der Königstraße der Kraftfahrzeugverkehr umgeleitet werden mußte. Die Eingänge zu den Geschäften waren von

SS-Posten besetzt. Nun trat die SS als Ordnungsmacht auf. Die Besitzer der demolierten Geschäfte wurden aufgefordert, die leeren Öffnungen mit Brettern zu verschalen.«

Doch scheint die Freude über den Pogrom nicht so allgemein gewesen zu sein, wie es der *NS-Kurier* behauptet. Denn in einer Rubrik »Zwiegespräch mit unseren Lesern« vom 12. und 13. November tadelt die Zeitung die »Gefühlsduselei«, die noch bei manchen vorherrscht:

»Man sagt, daß der Schwabe ein Gemütsmensch sei. Das hat aber nichts mit Gefühlsduselei zu tun ... Gerade in den letzten Tagen sind mir ein paar Menschen begegnet, die ein Jammern und Wehklagen wegen der Aktionen gegen die Juden anstimmten. Sie weinen den paar Schaufenstern jüdischer Spekulanten nach und trauern um die Synagogen ... Und ganz Gescheite diskutieren über ›Bolschewistenzustände‹, Mangel an vielgepriesener Kultur und Autorität ... Sollte man es für möglich halten, daß es im Jahre 1938 noch solche verbohrten Menschen gibt! ... Wie viele, hauptsächlich Frauen, kauften noch in jüdischen Geschäften ein. Man sage mir nicht, daß es dort billiger sei! Bei dem Erzjuden Salberg florierte das Geschäft in der Königstraße. Solche Leichtsinnige! Man muß sich schämen!«

Abschließend wendet sich der Journalist mit dem damals üblichen Pathos an die Leser:

»Seid dankbar, daß wir das Glück haben, in einer so großen Zeit zu leben! Wer hätte das gedacht, daß unsere Generation unvergänglich Geschichte machen wird. Unsere Nachkommen werden uns darum beneiden!«

Eine wahrlich unvergängliche Geschichte! Wenn es in Stuttgart nicht wie in den meisten Ortschaften des Reichs zur Zerstörung von jüdischen Privatwohnungen kommt, so kann die Stadtchronik infolge dieser Aktion den Selbstmord des 29jährigen Lehrers Felix David, seiner Frau Ruth und ihrer beiden Söhne Benjamin, 2 Jahre alt, und Gideon, 1938 geboren, vermerken.

Unter den »paar Menschen«, deren »Gefühlsduselei« den Zorn des NS-Journalisten hervorrufen, befanden sich auch Pfarrer der Bekennenden Kirche. So rief Julius von Jan – im Gegensatz zu seinem Münchener Amtsbruder – am 16. November in der kleinen württembergischen Gemeinde Oberlenningen in einer Predigt über Jeremia 22, 29 zur Buße auf:

»... In unseren Tagen geht durch unser Volk eine Frage: Wo ist in Deutschland der Prophet, der in des Königs Haus geschickt wird, um des Herrn Wort zu sagen? Wo ist der Mann, der im Namen Gottes und der Gerechtigkeit ruft, wie Jeremia gerufen hat: Haltet Recht und Gerechtigkeit, errettet den Beraubten von des Frevlers Hand! Schindet nicht die Fremdlinge, Waisen und Witwen, und tut niemand Gewalt, und vergießt nicht unschuldig Blut? Gott hat uns solche Männer gesandt! Sie sind heute entweder im Konzentrationslager oder mundtot gemacht. Die aber, die in der Fürsten Häuser kommen und dort noch heilige Handlungen vollziehen können, sind Lügenprediger wie die nationalen Schwärmer zu Jeremias' Zeiten und können nur Heil und Sieg rufen, aber nicht des Herrn Wort verkündigen.«

Nachdem er daran erinnert hat, daß die Männer der Vorläufigen Kirchenleitung als »Volksschädlinge« bezeichnet und entlassen worden sind, und zu einem Tag der Buße für des Volkes Sünden aufgerufen hat, fährt Julius von Jan fort:

»Wir trauern mit unserem Volk um das Opfer dieser verbrecherischen Tat. Aber wer hätte gedacht, daß dieses eine Verbrechen in Paris bei uns in Deutschland so viele Verbrechen zur Folge haben könnte? Hier haben wir die Quittung bekommen auf den großen Abfall von Gott und Christus, auf das organisierte Antichristentum. Die Leidenschaften sind entfesselt, die Gebote Gottes mißachtet, Gotteshäuser, die anderen heilig waren, sind ungestraft niedergebrannt worden, das Eigentum der Fremden geraubt oder zerstört. Männer, die unserem deutschen Volk treu gedient haben, und ihre Pflicht gewissenhaft erfüllt haben, wurden ins KZ geworfen, bloß weil sie einer anderen Rasse (*sic*) angehörten! ... Und wir als Christen sehen, wie dieses Unrecht unser Volk vor Christus belastet und seine Strafen über Deutschland herbeiziehen muß. Denn es steht geschrieben: Irret euch nicht! Gott läßt seiner nicht spotten. Was der Mensch sät, das wird er auch ernten! Ja, es ist eine entsetzliche Saat des Hasses, die jetzt wieder ausgesät worden ist. Welche entsetzliche Ernte wird daraus erwachsen, wenn Gott unserem Volk und uns nicht Gnade schenkt zur aufrichtigen Buße.«[24]

Diese mutige Predigt brachte den »Judenknecht« Julius von Jan ins Gefängnis, später ins Konzentrationslager.

Ein Theologiestudent der Tübinger Universität namens Krugel erklärte in einem Brief an den Chef der SA-Standarte 180,[25] er könne nach der Duldung rechtswidriger Maßnahmen gegen die Juden − mit den legalen Maßnahmen war er einverstanden − seine Zugehörigkeit zur SA vor seinem Gewissen und der christlichen Gemeinschaft nicht länger verantworten.

Der württembergische Landesbischof Theophil Wurm lehnte allerdings das Gesuch der etwa 170 Pfarrer und Mitglieder der *Kirchlich-Theologischen Sozietät* ab, von allen Kanzeln Württembergs gegen die »Kristallnacht« zu protestieren. Wie den meisten Würdenträgern der katholischen und evangelischen Kirchen des Reichs ging es dem lutherischen Landesbischof vor allem um die Erhaltung der kirchlichen Institutionen, die vom NS-Regime jederzeit in Frage gestellt werden konnten. Theophil Wurm, der mehrmals seinen Mut bewies, indem er Protestbriefe u. a. gegen den »Gnadentod« der Unheilbaren und gegen die Deportation der Juden an die Machthaber des Dritten Reiches richtete, wandte sich auch am 6. Dezember, d. h. fast einen Monat nach dem Pogrom, an den Reichsjustizminister. Auch wenn man seinem Schreiben eine gewisse captatio benevolentiae nicht absprechen kann, so verdeutlicht es doch die Anschauung des nationalistisch und judenfeindlich gesinnten Christentums der damaligen Zeit: »Ich bestreite mit keinem Wort dem Staat das Recht, das Judentum als ein gefährliches Element zu bekämpfen. Ich habe von Jugend auf das Urteil von Männern wie Heinrich von Treitschke und Adolf Stöcker über die zersetzende Wirkung des Judentums auf religiösem, sittlichem, literarischem, wirtschaftlichem und politischem Gebiet für zutreffend gehalten ...« Wurm verweist darauf, daß, wenn Hitler an Juden ein Gericht vollzöge, diejenigen die im Auftrag des Herrn der Welt ein Gericht zu vollziehen hätten, dem obersten Richter Rechenschaft schuldig seien. Die Übertretung der Gebote müsse sich über kurz oder lang rächen. Seine staatspolitische Loyalität bekundend, erklärt Wurm abschließend: »Die evangelischen Pfarrer unserer Landeskirche sind von mir aufgefordert worden, alles zu vermeiden, was in einer so erregten Atmosphäre als aufreizend empfunden werden kann.« Andererseits dürfe aber auch nicht jedes Wort der Trauer und der Teilnahme mit dem Los der Juden als Staatsverrat ausgelegt werden.«[26]

Trotz all seiner Schwächen war dieser Schritt und manch anderer, wie Wilhelm Niemöller[27] nach 1945 feststellte, eine Geste des Muts inmitten des fast völligen Schweigens des deutschen Volkes.

Unweit von Württemberg, in dem Kurort Baden-Baden, das bis dahin relativ verschont geblieben war, weil man ausländische Besucher, deren Devisen das Reich brauchte, nicht verscheuchen wollte, begann der Pogrom erst um sieben Uhr morgens. Es wurde Rücksicht auf die Ruhe der noch am Ende der Saison dort weilenden Kurgäste genommen. In Galauniform nahm die Polizei die Verhaftung der Juden vor und brachte sie in den Gefängnishof, wo sie in Reih und Glied bis Mittag stehen mußten.

Dr. Arthur Flehinger, ein ehemaliger Studienrat des Badener Gymnasiums, erzählt:

»Gegen Mittag öffnete sich das Tor und ein Zug Wehrloser mit viel Bewachung rechts und links, begann sich durch die Straßen der Stadt zu bewegen. Man hatte bis Mittag gewartet, offenbar um der Menge etwas zu bieten. Aber zur Ehre der Badener sei es gesagt, daß die meisten doch davor zurückschreckten, sich auf der Straße zu zeigen. Was an Zuschauern zu sehen war, war Pöbel. Pöbelhaft benahmen sich drei Lehrer ... Einer von ihnen, Herr Dr. M. ließ wohl nur den Zug an sich vorbeidefilieren, dagegen hatten der Direktor der Volksschule, Herr Hugo M. und sein Freund, Herr S., eine Anzahl junger Schüler mit Bonbons gefüttert, damit sie ja gut im Chor ›Juda verrecke‹ schrien. Ob diese Inszenierung wirklich zur Belustigung der Zuschauer beitrug, möchte ich stark bezweifeln. Ich sah Leute, die hinter dem Vorhang weinten. Einer aus der Reihe der anständigen Baden-Badener soll behauptet haben: ›Was ich sah, war nicht ein Christus, sondern eine ganze Reihe von Christusgestalten; erhobenen Hauptes und nicht gebeugt von dem Bewußtsein einer Schuld schritten sie daher . . .‹

Der Zug näherte sich der Synagoge, wo die obersten Stufen der Freitreppe schon mit allerhand Gesindel in und ohne Uniform angefüllt war. Das war ein richtiges Spießrutenlaufen. Man mußte an dem Gesindel vorbei, und an wüsten Schmährufen ließen es die traurigen Gestalten wirklich nicht fehlen. Ich selbst hatte auf dem ganzen Zug den Leuten fest in die Augen geschaut, und als wir uns der obersten Stufe näherten, schrie einer herunter: ›Guck net so frech, Professor!‹ Das war schließlich weniger eine Beleidigung als ein Eingeständnis der Schwäche und der Furcht . . . Meinem Freund Dr. Hauser gegenüber, der in Baden-Baden ein vielbeschäftigter und hochangesehener Anwalt war – man hatte ihn und seine Frau später aus Südfrankreich nach Celle und von dort in die Todeskammer nach Auschwitz gebracht –, zeigte sich der Mob weniger gnädig. Der Ärmste erhielt von den Vertretern des Faustrechts allerhand Faustschläge, und ich sah den Bejammernswerten dann noch auf einen Gebetmantel fallen, den die Nazis auf dem Boden ausgebreitet hatten, damit wir darüberschritten.

In der Synagoge war alles wie verwandelt . . . Das Gotteshaus wurde zum Tummelplatz schwarzer, uniformierter Horden. Ich sah, wie oben in der Frauengalerie Leute geschäftig hin und herliefen und Leitungsdrähte legten. *Es waren keine Badener.*[28] Man ließ für den 10. November SS aus den Nachbargemeinden kommen als Leute, die durch das Fehlen auch nur eines Funken von menschlichem Mitgefühl in ihrer Bewegungsfreiheit nicht gehemmt wurden und daher ihr ruchloses Machwerk ungestört durchführen konnten. Plötzlich ertönte eine freche, fette Stimme: ›Ihr singt jetzt das Horst-Wessel-Lied‹. Es wurde so gesungen, wie es jeder erwartet hatte. Wir mußten es zum zweitenmal singen . . . Dann rief man mich hinauf zum Almemor (Vorlesertisch) und gab mir eine Stelle aus *Mein Kampf* zu lesen. Eine

Weigerung hätte unter den damaligen Umständen das Leben der Mitleidenden gefährdet. So sagte ich: Ich habe den Befehl erhalten, folgendes vorzulesen, und ich las leise genug. In der Tat so leise, daß der hinter mir stehende SS-Mann mir mehrere Schläge in den Nacken versetzte. Denjenigen, die nach mir Proben der feinen literarischen Nazi-Kochkunst mitteilen mußten, erging es nicht besser. Dann gab es eine Pause. Wir mußten in den Hof, damit wir unsere Notdurft verrichteten. Wir durften aber keineswegs das Klosett benutzen, sondern mußten mit dem Gesicht gegen die Synagoge dastehen und bekamen dabei von hinten allerlei Fußtritte.

Von der Synagoge ging es dann in das gegenüberliegende *Hotel Central.* Der Hotelbesitzer, Herr Lieblich, dem das schöne Tagesprogramm natürlich nicht vorher angesagt worden war, mußte für ungefähr 70 Personen ein Essen improvisieren ... Bezüglich unseres weiteren Schicksals gab es dann ein großes Rätselraten. Was man mit uns vorhatte, wußte niemand. Wir waren ja von der Außenwelt vollkommen abgeschnitten. Unsere alles andere als stillen Erwägungen wurden dann jäh unterbrochen, als der Kantor der Gemeinde, Herr Grünfeld, leichenblaß den Saal betrat und blutenden Herzens die Worte sagte: *Unser schönes Gotteshaus steht in Flammen.* Nun wußten wir, wozu die Drahtleitung gelegt war. Der brutalste der Hitlerbande kommentierte die traurige Botschaft des Herrn Grünfeld, indem er noch den frivolen Satz hinzufügte: ›Wenn es auf mich angekommen wäre, wärt ihr alle in den Flammen umgekommen!‹

... Der Autobus wartete schon vor der Tür, und mit ihm eine ganze Anzahl ›wütender Volksgenossen‹. Die Deportation nach Dachau war schon längst geplant, nur wir Armen wußten es nicht. Im Laufschritt mußten wir hinaus zum Autobus rennen, und wer nicht schnell genug rannte, bekam einen Denkzettel. Am Bahnhof warteten wir auf den Sonderzug aus der Freiburger Gegend. Er brachte die Juden aus dem Oberland. In jedem Abteil saß ein Schutzmann. Aus seinem Mund kam kein Sterbenswort. Als der Zug hinter Karlsruhe in Richtung Stuttgart fuhr, hörte man nur noch das grausige Wort Dachau.«[29]

In Frankfurt, wo ungefähr 35 000 Juden leben und drei bedeutende Synagogen, das berühmte, 1805 gegründete *Philanthropin* sowie zahlreiche soziale und kulturelle Einrichtungen, darunter das von der Familie Rothschild gestiftete Museum sind, stehen Hunderte terrorisierter Juden vor dem Amt des britischen Konsuls Smalbones. Den ausdrücklichen Befehl der Nichteinmischung mißachtend, bemüht sich Smalbones, im Rahmen seiner Möglichkeiten Hilfe zu leisten. So versucht er in ständiger Verbindung mit Captain Foley in Berlin Auswanderungsgenehmigungen für England und Palästina für sie zu erhalten und ermöglicht u. a. die Emigration von Martin Buber nach Palästina. Mehrere Tage finden die von der Gestapo verfolgten Juden Zuflucht und Nahrung in den unterirdischen Gewölben des Konsulats.

Laut Bericht von Konsul Smalbones und den Aussagen anderer Zeugen[30] beginnt der Pogrom in Frankfurt am 10. November um 5 Uhr morgens mit dem Brand der Synagogen. Junge Juden werden gezwungen, die Thorarollen in kleine Stücke zu zerschneiden und zu verbrennen. Abergläubische Nazis stecken Stücke in die Tasche, weil sie glauben, daß es Glück bringt.

Gegen 6.30 Uhr beginnen kleine Trupps von 5–10 Mann in sämtliche jüdische Wohnungen mit Gewalt einzudringen. Um 6.45 Uhr klingeln zwei SS-Männer an der Tür des Rechtsanwalts Julius Meyer, eines der Vorsteher der Jüdischen Gemeinde. Alles erfolgt äußerst »korrekt«.

»Sie erwarteten uns? Wahrscheinlich hat man Sie informiert?«

»Ja, ich erwartete Sie. Wir haben keine Scheuklappen. Wir sehen, was vor sich geht.«

»Betrachten Sie uns nicht als unmenschliche Wesen, wenn wir jetzt eine Durchsuchung der Wohnung vornehmen: es ist unsere Pflicht.«

»Ich bitte Sie, meine Herren, ich verstehe, daß Sie Ihre Arbeit verrichten.«

In diesem Augenblick erinnert sich Julius Meyer, daß er selbst Ähnliches im Ersten Weltkrieg getan hat.

Ein Gestapobeamter ruft ihn ins Nebenzimmer, damit man nicht sage, er habe Frau Meyer, die ihm die Schränke öffnet, grob behandelt. In einem solchen Augenblick macht er ihr sogar noch Komplimente über den gepflegten

Haushalt und scherzt, als ihm Julius Meyer seine ›Waffen‹, einen aus dem Ersten Weltkrieg mitgebrachten Dolch und das Gewehr des Aktivdienstes, übergibt.

Vor dem Haus wartet ein Auto, das Dr. Meyer zur Sammelstelle fährt, d. h. zur Festhalle, wo er öfters Beethovens 9. Sinfonie »Alle Menschen werden Brüder...« gehört hat. Ein Gestapobeamter reißt ihm die Kriegsauszeichnungen, die er mitgenommen hat, aus der Hand.

»Die hast du hinter der Front bekommen!«

Man fragt ihn nach seinem Beruf.

»Rechtsanwalt.«

»Ach, noch einer, der die Gesetze verdreht.«

»Ich bin Anwalt am Gericht.«

»Es gibt kein Recht mehr.«

»Es gibt ein deutsches Recht.«

Der Mann lächelt. »Machen Sie, daß Sie fortkommen!« SS-Männer stellen sie in Gruppen auf, die sich durch Exerzieren »erwärmen« sollen: Hinwerfen! Aufstehen! Laufen! Kriechen! Ein Mann fällt vor Erschöpfung tot zu Boden. Die anderen müssen im Chor schreien: »Wir sind Juden«. Dann müssen sie ein Marschlied singen. Schließlich wird ihnen gestattet, auf die Toilette zu gehen, etwas Wasser wie Vieh zu schnappen.

Kaum sind sie in die Halle zurückgekehrt, da bringt ein SS-Mann einen alten Mann mit grauem Bart, Gebetsmantel (Talit) und Gebetriemen (Tefillin) herein und führt ihn seinen Kameraden vor, die zu brüllen anfangen: »Bete, Alter, bete!« Der alte Mann steht da wie versteinert. Ein Glaubensgenosse springt ein, hüllt sich in den Gebetsmantel und beginnt laut und deutlich das Gebet »Schema Israël« zu sprechen: »Höre Israel, der Ewige ist unser Gott, der Ewige ist einzig.«

Alle jüdischen Anwesenden wiederholen das Gebet im Chor. Verblüfft befehlen ihnen die SS-Männer zu schweigen. In diesem Augenblick kommt ein SA-Mann mit Rabbiner Salzberger in die Halle: Er hatte ihn zu der Müllgrube im Hof geführt und ihm befohlen, in dem Müll nach seinem Gebetsmantel zu suchen, den er dort versteckt hätte. Da Dr. Salzberger ihn nicht fand, hatte der SA-Mann gedroht, den schweren Deckel der Müllgrube über ihm zuzuschlagen, und hätte es wohl getan, wenn nicht eine Frau dazugekommen wäre, die erklärte, niemand hätte etwas in die Müllgrube geworfen. Der um sein »Vergnügen« gebrachte SA-Mann befiehlt nun dem Rabbiner, die zehn Gebote aufzusagen. Andere SA-Männer setzen ihm den Hut verkehrt auf und photographieren ihn. Dann muß er hundertmal laut sagen: »O Herr, gib uns Moses wieder, wir sind ja seine Glaubensbrüder.« Danach stimmen die SA-Männer das Lied des »Roten Meeres« an: »Wären die Juden damals darin ersoffen, dann hätten alle Völker Ruh.«

Einem hohen Parteibeamten, der erscheint, wird Rabbiner Salzberger als besondere Sehenswürdigkeit vorgestellt.

»Wie alt sind Sie?«

»56 Jahre.«

»Sie haben sich gut gehalten. Warum tragen Sie keinen Bart?«

»Ich bin liberaler Rabbiner.«

»Gibt es sowas bei euch auch?«

Vom Balkon aus unterbricht eine Stimme das seltsame Gespräch: Ein SS-Obergruppenführer hatte einem jüdischen Opernsänger befohlen, die berühmte Arie aus der *Zauberflöte* »In diesen heiligen Hallen kennt man die Rache nicht« zu singen. Eine Verhöhnung. Verhöhnung ist auch der Fotograf, der Aufnahmen bestimmter Häftlinge macht. Was sollen diese beweisen?

Nach einem Tag ohne Essen gibt es Brot, Wurst und Tee vor der Abfahrt der Sonderzüge nach Dachau und Buchenwald.

Im Rheinland, wo die Bestattungsfeier von Ernst vom Rath stattfinden soll, entfesselte sich der Pogrom. Der Düsseldorfer Rabbiner Dr. Eschelbacher, der gerade mit seiner Frau von einem Besuch bei Freunden zurückgekehrt ist, erhält gegen Mitternacht einen Anruf von Frau Blumenthal, die in der Nähe der Gemeindegebäude wohnt. Eine Stimme, die vor Entsetzen bebt, schreit: »Herr Doktor, sie zertrümmern das Gemeindehaus und schlagen alles kurz und klein, sie schlagen die Menschen, wir hören ihr Schreien bis hierher.«

Dr. Eschelbacher erzählt:

»Ich dachte, in das Gemeindehaus zu gehen, obgleich ich dort nicht helfen konnte. Aber fast im gleichen Augenblick läutete es heftig an der Haustür. Ich löschte die Lichter aus und sah hinaus. Der Platz vor dem Haus war schwarz von SA-Leuten. Im Augenblick waren sie oben und hatten die Flurtür eingedrückt... Sie drangen in die Wohnung unter dem Chorus ›Rache für Paris! Nieder mit den Juden!‹ Sie zogen aus Beuteln Holzhämmer heraus, und im nächsten Augenblick krachten die zerschlagenen Möbel und klirrten die Scheiben der Schränke und der Fenster. Auf mich drangen die Kerle mit geballten Fäusten ein, einer packte mich und schrie mich an, ich solle herunterkommen. Ich war überzeugt, daß ich totgeschlagen werde, ging ins Schlafzimmer, legte Uhr, Portemonnaie und Schlüssel ab und nahm Abschied von Berta. Sie sagte nur: ›Chasak!‹ (sei stark!)

Wie ich die Treppe hinuntergekommen bin, weiß ich selber nicht... Unten war die Straße voll von SA-Leuten. Es mögen im ganzen, mit denen im Hause, 50–60 Mann gewesen sein. Ich wurde mit dem Ruf empfangen: ›Jetzt predige mal!‹ Ich fing an, vom Tod des Herrn vom Rath zu sprechen, daß seine Ermordung ein Unglück mehr für uns als für das deutsche Volk sei, daß wir keine Schuld an seinem Tode tragen. Es entspann sich ein regelrechter Disput:

›Denkst du noch, wie du in der Tonhalle gehetzt hast, wie du über Religion und Judenhaß geredet hast? Unser Hausmeister Sinn sagte mir, ein Mann sei hinter mir gestanden und habe mir mit einem Stuhlbein den Schädel einschlagen wollen, aber Walter habe ihn daran gehindert. Ich weiß das nicht, ich hörte nur Walter sagen: ›Wenn Sie unter der GPU wären, hätten Sie schon lange die Kugel, die Ihnen gebührt.‹

Um die Ecke, in der Stromstraße, sah ich die Straße bedeckt mit Büchern, die aus meinem Fenster geworfen worden waren, mit Papieren, Akten, Briefen. Zertrümmert lag auf der Straße meine Schreibmaschine. Während sich das alles abspielte, waren die SA-Leute bei Wertheimers in der Etage unter uns eingedrungen, hatten dort sehr viel zerstört, Herrn Wertheimer und seine

Frau aus dem Bett geholt und heruntergebracht. Ich selber wurde von einem SA-Mann gepackt und in einem großen Bogen über die Straße an das Haus geschleudert ... Ich wurde dann in den Hausgang geworfen und zwischen der Wand und dem Lift eingesperrt. Dann kam der Kreisleiter und sagte: ›Ich nehme Sie in Schutzhaft.‹

Nun begann der Marsch zum Polizeipräsidium. Ein Trupp SA-Leute zog voraus. Dann kam ich, eskortiert von zweien. Dann wieder ein Trupp SA-Leute, sodann Herr Wertheimer, in gleicher Weise geleitet, dann durch einen weiteren Trupp SA-Leute, von uns getrennt, Frau Wertheimer im Pyjama, und dann zum Schluß wieder eine Gruppe SA-Leute. Auf dem ganzen Weg sangen sie im Sprechchor: ›Rache für Paris! Nieder mit den Juden!‹ Einer sagte nur: ›Jetzt könnt ihr Laubhüttenfest feiern.‹ Passanten, die uns begegneten, stimmten auch ein. Etwa um 12.20 Uhr kamen wir im Polizeipräsidium an.«[31]

Rabbiner Dr. Eschelbacher ist noch leidlich davongekommen. Paul Marcus, der Inhaber des Café-Restaurants Karena, flüchtet, als sein Lokal völlig zerstört ist, und wird in der Nacht erschossen. Am Morgen wird er am Martin-Luther-Platz tot aufgefunden. In dem benachbarten Hilden werden Frau Willner und ihr Sohn Ernst sowie Carl Herz und Nathan Mayer erstochen oder erschossen. Nachdem sein Haus geplündert und er selbst schwer mißhandelt worden ist, geht — ebenfalls in Hilden — der 68jährige Dr. Sommer, ein assimilierter Jude, der mit einer Nichtjüdin verheiratet ist, mit seiner Frau und dem alten »arischen« Dienstmädchen in den Garten, wo sich alle drei vergiften.

Die Leichen der fünf ersten Opfer wurden von der Gestapo beschlagnahmt. Erst am 15. November wurden sie von der Polizei in geschlossenen Särgen zur Beerdigung freigegeben, an der kein Jude, außer dem Kantor, teilnehmen durfte. Statt der Juden waren mehrere Beamte der Gestapo anwesend. Wegen dieser Morde sowie wegen derjenigen an dem siebzigjährigen Stefan Goldschmidt und an Lewkowitz wurde keine gerichtliche Untersuchung eingeleitet.

Viele Juden wurden schwer verwundet. So lag die Frau des ermordeten Paul Marcus mit Bauchschüssen lange im Städtischen Krankenhaus in Düsseldorf. Besuch war nicht gestattet. Bevor sie Ende Januar 1939 in das Jüdische Krankenhaus von Köln überführt wurde, erpreßte die Gestapo eine Erklärung, daß ihr Mann Selbstmord begangen habe.

Im Düsseldorfer Krankenhaus lagen auch Oskar Koch und Simon Eimer. Koch hatte sieben Schuß- und Stichwunden. Seine Hände eiterten. Eimer war in der Nacht aus dem Fenster gesprungen, hatte zwei Beinbrüche und einen schweren Beckenbruch erlitten. Im katholischen Krankenhaus befand sich die Frau von Dr. Oppenheimer mit einer schweren Schädelverletzung. Im gleichen Zimmer lag die siebzigjährige Frau Gabriel, die auch aus dem Fenster gesprungen war, um den Angreifern zu entkommen. In der Nacht des Pogroms war das katholische Krankenhaus überfüllt mit verwundeten Juden, die hier die erste Pflege erhielten. Den Chemiker Dr. Schneider hatte man infolge der erlittenen Mißhandlungen bewußtlos auf der Straße gefunden. Dr. Lehmann litt an einer schweren Gehirnerschütterung. Rabbiner Klein und Frau waren blau und grün, weil man sie geschlagen und anschließend von Stufe zu Stufe die Treppe hinuntergestoßen hatte. Rudolf Weil, der auch auf den Kopf geschlagen wurde, starb einige Wochen später. Der alte Gustav Oppenheim und seine Frau wurden derart geschlagen, daß man sie für tot hielt und vor der Haustür liegen ließ. Beide wurden einige Tage später in eine Nervenheilanstalt nach Berlin gebracht. Doch die SA-Männer begnügten sich nicht mit dieser Beute. Sie drangen in das nächste Schlafzimmer, um die Schwiegertochter Oppenheims, Frau Martha Cohn, zu suchen, und schrien:

»Wo ist die Hure des Alten?«

Als sie ins Schlafzimmer gelangten, zerrten sie Martha Cohn heraus, rissen ihr das Nachthemd hinten auf und schlugen sie blutig. Ein SS-Mann kam hinzu, zerrte sie die Treppe hinunter und flüsterte ihr zu: »Kommen Sie mit, ich kann das nicht mehr mitansehen.« Er schleifte sie hinunter und versetzte ihr an der Haustür einen Stoß, so daß sie über ihre am Boden ausgestreckt liegende Schwiegermutter auf die Straße flog. Von dort wurde sie barfuß und lediglich mit dem zerrissenen, blutigen Nachthemd bekleidet ins Polizeipräsidium geführt. Dort gab man ihr eine Schürze, um sich zu bedecken. Lange noch waren die Spuren der Mißhandlung an ihrem Körper zu sehen, und sie trug eine chronische Bronchitis als Schaden davon. Nicht besser erging es Oberlandesgerichtsrat Ephraim, dem der Kiefer eingeschlagen worden war, so daß er wochenlang nur mit Flüssigkeit wie ein Säugling gefüttert werden mußte. Die Straßen der Stadt boten ein klägliches Bild. Beim Schneider Albert Wolf, einem armen Mann, der in der Dorotheenstraße wohnte, hatten die SA-Männer Salzsäure in die Betten geschüttet, Möbel und Nähmaschinen zerschlagen. Bei Dr. Zandy, in der Bismarckstraße, wie bei vielen anderen, waren Möbel und Wertgegenstände aus dem Fenster hinausgeworfen worden. Bei armen Leuten in der Hüttenstraße war der ganze Hausrat auf die Straße geschleudert worden. Bei jüdischen Ärzten hatte man die kostbaren Instrumente zerstört. Die vollständige Röntgeneinrichtung von Dr. Max Löwenberg wurde mit einer solchen Sachkenntnis zerstört, daß nur ein Experte die Anweisungen dazu gegeben haben konnte.

Im Gegensatz zu dem, was sich an anderen Orten ereignet hatte, hatten alle führenden Männer von Düsseldorf an diesen Zerstörungen teilgenommen. Man behauptete, daß der Bürgermeister, Dr. Otto, persönlich die Leitung der Demolierung des Modegeschäfts Steinberg in der Königsallee übernommen habe. Allerdings nahm auch der Rektor der Würzburger Universität persönlich an den Ausschreitungen in seiner Stadt teil. Die Düsseldorfer Synagoge mit den zerschlagenen Fenstern, der ausgebrannten Kuppel und den zum Himmel emporragenden Sparren war durch einen hohen Bretterzaun umgeben. In der Pogromnacht sollen unter den Zerstörern auch Ärzte des Städtischen Krankenhauses und einige Landesgerichtsräte gewesen sein. Das Benzin, um den Brand anzufachen, war aus der Flora-Apotheke am Schadowplatz, der Teer von anderen Orten herbeigeschafft worden. Die Thorarollen, die man aus dem Schrein geholt hatte, waren im Hof verbrannt worden, wobei die Brandstifter zum Teil in den Ornaten der Rabbiner und Kantoren um sie herumtanzten.

Dem Rabbiner dieser einst blühenden Gemeinde Deutschlands hatte man unterdessen mit anderen Leidensgefährten im Aufnahmeraum der Polizei alles abgenommen. Dr. Eschelbacher bat, daß man ihm wenigstens die Hosenträger lasse:

»Ich werde mich nicht erhängen.«

»Schade«, erwiderte einer der Wachhabenden.

»Sie leben lieber«, meinte ein zweiter.

»Ihr Juden«, bemerkte ein SA-Mann, der in der Nähe stand, »habt ja nichts, wofür es sich lohnt, zu leben oder zu sterben.«

Darauf Dr. Eschelbacher: »Sie wissen nicht, was ein Jude ist.«

In diesem Augenblick kam seine Frau, die ihm Wäsche, Kamm und Bürste brachte und sagte ihm nochmals »Chasak« (sei stark!).

»Die Nacht in der Zelle war furchtbar«, erinnert sich Dr. Eschelbacher. »Ständig hörte man Wagen anfahren. Ich ahnte, daß nicht nur Wertheimer und ich verhaftet waren, sondern auch ein großer Teil der Gemeinde... Um 2 Uhr wurde plötzlich das Licht angedreht, ein Polizeimajor kam mit einem Schutzmann herein und fragte mich, ob außer der Synagoge in der Kasernenstraße es noch eine andere Synagoge in Düsseldorf gäbe. Ich sagte nein. Am anderen Morgen um 6 Uhr sah ich beim Waschen flüchtig eine ganze Reihe von Gemeindemitgliedern ... konnte aber nicht mit ihnen sprechen.«

Die drei folgenden Tage wird der Rabbiner mit drei nicht praktizierenden Juden in eine Zelle gesperrt. Doch wenn er betet, stehen sie auf und setzen, wie es der jüdische Brauch erfordert, ihren Hut auf. Soweit sie es noch können, beten sie sogar mit. Anschließend erklärt ihnen Dr. Eschelbacher die Psalmen und lehrt sie die Hymne von Jehuda Halevi, »Jaawer olai rezonokh«, die sie zutiefst bewegt. Damit keiner der Apathie der Gefangenschaft erliege, macht er mit ihnen Leibesübungen, soweit es der Platz in der Zelle erlaubt. Aber die Gespräche der vier Häftlinge drehen sich immer wieder um ihr ungewisses Schicksal. Neben den gemeinsamen Sorgen haben Berger und Lesser noch eine besondere Angst. Beide haben eine Mischehe geschlossen, d. h. sie leben mit nichtjüdischen Frauen und fragen sich, ob ihre Ehe diesen Schicksalsschlag überstehen wird, zumal Frau Lesser darauf bestanden hat, daß ihr Sohn katholisch erzogen werde und während der Haft ihres Mannes bereits die Scheidung eingereicht hat. Der furchtbaren Probe dieser und späterer Tage ist eine Ehe zwischen Juden und Nichtjuden nicht immer gewachsen.

Durch das Zusammenleben auf engstem Raum — wenn man so eng gepfercht liegt, daß keiner sich herumdrehen kann, wenn einer schnarcht, wenn man friert, weil es zu wenig Matratzen und Decken gibt — entstehen weitere Probleme. Um halb sechs muß man aufstehen und sich dann beeilen, sich zu waschen, da nur drei Minuten zur Verfügung stehen. Gelegentlich gelingt es, verstohlen ein paar Worte mit Bekannten zu wechseln. Die Aufseher, einem solchen Massenbetrieb nicht gewachsen, sind kurz angebunden, oft grob, aber nicht bösartig; im Gegensatz zur SA und SS quälen sie die Gefangenen nicht unnötig. Das Essen ist meistens vollkommen wässerig: Ersatzkaffee, Kartoffelsuppe, Erbsensuppe und dergleichen. Es besteht kein Mangel an Brot und Wasser; das Wasser wird aber zur Vorsicht, daß sich keiner mit Glasscherben die Pulsadern aufschneide, in Zinnkrügen aufbewahrt, so daß es unangenehm warm und ekelhaft im Geschmack ist.

Am dritten Tag tritt eine große Wendung im Leben des Düsseldorfer Rabbiners ein: »Um zehn Uhr öffnete sich die Tür, eine große Frau mit einem Schlüsselbund stand davor und winkte mir, ohne ein Wort zu sagen. Sie führte mich in eine kleine Einzelzelle, Nr. 105, und in dieser habe ich dann die folgenden 9 ½ Tage verbracht ... Die Frau fragte mich, ob ich etwas lesen wollte, meinte allerdings, sie würden wohl schwerlich etwas für mich haben. Nach einer halben Stunde brachte sie mir aber doch den ersten Band der gesammelten Werke von Jean Paul. Ich begann, den großen Roman vom Armenadvokaten Siebenkäs zu lesen. Er brachte mir eine unerwartete Stärkung.«

Ein merkwürdiger Zufall will, daß eine Stelle mit der Erzählung (Midrasch) von der ersten Nacht nach der Vertreibung Adams und Evas aus dem Garten Eden übereinstimmt, über die Dr. Eschelbacher am Versöhnungstag (Jom Kippur) gepredigt hat: »Als die Sonne unterging, klagte er: ›Wehe mir, weil ich gesündigt habe, verfinstert sich die Welt und kehrt zum Tohuwabohu zurück, und das ist der Tod, der vom Himmel über mich verhängt ist.‹ Er saß die ganze Nacht über und weinte, und neben ihm saß Eva und weinte. Als aber die Sonne aufging, sagte er: Es ist der Lauf der Welt, und er brachte ein Opfer dar.« Als dem Helden in Jean Pauls Roman klar wird, daß sein Lebensbund sich auflöst, heißt es: »Es ging ihm wie Adam in den Epopäen, der die erste Nacht seines Lebens für den Untergang der Welt hält und der am Morgen, da die Sonne aufgeht, merkt, daß das der Lauf der Welt ist!«

So spendet inmitten der Verfolgung der Einklang von Talmud und deutscher Literatur dem Düsseldorfer Rabbiner Trost. Ein anderer Trost wird ihm zuteil, als ein Wärter ihm das Gebetbuch überreicht, das nach seiner Verhaftung im Aufnahmezimmer der Polizei geblieben war. So verbringt er die darauffolgenden Tage in ernster Auseinandersetzung mit Gott, der Menschheit, dem Judentum und sich selbst. In der Nachbarzelle sitzt seit zwei Jahren Dr. Franke in Schutzhaft, der früher Privatdozent für Neuere Geschichte an der Berliner Hochschule für Politik und Generalsekretär der katholischen Studentenverbindungen Deutschlands war. Durch ihn, der Zeitungen beziehen darf, kann er die *Frankfurter Zeitung* lesen und erfahren, was sich im Reich abgespielt hat.

Trotz dieser Erleichterungen fällt Dr. Eschelbacher die Haft schwer wegen der furchtbaren Ungewißheit und des Bewußtseins der vollkommenen Verlassenheit. Nur ein einziges Erlebnis in den zwölf Tagen seiner Haft heitert ihn auf: »Am Samstag, 19. November, erschien in der Zellentür ein Wachtmeister, zog ein langes Ding, eingehüllt in weißes Papier, aus seiner Tasche und überreichte es mir mit den Worten: ›Ihre Leidensgefährten unten schicken Ihnen das und lassen Sie grüßen.‹« Die 52 im Keller untergebrachten Gefangenen der Novembernacht hatten ihm als Gruß eine große Mettwurst überreichen lassen. »Ich dankte dem Aufseher, sagte ihm aber, ich könne das nicht essen, und er möge es mit meinem besten Dank wieder zurückbringen. Er meinte, die anderen essen das doch auch, worauf ich ihm sagte, wir hätten unsere Speisegesetze und jeder müsse das mit seinem Gewissen abmachen. Aus dieser Geschichte entwickelte sich eine Legende, die im Gefängnis anscheinend nicht wenig Eindruck gemacht hat. Es wurde von den Aufsehern erzählt, mein Kerkermeister habe gesagt: ›Das sieht ja niemand‹, worauf ich geantwortet hätte: ›Gott sieht es!‹«

Am 22. November wird Dr. Eschelbacher mit einigen Gemeindemitgliedern aus der Haft entlassen, die meisten sind mittlerweile nach Dachau gekommen. Von seiner Wohnung ist wenig übriggeblieben: Viele Scheiben sind zertrümmert, Bilder aufgeschnitten oder zerrissen, die Möbel restlos beschädigt. Die Bücher, Akten, die Privatkorrespondenz aus annähernd vierzig Jahren sind auf die Straße geworfen und am nächsten Tag entweder von Fremden mitgenommen oder verbrannt worden. Doch können Dr. Eschelbacher und seine Frau dank der Hilfe von Londoner Verwandten am 26. Januar 1939, bis aufs letzte ausgeraubt, mit dem Gefühl einer unsagbaren Erleichterung noch auswandern, gleichzeitig aber auch mit der Gewißheit, »daß wir die Heimat und alles, was wir geliebt hatten, verloren hatten, daß es keinen Rückweg mehr gab, und daß nichts vor uns lag als eine dunkle Zukunft«.

Im Rheinland wie im ganzen Reich wurden jüdische Altersheime, Kranken- und Waisenhäuser so wenig verschont wie Synagogen, Geschäfte und Wohnungen. Dr. Salomon Herz, der nach Australien auswanderte und 1940 von der Universität Harvard einen Preis für die Schilderung seines *Leben in Deutschland* erhielt, erinnert sich an die Tage, die er im November 1938 als stellvertretender Leiter des jüdischen Waisenhauses in Dinslaken, erlebte.[32] Alle polnischen Jugendlichen über fünfzehn Jahre waren bereits im Oktober nach Polen abgeschoben worden. Die anderen Insassen sollten am 10. November der Zerstörung ihres Heims beiwohnen.

»Morgens 5.45 Uhr. Das sehr energische Läuten zur frühen Morgenstunde brachte mich schnell aus dem Schlaf. Rasch warf ich mir einen Mantel um und öffnete – nichts Gutes ahnend – die Haustür. Drei Männer (zwei Gestapovertreter und ein Polizeibeamter) traten ein und erklärten sogleich, wie in allen jüdischen Wohnungen so auch im Waisenhaus eine Durchsuchung nach Waffen vornehmen zu müssen. Die Beamten gingen sofort an ihre Aufgabe. Im Büro wurde die Telefonleitung durchschnitten, Kästen und Bücher kontrolliert und nach Bargeld geforscht.« Etwa eine Stunde später, um 7 Uhr, soll in der Haussynagoge die Morgenandacht beginnen. Dr. Herz, dem die drei Polizeibeamten vor ihrem Abgang befohlen haben, niemand vor 10 Uhr aus dem Haus zu lassen, will jede Panikstimmung vermeiden, aber trotzdem alle Insassen auf die herannahenden Ereignisse vorbereiten. So ruft er die 46 Anwesenden, darunter 32 Kinder von 6 bis 16 Jahren, im Speisesaal zusammen und hält ihnen eine kleine Ansprache, die mit den Worten endet: ›Bleibt stark! Vertrauet zu Gott! Wir werden auch diese schwere Zeit überstehen.‹«

Nach dem gemeinsamen Frühstück versucht der Hauslehrer alle Zöglinge irgendwie zu beschäftigen. 9.30 Uhr: heftiges Schellen an der Haustür. Dr. Herz öffnet. Im selben Augenblick stürmt eine Kette von etwa fünfzig Mann in das Haus, begibt sich in den glücklicherweise leeren Speisesaal und beginnt mit einer fast wissenschaftlichen Gründlichkeit ihr Zerstörungswerk. Angstschreie der

Kinder hallen durch das Haus. Dr. Herz ruft mit überlauter Stimme: »Alle Kinder gehen mit mir auf die Straße!« – eine Anweisung, die dem Befehl der Gestapo widerspricht. Ohne Hut und ohne Mantel eilen die meisten Kinder trotz des naßkalten Wetters auf die Straße und folgen Dr. Herz zum Rathaus, wo er sie unter Polizeischutz stellen will.

»Etwa zehn Polizisten waren hier stationiert, Anlaß genug für ein schaulustiges Publikum, auf etwa kommende Sensationen zu warten. Sie kamen auch gleich, indem mir der Hauptwachtmeister der Schutzpolizei F. entgegenschrie: ›Die Juden bekommen von uns keinen Schutz. Machen Sie, daß Sie mit ihren Kindern weiterkommen!‹ . . . ›Schlagen Sie mich und die Kinder doch tot, dann ist der Fall schnell erledigt!‹«

Der Beamte nimmt diese Bemerkung von Dr. Herz mit einem zynischen Lächeln hin und schlägt dann das Schloß des Gartentores des Waisenhauses, wohin er sie zurückgeführt hat, mit blanker Waffe auf. Dann treibt er die Gruppe auf die nasse Wiese mit der Anweisung, die Stelle vorerst unter keinen Umständen zu verlassen. Von da aus wohnen sie der systematischen Zerstörung des Hauses bei, während das Publikum, das sich am Gartenzaun angesammelt hat, sich völlig passiv verhält.

Gegen 10.15 Uhr heulen die Sirenen. Eine riesige Rauchwolke verrät, daß die Synagoge in Brand gesteckt worden ist. Bald erscheinen kleinere Rauchwolken über jüdischen Häusern, die unter sachkundiger Leitung der Feuerwehr angezündet worden sind. Eine halbe Stunde später erscheint der Polizeikommissar, um mit Dr. Herz »die Lage zu besprechen«.

»Was gedenken Sie zu tun?«

»Ich will von der Behörde noch heute die Genehmigung, mit allen Kindern nach Belgien oder Holland auswandern zu dürfen.«

Während beide sich im Haus über Berge zerstörter Gegenstände fortbewegen – sogar das Gelände des Treppenhauses ist herausgerissen – steht plötzlich ein junger Bursche in Zivil vor ihnen und ruft dem Polizeikommissar mit lauter Stimme zu: »Was will denn dieser Jude bei Ihnen?«

»Machen Sie schnellstens, daß Sie zu Ihren Rassengenossen kommen«, schreit daraufhin der plötzlich verwandelte Polizeikommissar.

Inzwischen haben sich einige Polizeibeamte eingefunden, die Dr. Herz auffordern, sich mit allen Insassen des Waisenhauses in Reih und Glied aufzustellen. So werden sie von zwei Polizisten durch ein Spalier neugieriger Zuschauer bis zum Schulhof, der neben der Synagoge liegt, geführt, wo noch andere schlecht oder leicht bekleidete Dinslakener Juden von SA-Leuten hingetrieben werden. Inzwischen sind neunzig Personen festgenommen worden; sie werden im kleinen Schulsaal untergebracht. Die Männer unter fünfundsechzig Jahren werden bald aufgerufen und ins Gefängnis vor ihrem Abtransport nach Dachau gebracht.

Dr. Herz darf mit seinen Zöglingen bleiben, weil ihm der Aktionsleiter den Auftrag erteilt, für Ruhe und Ordnung zu sorgen und ihn zum Sprecher für alle anwesenden Juden ernennt, deren Personalien er aufnehmen muß. Eine ältere Frau fällt in Ohnmacht. Der einstige Stadtverordnete und Direktor der Handelsschule sitzt stöhnend in einer Ecke: man hat ihn derart auf den Kopf geschlagen, daß die Wunde trotz des Verbandes noch blutet. Dr. Herz gelingt es, in einem Kuvert etwas Wasser für ihn an der Wasserleitung im Flur buchstäblich zu »stehlen«. Plötzlich herrscht völlige Ruhe. Der Parteivertreter in Zivil mit Schirmmütze ist eingetreten und hält eine Ansprache:

»Leute, hört zu. Unbekannte Elemente haben die Zerstörung heute vormittag angerichtet. Man kann das ja verstehen. Ihr müßt euch vorstellen, da trauern in Düsseldorf eine deutsche Mutter und ein deutscher Vater um den hoffnungsvollen Sohn, der von einem Juden ermordet wurde. Das müßt Ihr verstehen, Leute! Diese Frau (auf seine Begleiterin zeigend) ist eine deutsche Frau, und sie wird Ihnen aus diesem Grund Zeuge genug sein, daß keinem Juden hier ein Haar gekrümmt wurde. Sie brauchen keine Angst zu haben! Wir sind ja schließlich nicht in Rußland!... Der Arzt wird gleich kommen. Falls Sie Hunger haben, müssen Sie Ihr Geld zusammenlegen – Ihr habt ja genug – und jemand kann dann in der Stadt etwas zu essen holen.« Nach einer Pause fügt er hinzu: »Ich möchte noch bekanntgeben, daß die dem Waisenhaus gehörende Kuh, die bei einem deutschen Bauern untergestellt wird, auf unsere Veranlassung hin weitergefüttert wird. Denn Tiere dürfen auch an diesem Tag nicht leiden.«

Gegen 18.30 Uhr erscheint der Parteivertreter wieder, diesmal in brauner Uniform, und befiehlt den Inhaftierten, sofort zu einem in der Stadt gelegenen Gasthaus zu marschieren. Die Kinder sollen auf einem Leiterwagen Platz nehmen, alle anderen hinterherlaufen. Nach etwa zwanzig Minuten trifft der »Judenzug«, der sich wieder durch eine ein Spalier bildende Masse den Weg bahnen muß, am Ziel ein. Die Tanzfläche des Saales, in den man sie führt, ist mit Stroh und einigen Bettkissen bedeckt, die man aus dem Waisenhaus geholt hat. Über der Bühne hängt ein Bild Adolf Hitlers, das aber vor der Ankunft der Juden schnell mit einem Tuch verhängt worden ist. Ein SA-Führer teilt Dr. Herz mit, daß es für alle Inhaftierten Nudeln mit Backobst geben wird »und kein Nationalsozialist habe etwas Unrechtes dazwischen gemengt!« Um 20 Uhr werden alle noch anwesenden Jungen über fünfzehn Jahre und alte Männer zur Übernachtung in einem Pferdestall abgeholt. Um 22 Uhr soll Bettruhe sein. Aber wie kann man die Kinder nach der ihnen gewohnten Weise zu Bett bringen in Anwesenheit von vierzig uniformierten und bewaffneten SA- und SS-Leuten? Dr. Herz ist der Ansicht, daß die religiös erzogenen Kinder gerade an diesem Abend nicht auf das Nachtgebet verzichten sollen. Daher faßt er Mut und betet es ihnen mit laut vernehmbarer Stimme vor, und die Kinder sprechen jedes Wort im Chor nach. Sichtbar erstaunt, ziehen sich alle Uniformierten – mit Ausnahme eines Polizeibeamten und eines SA-Mannes, die zur Wache dableiben – aus dem Saal zurück. Um 3 Uhr morgens müssen drei Kranke ins Spital gefahren werden. Am nächsten Morgen kommt ein Beamter der Stadt mit der Mitteilung, er sei zum Verpflegungskommissar für die Juden bestimmt worden und habe die Erlaubnis, für die im Waisenhaus gefundenen 132 DM Lebensmittel zu kaufen. Kochen dürfen sie im einstigen Internat, wo glücklicherweise Herd und Wasserleitung nicht zerstört worden sind. Die Einmachgläser mit Obst und Gemüse sind – wie man an den Spuren erkennen kann – als Wurfgeschosse gegen Fenster und Küchentür benutzt worden.

Als die Polizeibeamten mit ihnen allein sind, erklären sie, daß sie mit den Schandtaten des vorherigen Tages nichts zu tun haben. Einer sagt Dr. Herz, er sei in der Nacht zum 10. November etwa um 4 Uhr, aus dem Bett geholt worden mit dem Befehl, sofort ins Rathaus zu kommen, da eine Aktion durchgeführt werden müsse: »Wir hatten den Befehl erhalten, erst nachmittags um 4 Uhr (10. November) offiziell als Exekutive in Erscheinung zu treten und bis zu dieser Zeit die Straße den Nationalsozialisten freizuhalten. Bei meinen Kameraden herrschte wegen all dieser Dinge eine miserable Stimmung. Für einen solchen Unsinn soviel Dienst zu machen! Bis auf diesen F. sind wir alle noch gute Sozialdemokraten oder Demokraten. Aber was können wir in solchen Zeiten schon ausrichten?«

Am Nachmittag desselben Tages erscheint der stellvertretende Polizeikommissar im Gasthaussaal und fordert Dr. Herz auf, sofort zum Kreisleiter ins Waisenhaus zu kommen und alle Schlüssel des Hauses, die noch in seinem Besitz sind, mitzubringen. Er wird in den Speisesaal geführt, wo etwa vierzig Polizisten, SS- und SA-Männer Aufstellung genommen haben. Der Kreisleiter, ein ehemaliger Hilfslehrer, reißt ihm sofort die Schlüssel aus der Hand und befiehlt ihm, in den Hof zu gehen. Vom Fenster des Saales aus schreit er ihn an:

»Verbrecher, vortreten! Sie, Verbrecher, haben sich beschwert, man würde Sie schlecht behandeln.«

»Das muß ein Irrtum sein.«

»Ein Polizeibeamter erzählte mir das, und ein Beamter lügt nicht.«

»Der Beamte muß sich geirrt haben.«

»Verbrecher, Sie treten nach der Seite ab und warten, bis ich Sie wieder rufe.«

Junge Burschen in Zivil, die gerade mit dem Abtransport der Hausbibliothek in das Auto des Kreisleiters beschäftigt sind, rufen ihm zu:

»Was willst du, Jude?«

»Ich soll auf den Kreisleiter warten.«

»Kreisleiter, hier wartet ein Judd!«

»Hau ab, du Verbrecher«, schreit der Kreisleiter Dr. Herz durch das Fenster zu.

Abends wird Dr. Herz mehrmals ans Telefon gerufen, das sich im Vorderraum der Gastwirtschaft befindet: Verwandte oder Bekannte, die um die Kinder besorgt sind, rufen aus Hamburg, Berlin, Brüssel, Amsterdam, Den Haag an. Ein Nationalsozialist, der die Gespräche durch Zwischenrufe stören will, wird von Gästen energisch zurechtgewiesen: »Die Juden sind Menschen wie wir auch. Das Ausland soll ruhig die volle Wahrheit erfahren.«

Am 15. November müssen alle im Gasthaus inhaftierten Juden den Saal bis 16 Uhr räumen, weil abends ein Boxkampf dort stattfinden soll. Die meisten jüdischen Häuser sind infolge der Zerstörungen unbewohnbar; darum läßt Dr. Herz in einer abgelegenen Villa zwei Zimmer für fünfzig Personen säubern und als Schlafstätten einrichten. Da die Kreisleitung alle Geschäftsleute verständigt hat, es dürfe den Juden weder etwas geliefert noch die geringste Gefälligkeit erwiesen werden, sind die Waisenkinder gezwungen, die letzten Habseligkeiten selbst auf einem Leiterwagen ins neue Domizil zu fahren. Dr. Herz kann jedoch eine zweite Nacht mit den Kindern in der Kälte, ohne Fenster und sanitäre Einrichtungen nicht verantworten. Er setzt sich mit der jüdischen Gemeinde in Köln telegrafisch in Verbindung, die die Kinder am 16. November aufnimmt.

Mit dem beschlagnahmten Geld des jüdischen Internats

baut die NSDAP ein Kreisverwaltungsgebäude. Dr. Herz nimmt noch die Abmeldung bei den Behörden vor und sorgt für die Spedition der letzten Habseligkeiten. Er trifft einen Tag später in Köln ein. Seine Aufgabe besteht nun darin, gemeinsam mit den jüdischen Stellen die Auswanderung der Waisenkinder nach Belgien und Holland vorzubereiten. Ende Januar 1939 kann der »Transfer« erfolgen. Was geschieht aber mit den einstigen Zöglingen des Dinslakener Waisenhauses fünfzehn Monate später, als ihre Verfolger beide Aufnahmeländer unterjochen? Die Frage bleibt offen.

Die Beute

Am 10. November um 17 Uhr veröffentlicht die Berliner Presse als erste den Text, in dem Goebbels, der »Hauptregisseur« des Pogroms, dessen Beendigung anordnet. Um 20 Uhr übertragen alle Sender des Reichs den Aufruf, die »spontane Phase« der Aktion gegen die Juden einzustellen.

»Die berechtigte und verständliche Empörung des deutschen Volkes über den feigen jüdischen Meuchelmord an einem deutschen Diplomaten in Paris hat sich in der vergangenen Nacht in umfangreichem Maße Luft verschafft. In zahlreichen Städten und Orten des Reiches wurden Vergeltungsaktionen gegen jüdische Gebäude und Geschäfte vorgenommen.

Es ergeht nunmehr an die gesamte Bevölkerung die strenge Aufforderung, von allen weiteren Demonstrationen und Aktionen gegen das Judentum, gleichgültig welcher Art, sofort abzusehen. Die endgültige Antwort auf das jüdische Attentat in Paris wird auf dem Wege der Gesetzgebung bzw. der Verordnung dem Judentum erteilt werden.«

Gleich danach folgen drei Blitzfernschreiben des Chefs der Sicherheitspolizei.[1] Das erste an alle Staatspolizei(leit)stellen weist nochmals darauf hin, »daß in allen Fällen, in denen im Zuge der Protestaktionen geplündert worden ist, rücksichtslos vorzugehen ist, durch intensivste Ermittlungen die Täter festzustellen und festzunehmen sind und daß die Sachwerte sichergestellt werden«. Allerdings, bemerkt Heydrich zusätzlich, sei vor der Überstellung an den Ermittlungsrichter seine Weisung einzuholen. Das zweite Schreiben richtet sich wie das dritte zusätzlich an die SD-Ober- und Unterabschnitte. Die Anweisungen bezüglich der Plünderungen werden wiederholt. Hinzu kommen Informationen des Reichsjustizministeriums, das die Staatsanwälte angewiesen hat, Strafanstalten zur Unterbringung festgenommener Juden zur Verfügung zu stellen und »keine Ermittlungen in Angelegenheiten der Judenaktionen vorzunehmen«. Schließlich sollen im Benehmen mit der Ordnungspolizei für die Nacht vom 10. auf den 11. November verstärkte Streifendienste eingesetzt werden, um etwa noch erfolgende Aktionen möglichst zu verhindern. »Jedoch«, meint Heydrich, »ist hierbei Rücksicht zu nehmen auf die berechtigte Empörung der Bevölkerung.«

Das Ergebnis läßt nicht auf sich warten: die Patrouillen der Schutzpolizei in Uniform tauchen ebenso plötzlich an allen Straßenecken wieder auf, wie sie verschwunden waren, verhindern aber nicht alle »Ausschreitungen«. Denn jede Ortsgruppe der NSDAP will ihren Pogrom organisiert haben und zu den Preisgekrönten der »Kristallnacht« zählen. Aus allen Gauen des Reichs treffen Berichte der SA- und SS-Führer ein, die untereinander mit den Zahlen verbrannter Synagogen, zerstörter Geschäfte und Wohnungen der Juden in Wettbewerb treten. So meldet z. B. voller Stolz die SA-Brigade Nr. 50 aus Darmstadt am 10. November um 9 Uhr die Zerstörung durch Feuer oder Sprengstoff von 37 Synagogen in ihrem Bereich. Dessen nicht genug verspricht Brigadeführer Lucke, »etwa noch vorhandene Synagogen zu ermitteln und zu zerstören«.[2]

In Berlin sind die zugefügten Schäden besonders erheblich: Allein das berühmte Juweliergeschäft Margraf in Berlin Unter den Linden verbucht einen Verlust von 1 700 000 RM; sogar die französischen Filialen der Firma Citroën und der Damenunterwäschefabrik ETAM am Kurfürstendamm sind von den Vandalen heimgesucht worden. Die Juden, die nicht verhaftet worden sind, müssen die Scherben der zerstörten Schaufenster beiseite räumen und an den zertrümmerten Läden Holzverkleidungen zur Tarnung anbringen. Bald darauf erscheinen dort Schilder mit der Inschrift: »Laden sofort zu vermieten«, »Geschäft bereits in arischem Besitz«.

Den ausländischen Journalisten, die ihr Befremden über das Ausmaß des Pogroms und die erfolgten Gewalttätigkeiten zum Ausdruck bringen, sagt Goebbels zynisch:

»Wie erst hätten die Reaktionen ausgesehen, wären sie organisiert gewesen ... Das deutsche Volk ist ein antisemitisches Volk. Es hat weder Lust noch Vergnügen, sich weiterhin durch die parasitäre jüdische Rasse in seinen Rechten beschränken oder als Nation provozieren zu lassen.«[3]

Doch während der Reichspropagandaminister hochtrabende Reden schwingt, ist Göring als Beauftragter für den Vierjahresplan der Ansicht, es sei höchste Zeit, dem Chaos Einhalt zu gebieten. Denn die wirtschaftliche Bilanz des Pogroms, die Heydrich auf seine Veranlassung hat aufstellen lassen,[4] weist einen bedeutend Verlust auf. Wenn die Zerstörung von 267 Synagogen und Gemeindehäusern die Finanzen des Reichs wenig beeinträchtigt, so steht es ganz anders mit den 7 500 zertrümmerten jüdischen Geschäften, den Wohnhäusern und kostbaren Gegenständen. Göring und die für die Wirtschaft Verantwortlichen irritiert besonders die deutlich erkennbare Tendenz einer Anzahl prominenter Nationalsozialisten, Plünderungen im eigenen Interesse vorzunehmen ohne Rücksicht auf die Belange des Staates.

So haben in Franken, im Verantwortungsbereich des Gauleiters Streicher, die illegalen Konfiskationen jüdischen Eigentums und die Korruption ein solches Ausmaß erreicht, daß Göring eine Prüfungskommission eingesetzt hat, die einen geheimen Bericht über die dortige Lage erstatten soll.[5] Der stellvertretende Gauleiter Holz erklärt der Prüfungskommission:

»In der Nacht vom 9. auf 10. November und am 10. November 1938 trugen sich in ganz Deutschland Ereignisse zu, die ich als das Signal für eine völlig andere Behandlung der Judenfrage in Deutschland ansah. Es wurden die Synagogen und jüdischen Schulen niedergebrannt, und es wurde das jüdische Eigentum sowohl in den Geschäften als auch in den Privathäusern zerschlagen. Außerdem wurde durch die Polizei eine große Anzahl namhafter Juden in die Konzentrationslager gebracht. Wir besprachen uns gegen Mittag im Hause des Gauleiters über diese Vorgänge. Jeder von uns war der Auffassung, daß wir nun in der

Judenfrage vor einer vollkommen neuen Sachlage stünden. Durch die in der Nacht und am Morgen des 10. Novembers vorgenommene Große Aktion gegen die Juden waren alle Richtlinien und alle Gesetze auf diesem Gebiet illusorisch gemacht worden. Wir waren (und insbesondere war das meine Meinung) der Auffassung, daß nun in dieser Hinsicht selbständig zu handeln sei ... Ich machte den Vorschlag, daß ihnen die Häuser und Grundstücke entzogen werden müßten und erklärte mich bereit, daß ich eine derartige Aktion durchführen würde. Ich erklärte durch diese Arisierung jüdischer Grundstücke und Häuser könnte man aus deren Erlös dem Gau einen großen Beitrag zuführen. Ich nannte einige Millionen Mark. Ich erklärte, daß nach meiner Ansicht diese Arisierung ebenso legal durchgeführt werden könne wie die Arisierung der Geschäfte ... Wir sahen alle eine völlig neue Sachlage vor uns. Ich möchte sagen: eine Revolution auf dem Gebiet der Judenfrage. Ich bin überzeugt, kein Nationalsozialist in ganz Deutschland hat in diesen Tagen anders als ich gedacht.«

Die den jüdischen Besitzern zugebilligte Gegenleistung für die von Streichers Leuten vollzogene Zwangsenteignung von Häusern und Grundstücken betrug 10 % des Einheitswertes oder Nennbetrags der Forderung. Zur Begründung dieser geringen Preise behauptete Holz, daß die Juden ihre Grundstücke zumeist zur Zeit der Inflation für weniger als ein Zehntel ihres Wertes erworben hatten — eine Behauptung, die sogar die nationalsozialistische Prüfungskommission als »nicht den Tatsachen entsprechend« zurückwies. Nach dem Revisionsbericht des Beauftragten des Reichsschatzmeisters hatten allein fünf Notare aus Nürnberg und Fürth fast 100 000 RM Gebühren für die Abwicklung der Zwangsarisierungen erhalten. Der erste dieser Arisierungserträge brachte die Stadt Fürth am 10. November in den Besitz von all den der jüdischen Gemeinde dieser Stadt gehörenden unbeweglichen Güter. Da es sich nicht um Privatbesitz handelte, wurde nicht einmal die von der Gauleitung selbst festgelegte Entschädigung ausgezahlt: Für einen Kaufwert von 57 000 RM erhielt die Gemeinde lediglich 100 RM. Ein zweiter Vertrag, der ebenfalls von Vertretern der Stadt Fürth für das Grundstück des Juden Sahlmann abgeschlossen wurde, ließ diesem 180 RM von den 1 800 RM des Kaufwerts. Die bis zum 3. Dezember 1938 auf diese Weise vollzogenen Zwangsarisierungen brachten der bayrischen Gauleitung 2 Millionen RM ein. Laut Experten der von Göring eingesetzten Prüfungskommission belief sich der reelle Wert der erworbenen Güter auf 16 Millionen RM, da die Häuser und Grundstücke ihren »neuen Besitzern« ein monatliches Einkommen von 30 000–40 000 RM einbrachten und deren rechtmäßige Verwalter ein monatliches Gehalt von 700–800 RM bezogen. Während seines Verhörs durch Göring erklärte Streichers Stellvertreter, daß das von ihm in die Wege geleitete Verfahren in den sechs kommenden Monaten allein der Kasse des Gaus Franken weitere 30 Millionen RM hätte beisteuern können. Gauleiter Streicher, der neue Einkommensquellen zum Unterhalt seiner eigenen Landgüter in Nonnenhorn (am Bodensee) und Pleikershof (bei Fürth) suchte, hatte SA-Oberführer König beauftragt, für ihn Aktien der Mars-Betriebe in Höhe von 112 000 RM zu erwerben. Da aber die von Streicher begehrten Aktien im Besitz des jüdischen Bankiers Martin Kohn waren, ließ er diesen in Schutzhaft nehmen und »behandeln«, bis er sich einverstanden erklärte, sie zu 5 % ihres Nennwerts abzutreten.

Der stellvertretende Gauleiter Holz schlägt beim Verkauf von 38 jüdischen Häusern und 350 Übertragungen von jüdischen Grundstücken an »arische« Besitzer aus »freiwilligen Spenden« 578 000 RM für sich selbst heraus, die auf ein Sonderkonto der Bayerischen Kommunalbank eingezahlt werden. Unter den Streicher nahestehenden Personen, die an dem Skandal beteiligt sind, befinden sich SA- und SS-Führer wie beispielsweise Dr. Hahn, der nach seinem Studium der Ökonomie an der Universität Grenoble in die SA eingetreten ist und dreimal wegen unrechtmäßiger Führung von Titeln verurteilt wurde, ebenso wie Führer der Deutschen Arbeitsfront, Stadt- und Landräte, Anwälte und Notare und sogar die Schriftstellerin und Astrologin Marie Obermeier, die den Herren bei Gelagen das Horoskop stellt.

Um diesen chaotischen Zuständen ein für alle Male ein Ende zu setzen, wird Göring von Hitler beauftragt, »die entscheidenden Schritte zentral zusammenzufassen«. Zu diesem Zweck beruft dieser am 12. November 1938 eine Arbeitssitzung im Reichsluftfahrtsministerium ein. Punkt 11 Uhr morgens eröffnet Generalfeldmarschall Göring die Sitzung,[6] an der u. a. Goebbels, Wirtschaftsminister Walter Funk, der undurchsichtige »fromme« Finanzminister Schwerin von Krosigk, Karl Blessing, Direktor der Reichsbank, Innenminister Wilhelm Frick und Justizminister Hans Gürtner teilnehmen. Es sind ebenfalls anwesend: Heydrich für den Sicherheitsdienst, Polizeichef General Daluege, Dr. Ernst Woermann als Vertreter des Auswärtigen Amts sowie die Gauleiter Österreichs und des Sudetenlands.

Behäbig in seinem Sessel zurückgelehnt gibt Göring zuerst seinem Zorn freien Lauf. Die Sitzung, die er einen Monat zuvor über das gleiche Thema einberufen hatte, ist ergebnislos geblieben. »Wir haben leider Gottes nur sehr schöne Pläne gefaßt, die dann aber nur sehr schleppend verfolgt worden sind.« Das Resultat davon: anarchische Zustände und für den Staat kostspielige Demonstrationen.

»Jetzt muß etwas geschehen! Denn, meine Herren, diese Demonstrationen habe ich satt. Sie schädigen nicht den Juden, sondern schließlich mich, der ich die Wirtschaft als letzte Instanz zusammenzufassen habe. Wenn heute ein jüdisches Geschäft zertrümmert wird, wenn Waren auf die Straße geschmissen werden, dann ersetzt die Versicherung dem Juden den Schaden – er hat ihn gar nicht – und zweitens sind Konsumgüter, Volksgüter zerstört worden. Wenn in Zukunft schon Demonstrationen, die unter Umständen notwendig sein mögen, stattfinden, dann bitte ich nun endgültig sie so zu lenken, daß man sich nicht in das eigene Fleisch schneidet. Denn es ist irrsinnig, ein jüdisches Warenhaus auszuräumen und anzuzünden, und dann trägt eine deutsche Versicherungsgesellschaft den Schaden, und die Waren, die ich dringend brauche – ganze Abteilungen Kleider und was weiß ich alles – werden verbrannt und fehlen mir hinten und vorn. Dann kann ich gleich die Rohstoffe anzünden, wenn sie hereinkommen.«

Einlenkend fährt Göring in seinen Ausführungen fort:

»Das Volk versteht das natürlich nicht, und deshalb müssen hier Gesetze gemacht werden, die dem Volk einwandfrei zeigen, daß hier etwas getan wird.«

Die Gesetzgebung müsse bei den Arisierungsverfahren unterscheiden zwischen größeren Unternehmungen, die in den Außenhandel eingreifen und oft Probleme anrühren, aus denen mehr Schaden entstehen könnte als der Nutzen, der erreicht werden soll, und dem Sichtbarsten für das Volk, d. h. den Kaufläden, die noch in jüdischem Besitz sind. Jedes Wort skandierend betont Göring:

»Hier setzen Schwierigkeiten ein. Es ist menschlich verständlich, daß in starkem Maße versucht wird, in diese Geschäfte Parteigenossen hineinzubringen und ihnen so gewisse Entschädigungen zu geben. Ich habe da entsetzliche Dinge in der Vergangenheit gesehen: daß sich kleine Chauffeure von Gauleitern derart bereichert haben, daß sie auf diese Weise schließlich eine halbe Million Vermögen an sich gebracht haben. Die Herren wissen Bescheid? Das stimmt doch?« (Zustimmung)

Im Gegensatz zur Sitzung vom Oktober 1938 wagt diesmal keiner der Anwesenden zu protestieren. Durch diesen ersten Sieg befriedigt, fährt Göring fort:

»Das sind natürlich Dinge, die unmöglich sind. Ich werde nicht davor zurückscheuen, dort, wo unsauber verfahren wird, rücksichtslos einzugreifen. Sollte es sich um eine prominente Person handeln, die das Delikt ermöglicht, so werde ich binnen zwei Stunden beim Führer sein und die Schweinerei nüchtern vortragen.«

Nach dieser Warnung, erläutert Göring ausführlich seine Auffassung der Arisierung:[7] Der Arier, der ein jüdisches

Geschäft übernimmt, müsse etwas von der Branche verstehen, das Geld zu seinem Kauf aufbringen. Wenn sich unter den Bewerbern Parteigenossen finden, die diese Bedingungen erfüllen, sei ihnen selbstverständlich der Vorzug zu geben, in erster Linie denjenigen, die aus politischen Gründen geschädigt wurden. Den Geschäftsverkauf sollen Vertreter der Treuhandgesellschaft mit der Unterstützung der Stadthalter wie einen normalen Verkauf vornehmen. Doch dürfe nicht — wie es bis dahin geschäftstüchtige »Neubesitzer« getan hatten, den Namen der jüdischen Firma in irgendeiner Form »normal« beibehalten werden. »Denn sonst kommen Dinge vor, wie sie jetzt wieder passiert sind, daß Läden eingeschmissen wurden, deren Aushängeschild jüdisch klang und auch einmal jüdisch war, die aber jetzt längst arisiert waren.« In allen Fällen müsse der Käufer den reellen Wert dem Staat zahlen, der eine möglichst niedrige Entschädigung für den Juden in das Schuldbuch einträgt, der die Zinsen davon erhalten soll.

Bei kleinen oder mittleren Fabriken solle man sich zuerst fragen, ob diese noch gebraucht werden, oder ob man etwas anderes daraus machen kann. Wenn sie notwendig sind, werden sie arisiert. Bei größeren Fabriken werde mit dem Anteil des Juden genauso verfahren wie bei Kaufläden oder kleineren Unternehmen. »D. h. sein Anteil, der in der Fabrik steckt, wird ihm zu dem Schlüssel vergütet, den wir festsetzen. Damit tritt er aus. Die Treuhand hat diesen Anteil in der Hand. Soweit es sich um Aktien handelt, auch die Aktien. Diesen Anteil kann sie nur wieder verkaufen bzw. kann die Aktien zunächst dem Staatsbesitz zuführen und von dort können sie dann verwendet werden.« Die Arisierung der ganz großen Unternehmen darf nicht auf Gauebene stattfinden, »sondern die müssen von uns hier oben gemacht werden, weil nur wir überblikken können, wo diese Fabriken hingebracht werden müssen, in welchen Vereinigungen sie vielleicht mit anderen zusammengefaßt werden, wiewiet der Staat sie selbst behalten will, wiewiet er sie einer Gesellschaft geben wird, die dem Reich gehört ... Ich weiß natürlich: Je größer, umfangreicher und gewinnbringender das Unternehmen ist, desto stärker wird sich der Drang auch all den Herren Gauleiter und Stadthalter von den verschiedenen Seiten bemerkbar machen, in den Besitz dieser Anteile zu kommen.«

Nach dieser erneuten Mahnung kommt Göring zum Fall der ausländischen Juden.

Göring: »Wir müssen hier unterscheiden. Solche Juden, die wirklich Ausländer waren und geblieben sind, sind natürlich nach den Gesetzen zu behandeln, die wir mit diesem Land haben. Aber auch hier ist dafür Sorge zu tragen, daß sie freiwillig durch sanften oder stärkeren Druck, durch geschickte Manöver hinausmanövriert werden. Auf die Juden aber, die im allgemeinen Deutsche waren, die immer in Deutschland gelebt haben und die eben nur, um sich in Sicherheit zu bringen, in den letzten Jahren diese und jene Staatsangehörigkeit angenommen haben, bitte ich keine Rücksicht zu nehmen. Mit denen wird man fertig. Oder haben Sie Bedenken?

Woermann, sichtbar nervös, bittet, daß das Auswärtige Amt im Einzelfall zu Rate gezogen werde, »weil sich das generell sehr schwer entscheiden läßt«.

Göring: »In jedem Fall beiziehen können wir sie nicht. Aber im ganzen selbstverständlich.«

Woermann: »Ich möchte jedenfalls den Anspruch des Auswärtigen Amtes auf Beteiligung anmelden. Man kann nicht wissen, welche Schritte unternommen werden.«

Woermanns Spitzfindigkeit bringt den Feldmarschall aus der Fassung.

Göring: »Auf jeden Fall möchte ich auf diese Kategorie keine Rücksicht nehmen. Denn ich habe jetzt erst gesehen, in welchem Ausmaß das geschehen ist. Das trifft besonders auf Österreich und die Tschechei zu. Wenn also jemand vorher im Sudetenland Tscheche war, so brauchen wir überhaupt keine Rücksicht zu nehmen. Da braucht auch das Auswärtige Amt nicht beteiligt zu werden, weil man da der Auffassung sein kann, daß der jetzt zu uns gehört. Aber es sind in Österreich und auch im Sudetenland sehr viele plötzliche Engländer oder Amerikaner oder sonst was geworden, und darauf können wir im allgemeinen nicht allzuviel Rücksicht nehmen.«

Die Unterwürfigkeit der Zuhörerschaft scheint nun durchbrochen zu sein, so daß sogar der stets dienstfertige Wirtschaftsminister Funk zu fragen wagt, ob die jüdischen Geschäfte, die nach der Zerstörung noch bestehen, wieder eröffnet werden sollen.

»Ich habe«, bemerkt Goebbels, der endlich eine Gelegenheit findet, Göring zu übertrumpfen, »Frist gestellt bis Montag«.

»Ob sie wieder aufgemacht werden, brauchen Sie nicht zu fragen. Dafür sind wir zuständig«, braust Göring auf, der nicht gewillt ist, den geringsten Bruchteil seiner Machtbefugnisse abzugeben.

Dessenungeachtet fährt Goebbels ruhig fort: »Es sind fast in allen deutschen Städten Synagogen niedergebrannt. Nun ergeben sich für die Plätze auf denen die Synagogen gestanden haben, die vielfältigsten Verwendungsmöglichkeiten. Die einen Städte wollen sie zu Parkplätzen umgestalten, andere wollen dort wieder Gebäude errichten. Ich bin der Meinung, daß das der Anlaß sein muß, die Synagogen aufzulösen. Alle die nicht vollkommen intakt sind, müssen von den Juden niedergelegt werden. Die Juden müssen das bezahlen. Hier in Berlin sind die Juden dazu bereit. Die Synagogen, die in Berlin gebrannt haben, werden von den Juden selbst niedergelegt. Wir können sie z. T. zu Parkplätzen umgestalten, z. T. werden dort andere Gebäude errichtet werden. Das muß nun, glaube ich, als Richtschnur für das ganze Land herausgegeben werden, daß die Juden selbst die beschädigten oder angebrannten Synagogen zu beseitigen und der deutschen Volksgemeinschaft fertige freie Plätze zur Verfügung zu stellen haben.

Ich halte es für notwendig, jetzt eine Verordnung herauszugeben, daß den Juden verboten wird, deutsche Theater, Kinotheater und Zirkusse zu besuchen. Ich habe schon aufgrund des Kulturkammergesetzes eine solche Verordnung herausgegeben. Ich glaube, daß wir uns das aufgrund unserer heutigen Theaterlage leisten können. Die Theater sind sowieso überfüllt. Wir haben kaum Platz. Ich bin aber der Meinung, daß es nicht möglich ist, Juden neben Deutsche in Varietés, Kinos oder Theater hineinzusetzen. Man könnte eventuell später überlegen, den Juden hier in Berlin ein oder zwei Kinos zur Verfügung zu stellen, wo sie jüdische Filme vorführen können. Aber in deutschen Theatern haben sie nichts mehr verloren.«

Das Zusammenleben mit Juden quält sicherlich den Reichspropagandaleiter, denn er hält es auch für notwendig, »daß die Juden überall da aus der Öffentlichkeit herausgezogen werden, wo sie provokativ wirken«. »Es ist z. B. heute nicht möglich«, erklärt er den Anwesenden, »daß ein Jude mit einem Deutschen ein gemeinsames Schlafwagenabteil benutzt. Es muß also ein Erlaß des Reichsverkehrsministers herauskommen, daß für Juden besondere Abteile eingerichtet werden und daß, wenn dieses Abteil besetzt ist, die Juden keinen Anspruch auf Platz haben, daß die Juden aber nur dann, wenn alle Deutsche sitzen, ein besonderes Abteil bekommen, daß sie dagegen nicht unter die Deutschen gemischt werden und daß, wenn kein Platz ist, die Juden draußen im Flur zu stehen haben.«

Göring: »Da finde ich es viel vernünftiger, daß man ihnen eigene Abteile gibt.«

Goebbels: »Aber nicht, wenn der Zug überfüllt ist.«

Göring: »Einen Moment! Es gibt nur einen jüdischen Wagen. Ist er besetzt, müssen die übrigen zu Hause bleiben.«

Goebbels: »Aber nehmen wir an, es sind nicht so viele Juden da, die mit dem Fern-D-Zug nach München fahren, sagen wir: es sitzen zwei Juden im Zug, und die anderen Abteile sind überfüllt. Diese beiden Juden hätten nun ein Sonderabteil. Man muß deshalb sagen: die Juden haben erst Anspruch auf Platz, wenn alle Deutschen sitzen.«

Göring, der allmählich Goebbels Spitzfindigkeit satt

hat: »Das würde ich gar nicht extra einzeln ins Auge fassen, sondern ich würde den Juden einen Wagen oder ein Abteil geben. Und wenn es wirklich jemals so wäre, wie Sie sagen, daß der Zug sonst überfüllt ist, glauben Sie, das machen wir so, da brauche ich kein Gesetz. Da wird er herausgeschmissen, und wenn er allein auf dem Lokus sitzt, während der ganzen Fahrt.«

Goebbels gibt nicht nach: »Das will ich nicht sagen. Ich glaube das nicht, sondern da muß eine Verordnung herauskommen. Dann muß eine Verordnung herauskommen, daß es den Juden verboten ist, deutsche Bäder, Strandbäder und deutsche Erholungsstätten zu besuchen. Im vergangenen Sommer...«

Göring: »Vor allen Dingen hier im Admiralspalast sind wirklich widerwärtige Sachen passiert.«

Goebbels: »Auch im Wannseebad. Eine Verordnung, daß es den Juden absolut verboten ist, deutsche Erholungsstätten zu besuchen.«

Göring: »Man könnte ihnen ja eigene geben.«

Goebbels: »Man könnte sich überlegen, ob man ihnen eigene gibt oder ob man deutsche Bäder zur Verfügung stellt, aber nicht die schönsten, daß man sagt: in den Bädern könnten sich die Juden erholen.«

Goebbels hat einen neuen Einfall: »Es wäre zu überlegen, ob es nicht notwendig ist, den Juden das Betreten des deutschen Waldes zu verbieten. Heute laufen Juden rudelweise im Grunewald herum. Das ist ein dauerndes Provozieren, wir haben dauernd Zwischenfälle. Was die Juden machen, ist so aufreizend und provokativ, daß es dauernd zu Schlägereien kommt.«

Die Perspektive des Waldverbotes gefällt *Göring* besonders und heitert ihn auf: »Also, wir werden den Juden einen gewissen Waldteil zur Verfügung stellen, und Alpers wird dafür sorgen, daß die verschiedenen Tiere, die den Juden verdammt ähnlich sehen – der Elch hat ja so eine gebogene Nase –, dahin kommen und sich da einbürgern.«

Goebbels, den die Obsession des Lebens auf engstem

Raum mit Juden nicht losläßt...: »Dann weiter, daß die Juden nicht in deutschen Anlagen herumsitzen können. Ich knüpfe an die Flüsterpropaganda durch Judenfrauen in den Anlagen am Fehrbelliner Platz an. Es gibt Juden, die gar nicht so jüdisch aussehen. Die setzen sich zu deutschen Müttern mit Kindern und fangen an zu mosern und zu stänkern.«

Göring – einfallend: »Die sagen gar nicht, daß sie Juden sind.«

Goebbels: »Ich sehe darin eine besonders große Gefahr. Ich halte es für notwendig, daß man den Juden bestimmte Anlagen zur Verfügung stellt – nicht die schönsten – und sagt: Auf diesen Bänken dürfen die Juden sitzen. Die sind besonders gekennzeichnet. Es steht darauf: Nur für Juden! Im übrigen haben sie in deutschen Anlagen nichts zu suchen. Als letztes wäre folgendes vorzutragen. Es besteht tatsächlich heute noch der Zustand, daß jüdische Kinder in deutsche Schulen gehen. Das halte ich für unmöglich. Ich halte es für ausgeschlossen, daß mein Junge neben einem Juden im deutschen Gymnasium sitzt und deutschen Geschichtsunterricht erteilt bekommt. Ich halte es für notwendig, daß die Juden absolut aus deutschen Schulen entfernt werden und man ihnen anheimgibt, innerhalb ihrer eigenen Kultusgeschichte selbst die Erziehung zu übernehmen.«

Die Zeit vergeht. Ein Beamter meldet ehrfurchtsvoll dem Reichsfeldmarschall, daß Herr Hilgard, seit 11 Uhr im Vorzimmer wartet. Daher soll das kulturelle Intermezzo einstweilen zugunsten eines wirtschaftlichen Problems unterbrochen werden. Der Vertreter der deutschen Versicherungsgesellschaften, der nun hereingeführt wird, will wissen, wie seine Mandanten die Besitzer der zerstörten Güter entschädigen sollen, ohne dabei bankrott zu gehen.

»Herr Hilgard«, eröffnet *Göring* das Gespräch, indem er dem Ankommenden einen Sitzplatz anbietet, »es handelt sich um folgendes. Durch den berechtigten Zorn des Volkes gegenüber den Juden sind eine Anzahl von Schäden im ganzen Reich angerichtet worden. Fenster sind eingeschmissen worden, Sachen und Menschen zu Schaden gekommen, Synagogen ausgebrannt usw. Ich nehme an, daß ein Teil der Juden – wahrscheinlich das Gros – auch versichert ist gegen Tumultschäden usw.«

Hilgard: »Ja.«

Göring: »Es würde also jetzt dabei folgendes herausspringen: daß das Volk in einer berechtigten Abwehr dem Juden hat einen Schaden zufügen wollen und daß dann tatsächlich der Schaden von der deutschen Versicherungsgesellschaft gedeckt wird. Hier wäre nun die Sache verhältnismäßig einfach, indem ich eine Verordnung mache, daß diese Schäden, die aus dieser Aufwallung gekommen sind, nicht von der Versicherung zu decken sind. Also die Frage, die mich brennend interessiert, weshalb ich Sie hierhergebeten habe, ist folgende: Für den Fall, daß hier irgendwie auf dem Gebiet der Tumultschädenversicherung, Rückversicherungen im Ausland liegen, möchte ich selbstverständlich nicht auf diese Rückversicherung verzichten, sondern möchte die an sich heranholen und darum mit Ihnen den Weg besprechen, wieweit diese Rückversicherung, die womöglich noch Devisen bringt, nicht zum Juden kommt, sondern zur deutschen Volkswirtschaft. Ich hätte gern einmal von Ihnen gehört – das ist die erste Frage, die ich an Sie zu stellen habe –, sind nach Ihrer Auffassung die Juden in großem Ausmaß gegen die Schäden versichert?«

Hilgard ist ein gründlicher Experte, der keinen einzelnen Umstand vergißt: »Die Sache liegt so, daß wir es mit drei Arten von Versicherungen zu tun haben, und zwar nicht mit der Aufruhrversicherung und der Tumultschädenversicherung, sondern mit der regulären Feuerversicherung, mit der regulären Glasversicherung und mit der regulären einfachen Diebstahlversicherung. Die Versicherten, also diejenigen, die hier einen Anspruch aufgrund dieser Verträge haben, sind teils Juden, teils Arier. Bei der Feuerversicherung, die hier den größten Teil ausmacht, sind es wohl durchgängig Juden. Bei den Wohnhäusern ist der Geschädigte mit dem Juden, mit dem Eigentümer identisch, bei der Synagoge natürlich erst recht, abgesehen von den Nachbarschäden, die dadurch entstanden, daß das Feuer übergegriffen hat. Aber nach meinen Feststellungen, die ich noch in der letzten Nacht getroffen habe, sind diese Schäden verhältnismäßig gering.« – (Die Feuerwehr hatte ihren Auftrag, die arischen Gebäude zu schützen, gewissenhaft ausgeführt!) – »Vollkommen anders liegen die Verhältnisse bei der Glasversicherung, die eine sehr große Rolle spielt. Hier ist der weitaus größere Teil der Geschädigten arisch. Das ist nämlich der Hausbesitz, der überwiegend in arischen Händen liegt, während der Jude in der Regel nur der Mieter des Ladens ist – ein Vorgang, den Sie auf der ganzen Linie, z. B. am Kurfürstendamm feststellen können.«

Goebbels: »Das muß der Jude bezahlen.«

Göring wieder aufgebracht: »Es hat ja keinen Sinn. Wir haben keine Rohstoffe. Es ist alles ausländisches Glas, das kostet Devisen! Man könnte die Wände hochgehen!«

Hilgard, weiter »fachmännisch«: »Ich darf vielleicht folgendes feststellen. Das Ladenfensterglas wird nicht in der böhmischen Glasindustrie fabriziert, sondern es ist ausschließlich in den Händen der belgischen Glasindustrie. Der Umfang dieser Schäden ist nach meinen Schätzungen ungefähr folgender: Wir haben etwa mit Glasschäden für 6 Millionen zu rechnen, d. h. für das Glas, das wir aufgrund der Versicherungsbedingungen den in der Hauptsache arischen Geschädigten als Ersatz liefern müssen, müssen wir etwa 6 Millionen aufwenden. Ich muß hier aber alle Vorbehalte machen, Herr Generalfeldmarschall; denn ich habe für die Feststellungen nur einen Tag Zeit gehabt. Wenn man rechnet, das kann ich nicht genau sagen, da wird die Industrie keine Auskunft geben können, daß etwa die Hälfte dieser 6 Millionen im Handel usw. hängen bleibt, so möchte ich immer noch ungefähr damit rechnen, daß wir für etwa 3 Millionen belgisches Glas einführen müssen. Nebenbei bemerkt, werden die Schäden die Hälfte einer Jahresproduktion der gesamten belgischen Glasindustrie sein. Wir sind der Auffassung, daß man von der Fabrikationsseite aus ein halbes Jahr braucht, um das Glas zu liefern ...«

Göring zu Goebbels: »Hier muß eine Volksaufklärung stattfinden.«

Goebbels: »Das kann jetzt nicht im Augenblick gemacht werden.«

Göring, außer sich: »So kann das nicht weitergehen. Das halten wir gar nicht aus. Unmöglich!«

Hilgard, der auf das alte Thema zurückkommen will, erinnert daran, daß er noch nicht von der dritten Versicherungsart gesprochen hat: d. h. dem Diebstahl.

Göring: »Da muß ich eine Frage stellen. Wenn Waren jeder Art aus den Geschäften herausgenommen werden und draußen auf der Straße verbrannt worden sind, fällt das auch darunter?«

Hilgard: »Ich glaube nicht.«

Göring: »Fällt das unter Aufruhr?«

Hilgard: »Das ist gerade die Frage, die wir im Augenblick noch nicht zu beantworten in der Lage sind: Liegt ein einfacher Diebstahl dann vor, wenn nach der gewaltsamen Erbrechung eines Wohnungseinganges oder von Behältnissen eine Sache entwendet wird?«

Göring: »Es liegt Aufruhr vor.«

Hilgard, so hartnäckig wie der Generalfeldmarschall: »Der Aufruhr spielt bei dieser Sache gar keine Rolle, weil wir kaum mehr nennenswerte Aufruhrversicherungen haben. Die sind längst von uns abgebaut und abgewickelt.«

Die Diskussion geht weiter, indem beide auf ihrem Standpunkt beharren:

Göring: »Das hier ist doch Aufruhr. Das ist der juristische Begriff. Es ist nicht gestohlen, nicht eingebrochen worden, sondern ganz öffentlich wälzt sich die Masse herein und zertrümmert die Sachen. Oder Tumult.«

Hilgard, ruhig berichtigend: »Tumultschäden. Es ist kein Aufruhr.«

Göring: »Sind die gegen Tumultschäden versichert?«

Hilgard: »Nein, nicht mehr. − Ich darf das vielleicht an

einem Beispiel klarmachen. Der größte Fall, den wir auf diesem Gebiet haben, ist der Fall Margraf Unter den Linden. Das Juweliergeschäft von Margraf ist bei uns mit einer sogenannten kombinierten Police versichert. Da ist eigentlich jeder Schaden gedeckt, der passieren kann. Dieser Schaden ist bei uns in Höhe von 1,7 Millionen angemeldet, weil der Laden vollkommen ausgeplündert worden ist.«

Göring: »Daluege und Heydrich, ihr müßt mir diese Juwelen wieder beschaffen durch Riesenrazzien!«

Daluege: »Das ist schon angeordnet. Die Leute werden dauernd kontrolliert. Nach den Meldungen von gestern nachmittag sind bisher allein 150 verhaftet.«

Göring: »Die Sachen werden sonst verschoben. Wenn einer mit Juwelen in ein Geschäft kommt und sagt, er hätte sie gekauft, müssen sie ihm rücksichtslos weggenommen werden ohne große Geschichten. Irgendwo hat er sie gestohlen oder gehandelt.«

Heydrich: »Im übrigen ist in rund 800 Fällen im Reich geplündert worden entgegen der Vermutung, aber wir haben Plünderer schon in einer Zahl von mehreren Hundert und sind auch dabei, das geplünderte Gut herbeizuschaffen.«

Heydrichs Optimismus scheint nicht berechtigt, denn der Stabsleiter von Rudolf Heß muß noch am 29. November 1938 alle Parteistellen und Organisationen auffordern,[8] die Wertgegenstände, die sie »zum Schutze des deutschen Volksvermögens« geborgen hatten, unverzüglich an die Gestapo abzugeben und der Polizei tatkräftig bei der Fahndung der Plünderer beizustehen.

Göring: »Und die Juwelen?«

Heydrich, verlegen: »Das ist sehr schwer zu sagen. Sie sind z. T. auf die Straße herausgeschmissen und dort aufgegriffen worden. Ähnliches hat sich bei Pelzläden abgespielt, z. B. in der Friedrichstraße im Revier C. Da hat sich natürlich die Menge draufgeworfen, hat Nerze, Skunke usw. mitgenommen. Das ist sehr schwer wiederzukriegen. Z. T. haben auch Kinder lediglich aus Spielerei sich die Taschen vollgesteckt. Man müßte anregen, daß die HJ nicht ohne Wissen der Partei eingesetzt werden darf und an solchen Dingen beteiligt wird ...«

Daluege: »Es wäre vor allen Dingen notwendig, von der Partei aus einen Befehl herauszugeben, daß sofort an die Polizei Meldung erstattet wird, wenn etwa die Nachbarsfrau – man kennt ja den Nachbarn ganz genau – einen Pelz umarbeiten läßt oder die Leute mit neuen Ringen oder Armbändern ankommen, daß uns die Partei da unterstützt.«

Hilgard: »Diese Schäden fallen wohl nicht unter die Police, aber ich muß das unter Vorbehalt sagen. Darf ich überhaupt einmal ein Wort über unsere Haftpflicht sagen und ein Petitum (Forderung) der Versicherungsgesellschaft anmelden? – Wir legen großen Wert darauf, Herr Generalfeldmarschall, daß wir an der Erfüllung unserer vertraglichen Verpflichtungen nicht gehindert werden.«

Göring: »Das muß ich aber. Ich lege Wert darauf.«

Hilgard: »Wenn ich das begründen darf: es hängt einfach damit zusammen, daß wir in starkem Maße auch internationale Geschäfte haben. Wir haben für unsere Geschäfte eine sehr gute internationale Basis, und wir müssen gerade im Interesse der deutschen Devisenbilanz Wert darauf legen, daß das Vertrauen zu der deutschen Versicherung nicht gestört wird. Wenn wir es heute ablehnten, klare, uns gesetzlich obliegende vertragliche Verpflichtungen zu erfüllen, so wäre das ein schwarzer Fleck auf dem Ehrenschild der deutschen Versicherung.«

Göring, ihn beschwichtigend: »Aber nicht mehr in dem Augenblick, wo ich durch eine staatliche Verordnung durch ein Gesetz eingreife.«

Hilgard: »Darauf wollte ich nämlich kommen.«

Heydrich: »Man mag ruhig die Versicherung ausschütten, aber nachher bei der Auszahlung wird sie beschlagnahmt. Dann ist formell das Gesicht gewahrt.«

Hilgard: »Das, was Obergruppenführer Heydrich eben gesagt hat, möchte ich eigentlich auch für den richtigen Weg halten, sich zunächst einmal des Apparates der Versicherungswirtschaft zu bedienen, die Schäden festzustellen, zu regulieren und auch auszuzahlen, dann aber der Versicherungsgesellschaft die Möglichkeit zu geben, die Prämien in irgendeinen Fonds ...«

Göring, dem die Lösung nicht einleuchtet: »Einen Moment! Auszahlen müssen Sie sowieso, weil Deutsche geschädigt sind. Sie bekommen aber ein gesetzliches Verbot, die Auszahlungen unmittelbar an den Juden vorzunehmen. Die Schäden, die Sie an die Juden auszuzahlen hätten, müssen Sie auch auszahlen, aber nicht an den Juden, sondern an den Finanzminister.«

Hilgard: »Aha!«

Göring: »Was der damit macht, ist seine Sache.«

Schmer: »Herr Feldmarschall, ich hätte den Vorschlag zu machen, daß man von dem angemeldeten Vermögen — es soll ja eine Milliarde eingezogen werden — einen bestimmten Prozentsatz festlegt, meinetwegen 15 %, und diesen Prozentsatz noch etwas erhöht, so daß alle Juden gleichmäßig zahlen und von diesem Betrag den Versicherungen das Geld zurückerstatten.«

Göring, aufbrausend: »Nein! Ich denke gar nicht daran, den Versicherungen das Geld zurückzuerstatten. Die Versicherungen sind ja haftbar. Nein, das Geld gehört dem Staat. Das ist ganz klar. Das wäre ja ein Geschenk für die Versicherungen. Sie haben ja hier ein großartiges Petitum abgegeben. Sie werden erfüllen. Verlassen Sie sich darauf!«

Daraufhin entspannt sich eine Expertendiskussion über die Kosten der Schadensvergütung, die sich laut Hilgard auf ca. 25 Millionen belaufen.

Heydrich: »Sachschaden, Inventar und Warenschaden schätzen wir auf mehrere hundert Millionen, allerdings einschließlich des Schadens, den das Reich durch Steuerausfall erleiden wird: Umsatz-, Vermögens- und Einkommenssteuer. Das wird der Herr Finanzminister sicher auch erfahren haben.«

Schwerin von Krosigk, der bis dahin geschwiegen hatte, weist diese dilettantischen Schätzungen schroff ab: »Ich habe keinerlei Einblick in den Umfang.«

Heydrich: »7 500 zerstörte Geschäfte im Reich.«

Daluege: »Eine Frage muß noch besprochen werden. Die Waren, die sich in den Läden befanden, sind nicht Eigentum des Besitzers gewesen, sondern laufen größtenteils auf Rechnung von anderen Firmen, die diese Ware geliefert haben. Jetzt kommen die unberechneten Lieferungen von Firmen, die gewiß nicht alle jüdisch, sondern arisch sind, die Waren, die auf Kommission gegeben waren.«

Hilgard: »Die müssen auch bezahlt werden.«

Göring, wieder aufbrausend: »Mir wäre lieber gewesen, ihr hättet 200 Juden erschlagen und hättet nicht solche Werte vernichtet.«

Heydrich, sich beinahe entschuldigend: »35 Tote sind es.«[9]

Funk, willfährig: »Wenn die Juden das bezahlen, brauchen es die Versicherungsgesellschaften nicht zu zahlen.«

Göring, befriedigt: »Eben − also, meine Herren, es ist ganz sonnenklar. Das halten wir fest. In diesem Augenblick denkt keine Versicherungsgesellschaft − Herr Hilgard ausgenommen, der hier ist − etwas anderes, als daß sie für den Schaden zahlen muß. Sie wollen es auch, und ich habe volles Verständnis dafür. Sie müssen das, damit ihnen nicht vorgeworfen werden kann, sie wären nicht stark genug, den Schaden zu tragen ... Ich bin jetzt folgender Auffassung. Die Schäden sind festzustellen. Die Versicherungsgesellschaften haben zunächst in vollem Umfang ihrer juristischen Haftung dafür einzutreten und zu zahlen ... Jetzt kommen die Schäden, die der Jude gehabt hat, daß bei Margraf die Juwelen verschwunden sind usw. Die sind weg und werden ihm nicht ersetzt. Den Schaden hat er. Soweit die Juwelen von der Polizei wieder eingebracht werden, verbleiben sie dem Staat. Nun kommen die anderen Dinge, die Waren, die auf die Straße geschmissen worden sind, geklaut worden sind, verbrannt sind. Auch den Schaden hat der Jude. Aber nun kommen die Kommissionsgeschichten. Hier muß der Jude den Schaden ersetzen.«

Goebbels: »Das braucht aber nicht in die Verordnung hinein. Diese Verordnung genügt vollkommen.«

Hilgard: »Ich denke gerade darüber nach, inwieweit die ausländischen Versicherungsgesellschaften betroffen werden.«

Göring, barsch: »Die müssen ja zahlen. Wir beschlagnahmen das.«

Hilgard: »Gerade bei diesen Kommissionswaren kann ich mir vorstellen, daß der amerikanische Lieferant, wenn er Pelze aus England oder Amerika hierher liefert und in Kommission gibt, sie vielfach bei einer englischen oder amerikanischen Versicherungsgesellschaft versichert.«

Göring: »Dann zahlen die ihm den Schaden aus. Die Frage ist nur die: Glauben Sie, daß hier für diese gesamten Schäden Rückversicherungen ans Ausland sind?«

Hilgard: »Ganz wenig, geringfügig.«

Goebbels: »Da kriegt es sowieso der Staat.«

Göring: »Ganz klar. Der Arier kann keinen Schaden anmelden, weil er keinen hat. Der Jude ersetzt. Der Jude muß den Schaden anmelden. Er kriegt die Versicherung, aber die wird beschlagnahmt. Es bleibt also im Endeffekt immerhin doch noch insofern ein Verdienst für die Versicherungsgesellschaften, als sie einige Schäden nicht auszahlen brauchen − Herr Hilgard, Sie können schmunzeln!«

Hilgard, mißmutig: »Ich habe gar keinen Grund, wenn das ein Verdienst genannt wird, daß wir einen Schaden nicht zu zahlen brauchen.«

Göring, gereizt: »Erlauben Sie einmal! Wenn sie juristisch verpflichtet sind, 5 Millionen zu zahlen, und auf einmal kommt Ihnen hier ein Engel in meiner etwas korpulenten Form und sagt Ihnen: 1 Million können Sie behalten, zum Donnerwetter noch einmal, ist das kein Verdienst? Ich müßte direkt Kippe mit euch machen, oder wie nennt man das sonst. Ich merke es am besten an Ihnen selbst. Ihr ganzer Körper schmunzelt. Sie haben einen großen Rebbes gemacht.«

Hilgard, gekränkt: »Es ist für mich eine Selbstverständlichkeit, daß der ehrbare deutsche Kaufmann nicht der Leidtragende sein darf. Ich habe auch mit den Unternehmungen gesprochen, ich habe dafür gesprochen, daß der Schaden nicht an den Ariern hängenbleiben darf, und er bleibt rettungslos an den Ariern hängen, weil die Versicherungsgemeinschaft – nicht Versicherungsgesellschaft! – dadurch getroffen wird, indem sie erhöhte Prämien zahlen muß und verminderte Dividenden bekommt. Infolgedessen ist sie der endgültige Geschädigte. Das ist so und bleibt so. Das wird mir niemand abstreiten.«

Göring, dem die Diskussion lästig wird: »Dann sorgen Sie gefälligst dafür, daß nicht so viele Fensterscheiben eingeschmissen werden! Sie sind auch ein Teil des Volkes. Schicken Sie Ihre Vertreter hinaus. Die sollen sofort aufklären! – Wenn noch besondere Fragen auftauchen, dann sprechen Sie mit Herrn Lange. Meine Herren, wir fahren fort.«

Hilgard, der damit verabschiedet ist, grüßt würdevoll die Anwesenden und verläßt den Raum.

Woermann, der die Anliegen des Auswärtigen Amtes so gewissenhaft vertritt wie Hilgard die der Versicherungsgesellschaft, kommt sofort auf die bei dessen Ankunft in Stich gelassene Frage der Behandlung ausländischer Juden zurück: Er wünscht eine diesbezügliche Klärung in Görings Verordnung und warnt vor einer Fülle Reklamationen.

Heydrich ist wie Goebbels der Meinung, man solle die Festnahmen nicht schriftlich festlegen: »Wir brauchen die Beschlagnahme nicht in die Verordnung hineinzunehmen, sondern das würde ich stillschweigend machen.«

Göring, der nur zu gut weiß, was die NS-Freibeuter den Staat kosten, antwortet: »Nein, das können Sie nicht stillschweigend machen, sondern da muß klares Recht sein. Das trifft aber nicht, was Herr Woermann meint. Da dreht es sich um die ausländischen Juden, die nicht versichert sind. Soweit sie versichert sind, sind sie gedeckt. Es handelt sich nur um die, die nicht versichert sind. Das könnte einmal da und dort der Fall sein.«

Woermann, immer noch besorgt, wiederholt: »Dann haben wir die Fülle der Reklamationen.«

Göring: »Ich möchte vermeiden, hier zuviel auf ausländische Juden hinzuweisen.«

Woermann, starrköpfig: »Aber wenn das sowieso in § 2 drin steht, könnte es in § 1 auch drin sein. Die erste Fassung des Herrn Reichsjustizministers deckt die Sache.«

Göring, der die endlose Diskussion abbrechen will: »... Wir müssen hier, wie der Führer sagt: einen Weg finden, daß wir die Frage erst mit den Staaten zusammen besprechen, die auch gegen Juden etwas unternehmen. Das muß aufhören, daß jeder dreckige polnische Jude hier eine Rechtsstellung hat und wir ihn ertragen müssen. Der Führer war nicht glücklich über die Abmachung, die mit Polen getroffen worden ist, und ist auch der Meinung, man sollte es tatsächlich auf verschiedenes ankommen lassen, man sollte den Polen sagen: Bitte schön, das tun wir nicht, sprecht euch mit uns aus, wie wir gemeinsam vorgehen; ihr geht ja auch gegen eure Juden in Polen vor, aber sobald der Itzig draußen ist, soll er plötzlich wie ein Pole behandelt werden ...«[10]

Woermann: »Es muß abgewogen werden, ob nicht die Vereinigten Staaten Maßnahmen gegen das deutsche Eigentum ergreifen. Man kann diese Frage natürlich nicht für alle Länder gleich behandeln. Ich muß hier einen formellen allgemeinen Vorbehalt anmelden.«

Göring: »Ich habe immer gesagt und möchte dies bei dieser Gelegenheit noch einmal aussprechen: Besonders den Vereinigten Staaten gegenüber sollten unsere Schiffahrtsgesellschaften und überhaupt die deutschen Gesellschaften endlich so klug sein, ihre Investitionen abzurufen, sie zu verkaufen usw. Dieser Lumpenstaat geht uns gegenüber überhaupt mit keiner Gesetzlichkeit vor. Er hat uns schon einmal alles gestohlen, und deshalb verstehe ich nicht, wie man das nur wieder machen konnte, weil man vorübergehend einen größeren Verdienst dabei hat. Das ist ein Risiko. Das kann man bei ordentlichen Staaten, aber doch nicht bei einem Staat, wo die Rechtsseite so stumpf ist wie bei den Vereinigten Staaten. Als ich neulich den Botschafter bei mir hatte und wir über den Zeppelin sprachen, sagte ich ihm: ›Wir brauchen kein Helium, ich fahre ohne Helium, aber die Voraussetzung ist, daß dieses Schiff nach zivilisierten Staaten fährt, wo Rechtsgrundsätze herrschen. Nach solchen Räuberstaaten kann man selbstverständlich nicht fahren.‹ Da hat er dumm geguckt...«

Funk, der auf die konkreten Inlandsprobleme zurückkommen will: »Die entscheidende Frage ist: sollen die jüdischen Geschäfte wieder aufgemacht werden müssen oder nicht?«

Göring: »Das hängt davon ab, wieweit diese jüdischen Geschäfte einen verhältnismäßig großen Verkehrsumsatz haben. Wenn das der Fall ist, ist das ein Zeichen dafür, daß das deutsche Volk, obwohl es ein jüdisches Geschäft ist, einfach gezwungen ist, dort zu kaufen, weil ein Bedürfnis vorliegt. Wenn wir die gesamten jüdischen Geschäfte, die jetzt zu sind, noch vor Weihnachten schließen wollten, kämen wir in die Bredouille.«

Göring hatte schon am Anfang der Sitzung die Befürchtung ausgedrückt, es gäbe nicht genügend kompetente »arische« Kaufleute, um alle jüdischen Geschäfte zu übernehmen.

Ministerialrat Fischböck, der in der vorhergehenden Oktobersitzung heftig protestiert hatte, als Göring die österreichischen Genossen angeklagt hatte, aus der Arisierung jüdischen Eigentums »eine Versorgungsanstalt für unfähige Nationalsozialisten« zu machen, findet hier eine Gelegenheit, den deutschen Vorgesetzten zu beweisen, daß die Österreicher besser organisiert sind als sie: »Wir haben darüber in Österreich schon einen genauen Plan, Herr Generalfeldmarschall. In Wien gibt es 12 000 jüdische Handwerksbetriebe und 5 000 jüdische Einzelhandelsgeschäfte. Für diese zusammen 17 000 offenen Läden lag die endgültige Planung für alle Gewerbetreibenden schon vor dem Umbruch vor. Von den 12 000 Handwerksbetrieben sollten nahezu 10 000 endgültig gesperrt und 2 000 aufrechterhalten werden. Nach diesem Plan würden also 3 000 bis 3 500 von den im ganzen 17 000 Geschäften offenbleiben, alle übrigen geschlossen werden. Das ist aufgrund von Untersuchungen für jede einzelne Branche nach den örtlichen Bedürfnissen abgestimmt, mit allen zuständigen Stellen erledigt und kann morgen hinausgehen, sobald wir das Gesetz bekommen, das wir im September erbeten haben, das uns ermächtigen soll, ganz allgemein ohne Zusammenhang mit der Judenfrage Gewerbeberechtigungen zu entziehen. Das wäre ein ganz kurzes Gesetz.«

Göring: »Die Verordnung werde ich heute machen.«

Daraufhin erklärt Fischböck, daß diese Verordnung das spurlose Verschwinden aller jüdischen Geschäfte in Österreich bis Ende 1938 ermöglichen wird.

Göring: »Das wäre hervorragend! . . . Ich muß sagen: der Vorschlag ist wunderbar. Dann würde in Wien, einer der Hauptjudenstädte sozusagen, bis Weihnachten oder Ende des Jahres diese ganze Geschichte wirklich ausgeräumt sein.«

Funk und Schmer, die den Österreichern in nichts nachstehen wollen, erklären, sie haben auch eine Verordnung vorbereitet, daß Juden vom 1. Januar 1939 an der Betrieb von Einzelhandelsverkaufsstellen und Versandgeschäften sowie der selbständige Betrieb eines Handwerks untersagt ist. Laut dieser Verordnung kann ein Jude vom 1. Januar 1939 an nicht mehr Betriebsführer im Sinne des Gesetzes zur Ordnung der nationalen Arbeit vom 20. Januar 1934 sein. Wenn ein Jude in leitender Stellung in einem Wirtschaftsunternehmen tätig ist, ohne Betriebsführer zu sein, kann ihm mit einer Frist von sechs Wochen gekündigt werden. Nach Ablauf der Kündigungsfrist sind alle Ansprüche des Dienstverpflichteten verloschen. Auch jüdische Mitglieder von Genossenschaften müssen bis 31. Dezember 1938 ausscheiden.

Göring, befriedigt: »Ich glaube, daß wir diese Verordnung unterschreiben können . . . (Zurufe: Jawohl!) Mir scheint das einfach hervorragend vorbereitet zu sein.«

Schmer: »... wir sind bisher mit der Arisierung ganz gut hingekommen. Für die wenigen Geschäfte, an denen wir Interesse haben, daß sie weitergeführt werden, finden wir ohne weiteres Käufer. Die übrigen Räume werden ohne weiteres vermietet. Dafür ist gerade in Berlin großer Bedarf.«

Göring: »Aber, lieber Freund, da kriegt ja der Jude den vollen Betrag!«

Schmer: »Er bekommt den Betrag, der weit unter dem Wert liegt, und die Arisierung muß wie bisher genehmigt werden.«

Göring, auf seinem Einwand bestehend: »Der Jude bekommt den Betrag und kommt nicht ins Schuldbuch hinein.«

Schmer, ungeduldig: »Nein, das können wir später laufen lassen. Er kann das Geld auch nicht fressen. Die Summe liegt ja fest, und der Jude ist laut Verordnung verpflichtet, jede Änderung in seinem Vermögensbestand anzumelden, so daß das laufend registriert wird. Das läuft uns nicht davon, sondern das haben wir im Reich. Sie brauchen nur eine Verordnung zu erlassen oder dem Wirtschaftsminister die Befugnis des § 7 zu übertragen[11], um die Beschlagnahme des jüdischen Vermögens zu ermöglichen. Weglaufen kann es uns nicht.«

Göring, der noch nicht überzeugt ist: »Herr Schmer, ist nicht folgendes möglich? Hier wird einer arisiert, bekommt 300 000 Mark in die Hand. Er rennt damit um die Ecke in einen Juwelierladen herein und kauft einen Schmuck nach dem anderen auf, um am gleichen Tag noch über die Grenze zu gehen?«

Schmer, kaltblütig: »Dann muß er diese Vermögensveränderung anmelden.«

Göring, außer sich: »Wenn er aber ausrücken will!«

Fischböck, glücklich, noch einmal den praktischen Sinn der Österreicher beweisen zu können: »Die Genehmigung zur Arisierung wird nicht erteilt, wenn der Kaufpreis ausgezahlt wird. Bei uns wird es so gemacht: Es wird nur noch unter der Bedingung genehmigt, daß entweder der

Kaufpreis in langfristigen Raten zu bezahlen ist, wenn der Käufer nicht bar bezahlen kann, oder, sofern Barzahlung erfolgt, daß der Betrag vorläufig auf Sperrkonto gelegt wird.«

Göring, wieder beruhigt: »Das können wir auch machen.«

Schmer, zustimmend: »Wir können in der Durchführungsverordnung sagen, daß die Zahlung von einer bestimmten Höhe an in Reichsanleihe oder sonst etwas zu erfolgen hat. Das wäre nur ein Erlaß an die Genehmigungsbehörden. Die österreichische Regelung bleibt bestehen!«

Göring: »Da tritt keine Änderung ein.«

Fischböck: »Nur, daß alles geschlossen werden kann . . . Was uns außerordentlich beschäftigt, sind die jüdischen Mietzinshäuser, die von dem gesamten jüdischen Vermögen einen erheblichen Bruchteil ausmachen. Während erstaunlicherweise das jüdische Volksvermögen in Österreich nach der Anmeldung bloß 320 Millionen Mark ausmacht, betragen die Zinshäuser allein 500 Millionen. Wir würden großen Wert darauf legen, daß nunmehr die Bestimmung über die Anforderungsmöglichkeit von jüdischem Vermögen auch auf die Zinshäuser ausgedehnt wird, so daß wir in die Lage versetzt werden, diese Häuser in eine Treuhandgesellschaft hineinzubringen und dann dem Juden Reichsschuldbuchforderungen auszuhändigen . . .«

Damit ist die Habgier der österreichischen Parteigenossen noch nicht gestillt, denn Fischböck erklärt weiter: »Bisher ist die Frage der Wertpapiere offen geblieben. Bei uns ist ein sehr großer Teil des jüdischen Vermögens und zwar 266 Millionen Reichsmark in Wertpapieren aller Art, Aktien aber auch festverzinslichen Wertpapieren angelegt. Eine Gefahr für den Markt ist meiner Ansicht nach deshalb nicht gegeben, weil die Papiere in eine Hand kommen, die vom Reichswirtschaftsministerium kontrolliert werden kann. Bezahlt wird mit Reichsschuldbuchforderungen. Infolgedessen tritt eine Belastung der Reichsfinanzen nicht ein; denn der Reichsfinanzminister zahlt für die Reichsschuldbuchforderungen bloß 3 %.«

Funk, dem allmählich der Österreicher auf die Nerven geht, fragt: »Warum dürfen Juden keine Wertpapiere mehr behalten?«

Göring: »Damit wäre der Jude beteiligt.«

Funk: »Das ist ganz neu.«

Göring: »Nein, ich habe vorhin ganz klar gesagt: Aktien und Anteile.«

Funk: Aktien ja, aber Schuldverschreibungen des Reiches nicht.«

Fischböck, rechthaberisch: »Es ist doch besser, wenn man dem Juden 3 % bezahlt statt 4,5 %. Die Möglichkeit einer Kontrolle des jüdischen Vermögens ist ganz aus in dem Augenblick, wo wir ihm die Wertpapiere lassen.«

Göring, barsch: »Meine Herren, keine Diskussion, ganz ausgeschlossen, daß er die Wertpapiere behält. Die muß er weggeben.«

Zu Fischböck gewandt, der alsbald einen Ankaufplan der Wertpapiere vorschlägt, meint der Reichswirtschaftsminister höhnisch: »Da wird das Reich Besitzer von ½ Milliarde Wertpapiere.«

Göring, höchst erfreut über diese Perspektive: »Ja, ja.«

Goebbels: »Die kann er nach Bedarf abstoßen.«

Fischböck: »Es ist ja ein Gewinngeschäft«.

Zum zweiten Mal seit dem Anfang der Sitzung unterbricht der undurchschaubare Graf Schwerin von Krosigk hochmütig die Diskussion.

Schwerin von Krosigk: »Ich überlege mir erstens, ob es ein Gewinn ist. Das will ich einmal zugestehen. Aber zweitens kommt ein ganz neues Geschäft hinzu. Ich kann mir durchaus vorstellen, was Herr Minister Fischböck sagt. Hinsichtlich der sonstigen festverzinslichen Werte ist es eine ganz neue Idee, daß man auch hier den Juden, den man als Rentenbesitzer lassen wollte, nun zwangsweise enteignet.«

Fischböck verteidigt seinen Vorschlag: »Es ist deshalb sehr wichtig, weil die ganze Aktion keinen Erfolg hat, wenn die Juden im Besitz von Werten bleiben, die sie rasch realisieren können und mit denen sie sonst etwas anderes machen können.«

Göring: »Das ist es. Wir wollen den Juden die Möglichkeit nehmen, gegen uns wieder irgendwie versteckt zu manipulieren.«

Fischböck, durch seinen Erfolg ermutigt, will nun auch den Juden ihre Juwelen abnehmen und ihnen lediglich Reichsanleihen lassen.

Heydrich will noch weiter gehen: »Kann man nicht auf dem Umweg grundsätzlich verordnen, daß der Jude das, was er an Geld besitzt, nicht in bestimmten Werten anlegen darf, z. B. Kunstgegenständen?«

Göring: »Die Regelung mit den Schuldbucheintragungen ist viel einfacher. Die sind nicht übertragbar. Damit kann er nichts anfangen, und mit den 3,5 % kann er nicht viel machen.«

Heydrich, auf seinem Vorschlag beharrend: »Man muß auch die Ablieferung der in jüdischem Besitz befindlichen Dinge regeln.«

Göring: »Was er jetzt hat. Das soll jetzt kommen.«

Schmer: »Im § 7 der Verordnung ist die Vollmacht enthalten, daß der Vierjahresplan den Einsatz des jüdischen Vermögens für die deutsche Volkswirtschaft regelt.«

Zur praktischen Ausführung der besprochenen Maßnahmen schlägt Göring die Bildung einer Kommission vor. Reichsinnenminister Wilhelm Frick, der bis dahin geschwiegen hat, trägt den Wunsch vor, ihr anzugehören. Doch Göring will, daß sie sich aus so wenig Personen wie möglich zusammensetzt.

Gauleiter Bürckel, der sich nun auch für das Sudetenland meldet: »Wird auch der Plan der Arisierung besprochen?«

Göring weist ihn wie einen unaufmerksamen Schüler zurecht: »Herr Fischböck bringt diesen Plan vor. Darum dreht sich die Geschichte. Sie haben doch hoffentlich immer zugehört, damit Sie genau wissen, was für den Sudetengau gilt!«

Sich an alle Anwesenden richtend, fährt er fort: »Nun, ich bin natürlich auch der Meinung, man müßte diese wirtschaftlichen Sachen untermauern mit einer Anzahl von polizeilichen Aktionen, propagandistischen Aktionen, Kulturaktionen, damit jetzt alles herauskommt und das Judentum in dieser Woche zack-zack eins nach dem anderen um die Ohren bekommt.«

Heydrich fühlt sich durch diese Worte beflügelt: »Bei allem Herausnehmen des Juden aus dem Wirtschaftsleben bleibt das Grundproblem letzten Endes doch immer, daß der Jude aus Deutschland herauskommt. Darf ich dazu einige Vorschläge machen? Wir haben in Wien auf Weisung des Reichskommissars eine Judenauswanderungszentrale eingerichtet, durch die wir in Österreich immerhin 50 000 Juden herausgebracht haben, während im Altreich in der gleichen Zeit nur 19 000 Juden herausgebracht werden konnten, und zwar ist uns das durch Zusammenarbeit mit dem zuständigen Wirtschaftsministerium und den ausländischen Hilfsorganisationen gelungen.«

Göring, gereizt: »Vor allen Dingen habt ihr mit den örtlichen Führern der grünen Grenze zusammengearbeitet. Das ist die Hauptsache.«

Heydrich: »Das waren die geringsten Zahlen, Herr Generalfeldmarschall. Es sind illegal . . .«

Göring, ihn schroff unterbrechend: »Die Geschichte hat in der ganzen Weltpresse gestanden. Die Juden wurden die erste Nacht nach der Tschechei ausgewiesen. Am nächsten Morgen haben sie die Tschechen gepackt und nach Ungarn abgeschoben. Von Ungarn ging es zurück nach Deutschland und zur Tschechei. Sie fuhren so herum und so herum. Schließlich landeten sie auf einem alten Prahm der Donau. Da hausten sie, und wo sie auch an Land gingen, wurden sie zurückgewiesen.«

Heydrich, verärgert: »Das war diese Meldung. Es handelte sich um keine hundert Juden.«

Göring, hartnäckig: »Es war doch 14 Tage lang praktisch so, daß immer um Mitternacht eine Anzahl Juden auswärts gewandert sind. Das war im Burgenland.«

Heydrich, der nicht nachgibt: »Durch legale Maßnahmen sind zum mindesten 45 000 Juden herausgebracht worden.«

Göring: »Wie war das möglich?«

Heydrich: »Wir haben das in der Form gemacht, daß wir den reichen Juden, die auswandern wollten, bei der jüdischen Kultusgemeinde eine gewisse Summe abgefordert haben. Mit dieser Summe und Devisenbezahlungen konnte dann eine Anzahl der armen Juden herausgebracht werden. Das Problem war ja nicht, den reichen Juden herauszukriegen, sondern den jüdischen Mob.«

Göring: »Aber Kinder, habt ihr euch das einmal überlegt? Es nützt doch auch nichts, daß wir vom jüdischen Mob Hunderttausende herauskriegen. Habt ihr euch überlegt, ob dieser Weg nicht letzten Endes so viele Devisen kostet, daß er auf die Dauer nicht gangbar ist?«

Heydrich: »Nur die Devisen, die jeder Jude bekommen hat.«[12]

Göring: »Einverstanden.«

Heydrich: »Auf diese Weise: Darf ich vorschlagen, daß wir eine ähnliche Zentrale im Reich unter Beteiligung der zuständigen Reichsbehörden einrichten und daß wir aufgrund dieser Erfahrungen unter Abstellung der mit Recht von Herrn Generalfeldmarschall kritisierten Fehler eine Lösung für das Reich finden?«

Göring: »Einverstanden.«

Heydrich: »Das zweite, um die Juden herauszubekommen, müßte eine Auswanderungsaktion für das Judentum im übrigen Reich sein, die sich auf mindestens 8 bis 10 Jahre erstreckt. Wir kriegen im Jahr nicht mehr als höchstens 8 000 − 10 000 Juden heraus. Es bleibt also eine Unzahl Juden drin. Durch die Arisierung und die sonstigen Beschränkungen wird natürlich das Judentum arbeitslos. Wir erleben eine Verproletarisierung des zurückbleibenden Judentums. Ich muß also in Deutschland solche Maßnahmen treffen, daß sie auf der einen Seite den Juden isolieren, damit er nicht in den normalen Lebenskreis des Deutschen eintritt.[13] Ich muß aber auf der anderen Seite

Möglichkeiten schaffen, die den Juden auf einen engsten Kundenkreis beschränken, aber eine bestimmte Betätigung zulassen in der Rechtsanwaltsfrage, Arztfrage, Friseurfrage usw. Diese Frage müßte auch geprüft werden. Für die Isolierung möchte ich rein polizeilich einige Vorschläge kurz unterbreiten, die auch wegen ihres psychologischen Einflusses auf die öffentliche Meinung von Wert sind, z. B. die persönliche Kennzeichnung der Juden, indem man sagt: Jeder Jude im Sinne der Nürnberger Gesetze muß ein bestimmtes Abzeichen tragen. Das ist eine Möglichkeit, die viele anderen Dinge erleichtert..., die uns auch das Verhältnis zum ausländischen Juden erleichtert.«

Göring, begeistert: »Eine Uniform!«

Heydrich, nüchtern: »Ein Abzeichen. Dadurch könnte man auch die Schäden abstellen, die dadurch entstehen, daß die ausländischen Juden, die sich in ihrem Äußeren nicht von inländischen Juden unterscheiden, in Mitleidenschaft gezogen werden.«

Göring: »Aber lieber Heydrich, sie werden nicht darum herumkommen in ganz großem Maßstab in den Städten zu Ghettos zu kommen. Die müssen geschaffen werden.«

Heydrich: »Ich darf gleich zur Frage des Ghettos Stellung nehmen. Das Ghetto in der Form vollkommen abgeschlossener Stadtteile, wo nur Juden sind, halte ich polizeilich nicht für durchführbar. Das Ghetto, wo der Jude sich mit dem gesamten Judenvolk versammelt, ist in polizeilicher Hinsicht unüberwachbar. Es bleibt der ewige Schlupfwinkel für Verbrechen und vor allen Dingen von Seuchen und ähnlichen Dingen. Heute ist es so, daß die deutsche Bevölkerung — wir wollen die Juden auch nicht in demselben Haus lassen — in den Straßenzügen oder in den Häusern den Juden zwingen, sich zusammenzunehmen. Die Kontrolle des Juden durch das wachsame Auge der gesamten Bevölkerung ist besser, als wenn Sie die Juden zu Tausenden und Abertausenden in einem Stadtteil haben, wo ich durch uniformierte Beamte eine Überwachung des täglichen Lebenslaufes nicht herbeiführen kann.«

Göring: Wir brauchen nur das Telefonieren nach auswärts zu unterbinden.«

Heydrich: »Ich könnte den Verkehr des Judentums aus diesem Stadtteil heraus doch nicht ganz unterbinden.«

Göring: »Und in wirklich eigenen Städten?«

Heydrich: »Wenn ich sie in vollkommen eigene Städte tue, jawohl. Dann bildet diese Stadt aber ein solches Zentrum für Verbrechergesindel, daß sie die größte Gefahr darstellt. Ich würde andere Wege gehen. Ich würde Sperrgebiete für das Judentum einrichten und würde sagen: in München das Regierungsviertel und das Gebiet . . .«

Göring: »Halt! Mir kommt es weniger darauf an, daß die Juden nicht irgendwo auftauchen, wo ich sie nicht haben will, sondern mir kommt es mehr auf folgendes an. Wenn der Jude jetzt nicht mehr in der Arbeit drin ist, wird er bescheiden leben müssen. Von den 3,5 % wird er keine großen Sprünge machen können, mit Speisehäusern usw. Er wird mehr arbeiten müssen. Das wird eine Zusammenfassung des Juden ergeben, die vielleicht doch von vornherein irgendwie die Kontrolle erleichtert. Man weiß: in diesem Haus wohnen nur Juden. Wir müssen auch die jüdischen Metzger, Friseure, Lebensmittelhändler usw. in jüdischen Straßenzügen zusammenbringen. Es ist allerdings die Frage, ob wir das noch dulden wollen. Wenn nicht, dann muß der Jude beim Arier kaufen.«

Heydrich: »Nein. Ich würde sagen, daß man es für die kleinen Dinge des täglichen Lebens ausschaltet, daß der Deutsche den Juden bedient.«

Göring: »Einen Moment! Verhungern lassen können sie ihn nicht. Jetzt kommt aber folgende Schwierigkeit: Wenn Sie sagen, daß der Jude soundsoviele Geschäfte des Einzelhandels bedienen kann, dann sind wieder welche im Geschäft drin, und die nächste Erweiterung ist: er muß sich beim Engrosladen eindecken.«

Schmer: »In einer Kleinstadt ist das gar nicht durchführbar.«

Göring: »Das wäre nur durchführbar, wenn Sie von vornherein ganze Stadtteile bzw. ganze Städte für den Juden reservieren. Sonst müssen Sie zulassen, daß nur Deutsche im Geschäftsverkehr bleiben und der Jude dort kaufen muß. Sie können keine jüdische Barbierstube einrichten. Der Jude muß doch Lebensmittel, muß Strümpfe kaufen können.«

Heydrich: »Es muß entschieden werden, ob man das will oder nicht.«

Göring: »Ich möchte das gleich heute entscheiden. Wir können hier nicht noch einmal eine Art Unterteilung vornehmen. – Das geht nicht – daß wir sagen: soundsoviel Geschäfte bleiben für den Juden bestehen; denn dann hört sofort die Kontrolle wieder auf, weil diese Geschäfte wieder Engrosgeschäfte brauchen usw. Ich möchte sagen: Alles, was Geschäft ist, soll arisches Geschäft sein, wo der Jude kaufen kann. Man kann höchstens einen Schritt weitergehen und sagen: Voraussichtlich werden die und die Geschäfte in der Hauptsache von den Juden aufgesucht werden. Man könnte gewisse Barbierstuben durch Juden einrichten. Man könnte gewisse Konzessionen in der Richtung geben, einen Beruf in gewissen Straßenzügen für bestimmte Aufgaben auszuüben. Läden aber nicht.«

Heydrich: »Wie wäre es im Ghetto? Müßte da der Jude in den arischen Teil zum Einkauf gehen?«

Göring: »Nein. Da würde ich sagen: Es gibt genug deutsche Geschäftsleute, die sich mit Wonnegrunzen in das Ghetto hereinsetzen, weil sie da ein Geschäft machen. Ich würde nicht mehr von dem Grundsatz abweichen, daß der Jude in der Wirtschaft nichts mehr zu suchen hat.«

Heydrich, vorsichtig: »Das möchte ich nicht entscheiden. Dann einige Dinge, die auch psychologisch wichtig sind.«

Göring, der seinem Gedanken nachgeht: »Wenn wir überhaupt einmal ein Ghetto haben, könnten wir feststellen, was für Geschäfte da herein müssen, und dann kann man sagen: Du, Jude soundso, bekommst jetzt mit dem und dem zusammen die Konzession für die Anlieferung. Dann wird eine deutsche Engrosfirma beauftragt, für dieses jüdische Geschäft zu liefern. Dieses Geschäft ist dann nicht ein Einzelgeschäft, sondern eine Konsumwirtschaft, ein Konsumverein für die Juden.«

Heydrich: »Diese ganzen Maßnahmen werden praktisch organisch zu einem Ghetto führen. Ich muß sagen: man soll heute nicht ein Ghetto bauen wollen. Aber durch diese Maßnahmen werden die Juden automatisch in ein Ghetto gedrängt in der Form, wie das angedeutet wurde.«

Wirtschaftsminister Funk: »Der Jude muß ganz eng zusammenrücken. Was sind 3 Millionen Mark? Da muß der einzelne für den anderen einstehen. Der einzelne verhungert.«

Göring: »Jetzt kommt das, was Minister Goebbels vorhin sagte. Es kommt das Zwangsvermieten. Jetzt kommen die jüdischen Mietsparteien zusammen.«

Heydrich, verärgert, daß man ihn seine Ausführungen nicht beenden läßt: »Als Maßnahme würde ich weiter vorschlagen, daß man alle persönlichen Berechtigungen wie Zulassungsscheine und Führerscheine den Juden entzieht, daß der Jude nicht Eigentümer von Kraftwagen sein darf, daß er aber auch nicht fahren darf, weil er damit deutsches Leben gefährden kann, daß man ihn weiterhin in seiner Freizügigkeit durch Aufenthaltsverbote beschränkt. Ich würde sagen: der Königliche Platz in München, die Reichsweihestätte, darf in einem bestimmten Umkreis von Juden nicht mehr betreten werden. Dasselbe bei kulturellen Einrichtungen, Grenzzäunen, Festungswerken. Des weiteren, was Minister Dr. Goebbels vorhin sagte: Ausschließung der Juden von öffentlichen Theatern, Kinos usw. Zum Kurbetrieb darf ich folgendes sagen: Der Kurbetrieb in der Heilstätte ist an sich eine Zusatzangelegenheit der Körpergesundung, die nicht unbedingt für den einzelnen Menschen notwendig ist. Viele Millionen deutscher Volksgenossen sind nicht in der Lage, ihren Gesundheitszustand durch einen Besuch eines Heilbades zu verbessern. Ich sehe nicht ein, warum der Jude überhaupt in Bäder gehen soll.«

Göring: »In Heilbäder, nein.«

Heydrich: »Dann würde ich dasselbe für Krankenhäuser vorschlagen. Ein Jude kann nicht im Krankenhaus mit arischen Volksgenossen zusammenliegen.«

Göring: »Aber das muß allmählich gemacht werden.«

Heydrich: »Dasselbe mit den öffentlichen Verkehrsmitteln.«

Göring: »Gibt es nicht jüdische Sanatorien und jüdische Krankenhäuser? (Zurufe: »Jawohl.«) Das muß alles durchgefiedelt werden. Diese Dinge müssen hintereinander weg herauskommen.«

Heydrich: »Ich wollte bloß grundsätzlich das Einverständnis erbitten, daß wir diese Dinge einleiten dürfen.«

Göring: »Noch eine Frage, meine Herren: Wie beurteilen Sie die Lage, wenn ich heute verkünde, daß dem Judentum als Strafe diese 1 Milliarde als Kontribution auferlegt wird?«[14]

Gauleiter Bürckel: »Die Wiener werden sehr damit einverstanden sein.«

Goebbels, mißtrauisch: »Ich meine, ob die Juden die Möglichkeit haben, sich zu entziehen, etwas auf Seite zu schaffen.«

Brinkmann, fachmännisch: »Dann machen sie sich schon strafbar.«

Finanzminister Schwerin von Krosigk, der sich nun herabläßt, den österreichischen Kollegen anzusprechen: »Herr Fischböck, eine Frage: Kann man die Kontribution ausschreiben, ohne gleichzeitig ein Verbot der Versilberung herausgehen zu lassen? Es ist naturgemäß die Gefahr gegeben, daß sie ihre Anleihen auf den Markt schmeißen.«

Funk, beleidigt, übergangen zu werden: »Das ist alles angemeldet. Das Geld müssen sie auch angeben.«

Schwerin von Krosigk, der nichts dem Zufall überlassen will: »Aber sie können vorläufig darüber verfügen.«

Göring, sarkastisch: »Es nützt ihnen nichts, wenn sie das versilbern. Das Geld können sie nicht weggeben.«

Funk, der nicht außer Spiel gelassen werden will: »Wenn sie ihre Effekten verkaufen, haben sie den Schaden.«

Fischböck: »Die Gefahr hat schon etwas für sich. Aber ich glaube nicht, daß sie sehr groß ist. Das setzt allerdings voraus, daß man tatsächlich die anderen Maßnahmen im Laufe der nächsten Woche trifft.«

Schwerin von Krosigk, der seiner Sache sicher sein will: »Spätestens im Laufe der nächsten Woche müssen sie getroffen sein.«

Göring: »Das würde ich als Bedingung setzen.«

Fischböck: »Es ist vielleicht gut, wenn wir uns selbst auf die Weise unter Druck setzen.«

Göring, sich die Hände reibend: »Ich werde den Wortlaut wählen, daß die deutschen Juden in ihrer Gesamtheit als Strafe für die ruchlosen Verbrechen usw. usw. eine Kontribution von 1 Milliarde auferlegt bekommen. Das wird hinhauen. Die Schweine werden einen zweiten Mord so schnell nicht machen. Im übrigen muß ich noch einmal feststellen: ich möchte kein Jude in Deutschland sein.«

Schwerin von Krosigk, der nun gesprächig wird und ein gewisses Niveau der Diskussion wünscht: »Deswegen möchte ich erst einmal das stark unterstreichen, was Herr Heydrich zu Anfang gesagt hat: Wir müssen alles versuchen im Wege eines zusätzlichen Exportes, die Juden herauszubringen ins Ausland. Das muß doch immer das entscheidende sein, daß wir nicht das ganze Gesellschaftsproletariat hier behalten. Es wird immer eine Last sein, sie zu behandeln, die fürchterlich ist.

Innenminister Funk: »Und eine Gefahr«.

Schwerin von Krosigk: Ich stelle mir den Zwang zum Ghetto auch nicht gerade als angenehme Aussicht vor. Die Aussicht, zum Ghetto kommen zu müssen, ist auch keine angenehme. Infolgedessen muß das Ziel sein, was Heydrich gesagt hat: Heraus, was herausgebracht werden kann!«

Göring, drohend: »Das zweite ist folgendes. Wenn das Deutsche Reich in irgendeiner absehbaren Zeit in außenpolitischen Konflikt kommt, so ist es selbstverständlich, daß auch wir in Deutschland in allererster Linie daran denken werden, eine große Abrechnung an den Juden zu vollziehen. Darüber hinaus wird der Führer jetzt endlich einen außenpolitischen Vorstoß machen zunächst bei den Mächten, die die Judenfrage aufgeworfen haben, um dann tatsächlich zur Lösung der Madagaskar-Frage zu kommen.[15] Das hat er mir am 9. November auseinandergesetzt. Es geht nicht mehr anders. Er will auch den anderen Staaten sagen: Was redet ihr immer von den Juden? – Nehmt sie! Dann kann man noch einen Vorschlag machen: Die reichen Juden können in Nordamerika, Kanada oder sonstwo ein großes Territorium für ihre Glaubensgenossen kaufen. Ich möchte noch einmal zusammenfassen. Der Wirtschaftsminister wird die Kommission leiten und wird alle Maßnahmen, die in dieser Richtung liegen, in wenigen Tagen in irgendeiner Form treffen.«[16]

Reichsbankdirektor Blessing: »Ich habe Bedenken, daß die Juden in den nächsten Tagen ab Montag für Hunderttausende Reichsanleihe verkaufen, um sich Mittel zu beschaffen. Da wir den Kurs der Reichsanleihe halten im Hinblick darauf, daß wir weiter Reichsanleihe begeben wollen, müßte das Anleihekonsortium bzw. der Reichsfinanzminister diese Reichsanleihe aufnehmen.«

Göring: »In welcher Form kann der Jude seine Reichsanleihe auf den Markt bringen? (Zuruf: »Verkaufen!«) An wen? (Zuruf: »An der Börse. Er gibt Auftrag an eine Bank.«) Dann sperre ich den Verkauf der Reichsanleihe für drei Tage.«

Blessing: »Das müßte durch eine Verordnung geschehen.«

Göring: »Ich sehe nur keinen Vorteil für den Juden darin. Er weiß auch nicht, wieviel er selbst zu zahlen hat. Ich glaube im Gegenteil: er wird sich zunächst nicht rühren.«

Goebbels: »Im Augenblick ist er klein und häßlich und bleibt zu Hause.«

Göring: »Ich würde keine Logik darin sehen. Sonst muß man das tun. Weshalb ich die Veröffentlichung rasch haben will: wir haben zwar momentan Ruhe, aber wer garantiert mir dafür, daß am Sonnabend/Sonntag nicht eine neue Sache kommt. Ich will ein für allemal jede Sonderaktion endgültig beseitigen. Das Reich hat die Sache in die Hand genommen. Der Jude kann nur Sachen verkaufen. Den Schaden hat er so und so. Er weiß auch nicht, in welcher Höhe er drankommt. Der einzelne Jude wird jetzt zunächst nicht daran denken, etwas auf den Markt zu werfen, sondern jetzt wird ein Geschnattere kommen, dann wird der Sturmlauf bei uns losgehen usw. Dann werden sie sich erst mal alle die großen Arier aussuchen, von denen sie glauben, daß sie mit ihnen Glück haben, die sogenannten Reichsbriefkästen verschiedener Ordnung, wo sie ihre Beschwerden ablagern. Dann werden sie auf mich losstürmen. Da vergeht schon eine ganze Menge Zeit, bis die Sache so weit ist. Ebenfalls muß das Innenministerium mit seiner Polizei überlegen, welche Maßnahmen nun ins Auge zu fassen sind.«

Mehr als dreieinhalb Stunden sind seit Anfang der Sitzung vergangen: Es ist 14.40 Uhr. Die anfängliche feierliche Stille ist allmählich gewichen, da jeder einen Einfall oder ein Argument an den Mann bringen will. Sichtlich erschöpft, aber befriedigt, weil er Ordnung geschaffen hat, wischt sich der behäbige Generalfeldmarschall den Schweiß von der Stirn und wendet sich lächelnd an die Sitzungsteilnehmer: »Dann danke ich Ihnen.«

Damit ist die Sitzung beendet. Streicher und seine Handlanger hatten recht gehabt, als sie der Auffassung waren, daß sie nach dem Pogrom »in der Judenfrage vor einer vollkommen neuen Sachlage« stünden. Sie hatten aber irrtümlich geglaubt, die Stunde der Freibeuter habe nun geschlagen, während der Staat, d. h. die Partei und deren oberste Führung, allein die Regeln der Hetzjagd und die Aufteilung der Beute zu bestimmen hatte.

Konzentrationslager

Während die oberste Führung Mittel und Wege bespricht, um die Juden ihrer letzten Habe zu berauben, werden etwa 26 000 Männer von sechzehn bis in manchen Fällen sogar achtzig Jahren laut Anweisungen von Gestapochef Müller und Heydrich in Konzentrationslager eingeliefert.

In den auf den 10. November folgenden Tagen transportiert man sie in Lastwagen oder Zügen von den verschiedenen Städten Deutschlands und Österreichs, wo sie versammelt worden sind, in die Konzentrationslager: 10 911 Juden aus Süddeutschland und Österreich werden nach Dachau, 9 845 aus Mitteldeutschland nach Buchenwald und ca. 6 000 aus Preußen und der Nordseeküste nach Sachsenhausen gebracht.[1]

Zu diesem Zeitpunkt sind weder Dachau und Sachsenhausen, die zu Beginn des Dritten Reichs errichtet worden sind, noch Buchenwald, das seit 1937 auf dem Ettersberg bei Weimar die Häftlinge Mitteldeutschlands aufnimmt, die riesigen »Mordbetriebe«, die einige Jahre später u. a. in Chelmo (Kulm), Treblinka, Majdanek, Auschwitz entstehen. Sie sind dafür bestimmt, Gegner des Nationalsozialismus, d. h. Juden und ›Asoziale‹ »kleinzukriegen«. Zugleich sind sie aber auch der Prüfstein des Systems und regelrechte Ausbildungsstätten für Berufsfolterknechte.

In Dachau[2], dem ältesten KZ in der idyllischen Umgebung Münchens, müssen die jüdischen Häftlinge bei ihrer Ankunft durch ein Spalier von hundert behelmten SS-Männern unter blendendem Scheinwerferlicht gehen. Manche fallen erschöpft zu Boden. Ein Rabbiner, der sich unter den Ankömmlingen befindet, sagt die Sterbegebete. Acht Stunden lang müssen die Inhaftierten der »Judenaktion«, unter denen entgegen den Anweisungen Jungen unter siebzehn und Männer über siebzig Jahre sind, ohne etwas zu essen zu bekommen, in Reih und Glied stehenbleiben, bis die Registrierungsformalitäten erledigt sind.

Dann werden ihnen die Haare geschoren, und die sogenannten »Aktionsjuden« oder »Novemberjuden« müssen unter die abwechselnd heiße und eiskalte Dusche gehen. Erste Äußerungen des Sadismus der SS, die mit Ausnahme ihres Kommandanten nicht über 22 Jahre alt sind: Während sie den Häftlingen Fragen stellen, richten sie den Strahl eiskalten Wassers auf deren Mund, sobald sie ihn öffnen, um zu antworten. Bei der Verteilung der gestreiften Häftlingsanzüge suchen sie mit Vorliebe zu enge für die Beleibten aus.

Zu drei- bis vierhundert in den Baracken zusammengepfercht, ungeachtet ihres Alters und Gesundheitszustandes, müssen sie um halb fünf Uhr morgens aufstehen. Um sich zu waschen und vor den Latrinen Schlange zu stehen, haben sie vor dem ersten Appell nur eine halbe Stunde Zeit. Der zweite Appell findet abends statt. Das Frühstück besteht aus Zichorienbrühe und Schwarzbrot. Als Mittagessen gibt es Gemüse und einige Fleischhappen, Reis oder Paprika, als Abendessen Suppe mit Roggenbrot, etwas Wurst oder Käse, manchmal Kräutertee anstelle der Suppe. Die »Novemberjuden« tragen als Erkennungszeichen einen Davidstern, dessen unteres Dreieck gelb, das obere rot ist (Zeichen der »politischen Häftlinge«), während die anderen Juden, die meistens anläßlich der Razzien im Sommer 1938 festgenommen wurden, den Davidstern mit oberem schwarzen (Zeichen der »Asozialen«) und unterem gelben Dreieck tragen. Den ganzen Morgen müssen sie marschieren und exerzieren. Nach dem Mittagessen geht es bis 17 Uhr weiter. Als ein siebzigjähriger jüdischer Arzt den Lagerarzt aufsucht und um Hilfe bittet, fährt ihn dieser brutal an: »Was willst du alter Saujude?«

Der verblüffte alte Mann will seinen Fall erklären. Anstatt ihn zu untersuchen, befiehlt ihm der »Kollege«, sich umzudrehen, und gibt ihm einen kräftigen Fußtritt: »Du altes Schwein, du bist nur zu faul!«

Allen widerfährt die gleiche »Behandlung«, auch exponierten Persönlichkeiten des öffentlichen Lebens wie dem Münchner Bankier Aufhäuser, dessen Bruder die englische

Staatsbürgerschaft erworben hat und Generalkonsul von Schweden in München ist, oder wie dem zum Katholizismus konvertierten Baron Hirsch, der dem Brand seines Schlosses Planegg und der Zerstörung seiner auf eine Million RM geschätzten Porzellankollektion, die er einem deutschen Museum vermachen wollte, zusehen muß.

Unter den Sadisten steht an erster Stelle der stellvertretende Leiter des Lagers, der auf den zu Boden geworfenen Häftlingen herumtrampelt und sie danach mit Ochsenriemen auspeitschen läßt.

Das KZ Sachsenhausen[3] steht, was die Brutalität anbetrifft, Dachau nicht nach. Es ist ein trostloser Fleck in der Mark Brandenburg, etwa 30 Kilometer von Berlin entfernt.

»Stacheldraht − Stacheldraht lang und hoch, lückenlos ... endlos ... trostlos.[4] Scheinwerfer, Maschinengewehrtürme, Mauern, Draht. Dann ein Tor: dann Stoßen, Schreien, Stöhnen, Schläge, fallende Menschen.« −

»Hierher! Wollt ihr laufen, ihr Judenlümmel, faules Gesindel, schneller − hierher! − Halt, stehen bleiben, Pack verfluchtes elendes! Euch werden wir es zeigen! − Halt dein Maul da, drekkiger Synagogenhengst, sonst knall ich dir in deine Gebetsvisage! Laßt mir ja den Stinkjuden liegen da, keiner rührt sich, sage ich euch! Ist nicht weiter schade drum, wenn einer von euch Schweinen gleich verreckt. Ihr kommt ja doch alle dran! Immer abwarten. Wir haben für jeden was ausgedacht. Keine Angst, geschossen wird nicht auf euch, die Kugel ist viel zu schade für so ein altes Judenschwein. Wir haben unsere eigenen Methoden. − Haltet die Fresse da, ihr Lumpen, ihr häßlichen Rabbiner!« −

»Wir stehen nun hinter dem Draht. Dort, ganz nah eigentlich ist noch die andere Welt, ganz wenige Schritte. Das Hirn wird wieder leer, der Blick starr. Das ist wieder die Betäubung. Das Denken ist abgeschaltet, der Geist arbeitet nur noch unterbewußt. Wir stehen stundenlang. Dann Kniebeugen, Flüche, Hunger, Durst. Kniebeugen. Runter, ihr Gesindel, noch tiefer, noch tiefer.«

»Wollt ihr unten bleiben! Lies vor, du Sau, was hier auf der Tafel steht.«

»Wir haben ... wir haben ...«

»Wirst du wohl lauter lesen. Du Misthaufen! Jetzt alle im Chor:
›Wir haben den Diplomaten vom Rath ermordet!‹«

Mehrere tausend Stimmen wiederholen diese Worte im Chor, mitten in der Nacht, auf dem mit blutig geschlagenen Menschen überfüllten Platz.

»Weit hinaus geht dieser Ruf. Die Sterne über uns, mein Gott, wie nahe sind Himmel und Hölle beieinander! Hie und da bricht ein Körper zusammen, man läßt ihn achtlos liegen, es ist ja nur ein dreckiger Jude, was kommt es darauf an.«

Die in »Ordensburgen« ausgebildeten SS-Männer, die meistens nicht älter als 21 Jahre sind, stürzen sich besonders auf Greise, korpulente Männer, auf diejenigen die »jüdisch« aussehen oder deren Äußeres auf einen liberalen Beruf schließen läßt. Einem Rabbiner wird ein Schild umgehängt: »Ich bin ein Landesverräter und mitschuldig an vom Raths Tod.« Er muß das Schild zwölf Stunden lang im Lager herumführen. Junge, sportlich aussehende Leute werden verschont. Die SS-Leute scheinen sogar ein gewisses Vergnügen an ihnen zu finden.[5]

»Einer schneidet sich mit der Rasierklinge die Pulsadern auf. Das Blut rinnt ihm über die Hände, Judenblut ... Ein SS-Mann kommt vorbei, lächelt, schlägt ihm mit dem umgedrehten Revolver in die Zähne. Nun rinnt auch das Blut aus dem Gesicht. Der Mann sackt zusammen ... stöhnt ... röchelt ... fällt zu Boden.«

Und doch glänzen die Sterne am Himmel. Himmel und Hölle sind nahe beieinander.

Ein anderer Überlebender von Sachsenhausen[6] erzählt:

»Während ich mich inmitten der 6 000−7 000 jüdischen Männer in halbmilitärischer Haltung auf dem Appellplatz befand, überkam mich ein seltsames Gefühl. Plötzlich schien mir, als wäre ich ein Teil der größten jüdischen paramilitärischen Gruppe, die in einem Punkt der weiten Welt konzentriert war. Es fehlten uns nun die Waffen, die in der Hand einiger waren, um nicht mehr die ihren Verfolgern ausgelieferten Opfer zu sein. Die Matrosen der ›Potemkin‹ mußten dasselbe Gefühl der Erniedrigung empfunden haben. Sie hatten aber Waffen, ihre Peiniger niederzumachen. Doch unsere Konzentration gibt wenigstens jedem von uns ein gewisses Gefühl der Sicherheit, das er als einzelner nicht gehabt hätte.«

Ein weiterer Überlebender von Sachsenhausen[7] berichtet:

»Es mag gegen 10 Uhr abends gewesen sein, als wir im inneren Lager eintrafen. In der ab und zu durch Scheinwerfer erhellten Dunkelheit mögen etwa 2 000−3 000 Mann in Gruppen zu Zehnerreihen aufgestellt gestanden haben, die, wie ich hörte, im Laufe des Tages oder bereits der vorigen Nacht, eingetroffen waren. Mit nur kurzen Unterbrechungen standen wir auf dem Appellplatz bis gegen ½ 3 oder ½ 4 Uhr des nächsten Tages. Dann ging es zum Entkleiden, Baden, anschließend war Appell bis gegen ½ 6 Uhr, so daß wir im ganzen ungefähr 18 bis 19 Stunden hintereinander standen. Verpflegung wurde nicht gegeben. Wenn sich gerade die bewachenden SS-Mannschaften vorübergehend etwas entfernt hatten, gab die Aufsicht uns führenden politischen Gefangenen etwas Trinkwasser. Sonst wurde streng darauf geachtet, daß wir in aufrechter Haltung und ausgerichtet standen. Die bewachenden SS-Schar- oder Blockführer belustigten sich damit, sich die Zeit mit den unflätigsten Beschimpfungen, Drohungen, Mißhandlungen zu verkürzen. Die Mißhandlungen bestanden insbesondere darin, daß sie mit ihren schweren Stiefeln Stöße ins Gesäß versetzten oder einen ins Gesicht schlugen. Die Beschimpfungen wurden zumeist damit verbunden, daß sie die einzelnen Leute nach ihrem Beruf und Stand fragten und dann im Anschluß daran unflätige Schimpfworte gebrauchten. Von Anfang an hatte man das Gefühl, daß alles darauf ausging, uns durch möglichst erniedrigende und demütigende Behandlung mürbe zu machen. So zwang man verschiedene Leute, Brotkrumen, die sie von dem mitgebrachten Brot auf die Erde hatten fallen lassen, in den Mund zu nehmen und zu zerkauen. Dann wurden anderen Schilder in die Hand gedrückt, die mit erhobener Hand gehalten werden mußten und auf denen beschimpfende Inschriften standen wie: ›Wir Juden sind die Zerstörer der deutschen Kultur!‹ Ab und zu wurden auch unter dem Druck von Mißhandlungen Sprechchöre gebildet, die ähnliche Sätze sprechen mußten. Besonders gefielen sich die SS-Leute darin, uns klarzumachen, daß wir nun für alle Zeit erledigt und zertrümmert seien, höhnische Hinweise darauf, daß die Juden für Lebenszeit festgehalten würden und daß *sie* nun das Recht und die Macht hatten. Einer der SS-Leute rühmte sich, daß er den Beinamen ›der Satan von Oranienburg‹ führe und dementsprechend uns behandeln würde.

Symptomatisch dafür, wie die Bewachungsmannschaften bemüht waren, uns unter Druck zu setzen, scheint mir folgender Vorfall. In der vor mir stehenden Gruppe befanden sich besonders viele Akademiker Ärzte, Richter, Rabbiner, unter anderem auch ein Oberstaatsanwalt. Als dieser seinen früheren Beruf und Namen nannte, wurde er wie auch andere nach seinem Einkommen, Größe seiner Wohnung, Höhe der Pension etc. gefragt. Nachdem ihm der fragende SS-Mann zunächst klargemacht hatte, daß er ja ein Zerschmetterter sei und alles für ihn verloren sei, kam er plötzlich darauf, daß der Oberstaatsanwalt ihn von früher her kennen müsse: ›Sag mal, wir kennen uns doch, du bist doch der, der 1931 mich und noch fünf andere Kameraden für ein halbes Jahr in den Knast gebracht hat.‹ Als der Angesprochene sagte, er könne sich nicht mehr erinnern, fuhr der SS-Mann fort: ›Wir haben uns immer schon gefragt hier, wo bleibt denn bloß der X, auf dich hatten wir ja schon lange hier gewartet, na, jetzt kannst du dir gratulieren, jetzt werden wir mit dir abrechnen.‹

… In der Frühe gegen 8 Uhr erschien der Kommandant mit dem Lagerführer persönlich, ging die Front ab, tat eine beschimpfende Äußerung über die Strolche, denen seiner Meinung nach Ordnung erst noch beigebracht werden müßte, fragte, wie lange wir hier ständen, ohne aber auch nur das geringste sonst zur schnellen Unterbringung etwa zu veranlassen. In der Nacht gegen 1 Uhr wurden ebenfalls unter Stößen und Mißhandlungen die Personalien aufgenommen. Nachmittags gegen 3 ½ Uhr ging es dann zum Umkleiden und zum Duschen.

Vor dem Baderaum ist mir ein Vorfall noch im Gedächtnis. Mein Nebenmann hatte es ganz vorübergehend gewagt, da er zum Ankleiden beide Hände gebrauchte, den Hut, da er sich unbeobachtet glaubte, für einen Augenblick aufzusetzen. Ein doch in der Nähe anwesender SS-Mann schlug ihm den Hut ohne weiteres vom Kopf, versetzte ihm noch ein paar Faustschläge ins Gesicht und brüllte: ›Du Scheißjude, gibst du zu, daß du ein Scheißjude bist!‹ Mein Nebenmann bewahrte trotz des Vorangegangenen die Haltung und sagte mit betonter Festigkeit: ›Ich bin Jude!‹ Darauf erneute Schläge und wieder die gleiche drohende Frage. Der Gefragte bewahrte trotz drei bis viermaliger Wiederholung derselben Szene seine feste Haltung und wiederholte immer nur: ›Ich bin ein Jude!‹ Der SS-Mann forderte ihn dann auf, sich noch besonders bei ihm während des Duschens zu melden ... Es ging unter eine kalte und eine warme Dusche; statt der abgegebenen Unter- und Oberkleidung wurde Häftlingskleidung, die in dünner Unterwäsche, Hose und Rock aus dünngestreiftem Stoff oder alten Soldatenröcken aus der Kriegszeit bestand, ausgeteilt ...

Im vollkommenen Gegensatz zu dem überaus brutalen und rohen Verhalten der bewachenden SS-Mannschaften stand die Haltung der Häftlinge, denen neben den SS-Männern die Aufsicht übertragen war. Wie sie nur irgendwie konnten, suchten sie die Lage zu erleichtern und wiesen uns immer wieder darauf hin, daß die ersten Tage im Lager immer besonders scharf seien, daß man sich dann aber, was uns wenig aussichtsvoll erschien, daran gewöhne ...

Bezeichnend ist auch, daß offenbar absichtlich nach den Frontkämpfereigenschaften oder nach der militärischen Vergangenheit weder bei der Aufnahme der Personalien noch sonst gefragt wurde. Von vornherein wurde bekanntgegeben, daß alle Orden und Ehrenzeichen abzulegen seien. Als bei der Abgabe der Wertsachen ein Bekannter von mir neben dem eisernen Kreuz 1. und 2. Klasse das Verwundetenabzeichen abgab, sagte der die Sachen in Empfang nehmende SS-Mann: ›Dir werden wir hier ein zweites Verwundetenabzeichen besorgen!‹«

Nach dem herkömmlichen Plan der ersten deutschen Konzentrationslager bestand Sachsenhausen aus drei Teilen: In den zwei ersten, außerhalb des Lagers, befanden sich die Amtsgebäude, die Werkstätten sowie die Wohnungen des Lagerkommandanten und des Personals. Im dritten inneren Teil waren die Häftlinge untergebracht. Sechzig bis siebzig Baracken standen in drei Reihen aufgebaut um den Appellplatz. Jede dieser Baracken bestand aus zwei »Tagesräumen« und zwei Schlafräumen mit einem Waschraum und Latrinen für 150 Häftlinge. Im Gegensatz aber zu den anderen Häftlingen waren die »Novemberjuden« zu 350–400 in einer Baracke zusammengepfercht. Sobald jemand entlassen wurde oder starb, wurde eine Umgruppierung vorgenommen, so daß die ursprüngliche »Besiedlungsdichte« wieder erreicht wurde. Daher waren die sanitären Bedingungen äußerst unzureichend. Anfangs gab es Stroh, etwas später Strohsäcke und durchschnittlich zwei Decken für jeden. Zwei Baracken bildeten das sogenannte »Revier«. Dort gab es auch eine Küche, Vorratsräume und Duschen für 100 Mann.

Abseits der »normalen« Baracken standen die Isolierungsbaracken für die Strafabteilung in der u. a. etwa 300 »Zeugen Jehovas« mit braunem Dreieck untergebracht waren. Sie waren ins Konzentrationslager gekommen, weil sie Hitlergruß und Militärdienst verweigerten, und sie bezahlten oft mit ihrem Leben die Weigerung, ihren Glauben aufzugeben.

Durch eine Mauer und einen Hof vom Rest des Lagers getrennt, war der schreckliche »Bunker« für die »Hartnäckigsten« bestimmt. Wenige von denen, die hineingeworfen wurden, kamen lebendig wieder heraus. Zu diesem Zeitpunkt hatte man dort auch Pfarrer Martin Niemöller als »persönlichen Gefangenen des Führers« eingesperrt. Der ehemalige U-Boot Kommandant, der 1918 seine Einheit gesprengt hatte, damit sie nicht den Engländern ausgeliefert wurde, hatte wie die Mehrheit der deutschen evangelischen Geistlichen mit Begeisterung Hitlers Machtantritt begrüßt. Denn er sah in ihm den Vertreter der gottgewollten Obrigkeit, den »Träger des Schwertes«, der das von den Siegern zu Unrecht erniedrigte Deutschland wieder aufrichten würde. Dieser überzeugte Nationalist, der infolge seiner Erfahrungen während des Dritten Reichs ein entschlossener Pazifist und ins Präsidium des Ökumenischen Rates der Kirchen gewählt wurde, hatte es gewagt, sich Hitler zu widersetzen, als dieser die »Gleichschaltung« der Kirchen unternahm, so wie er bereits Parteien, Gewerkschaften, Schulen und Medien »gleichgeschaltet«

hatte. Für diesen traditionsbewußten Lutheraner mußte die im politischen Bereich unumstrittene Autorität des Staates vor der Kirche haltmachen, wo allein Gott und die Diener seines Wortes zu walten hatten, nach dem Spruch des Evangeliums: »Gebet dem Kaiser, was dem Kaiser gebührt, und Gott, was Gott gebührt.« (Matthäus 22, 21)

Im Gegensatz zu Dachau und Buchenwald, mußten die arbeitsfähigen jüdischen Häftlinge unter 60 Jahren in Sachsenhausen Kanalisierungs- und Bauarbeiten verrichten oder in die Sägerei gehen — eine besonders schwere Tätigkeit für Männer, die bisher meistens nie ein Handwerk ausgeübt hatten. Trotz der Eintönigkeit und der Kälte des herannahenden Winters war die Arbeit in der Sägerei die meistbegehrte. Hingegen fürchtete sich jeder vor der Arbeit in der »Hermann-Göring-Ziegelei«, wo man Sand- und Zementsäcke im Laufschritt von morgens bis abends auf den Schultern schleppen mußte mit einer einzigen Pause mittags, wozu man sich nicht einmal hinsetzen durfte. Die Wächter gestatteten nur eine Viertelstunde Pause, um eine Zigarette zu rauchen. Die Häftlinge, die Sand und Zement schleppten, durften sich nicht aufrichten, sonst wurden sie angezeigt und dementsprechend wegen »Verletzung der Disziplin« bestraft.

Trotz der Härte dieser Arbeitsbedingungen beneideten die 800—900 »Privilegierten«, die von der Arbeit befreit waren, ihre Leidensgefährten, denn sie mußten in den ersten Wochen ihrer Haft stundenlang auf dem Appellplatz »exerzieren«, später wurde dies, wie in Dachau und Buchenwald, durch stundenlanges Stillstehen ersetzt. Für das kleinste Versagen wurde entweder eine öffentliche Einzelstrafe oder eine Kollektivstrafe auferlegt, zumal die SS-Männer stets den erzieherischen Wert dieser Strafen betonten.

Auch der Lagerkommandant, den die Häftlinge »Vierkant« wegen seiner untersetzten Gestalt nannten, ließ keine Gelegenheit aus, den pädagogischen Wert des Systems zu unterstreichen. Als er sich drei Tage nach ihrer Einlieferung an die »Aktionsjuden« wandte, erklärte er ihnen:

»Sie sind wegen Ihrer feindseligen Haltung gegenüber Volk und Staat hier interniert worden. Das Konzentrationslager ist kein Gefängnis, kein Zuchthaus, aber auch kein Sanatorium oder Erholungsheim, sondern eine Erziehungsstätte eigener nationalsozialistischer Prägung. Es handelt sich hier darum, vor allem zur strengsten Disziplin zu erziehen. Die Disziplinarstrafen sind 24 Schläge auf den Nackten, so daß Sie die Engel im Himmel singen hören, ›trocken aufhängen‹, Unterbringung in Einzelhaft oder in der Strafkompanie, Stehen am Tor usw. Falls Sie es sich einfallen lassen sollten, flüchten zu wollen, mache ich Sie darauf aufmerksam, daß es dann keine Rücksicht mehr gibt: Peng, ein Knall, und die Geschichte ist aus, und meine SS-Jungen sind bestimmt gute Schützen.«

Er wandte sich dann an die wenigen »arischen« Häftlinge, die gleichzeitig mit den Juden eingetroffen waren, und fügte hinzu:

»Zweck der Erziehung ist, Sie, soweit Sie Arier sind, zu brauchbaren Volksgenossen zu machen. Bei Juden verfolgt die Erziehung den Zweck, sie zu lehren, wie sie sich einem Wirtsvolk gegenüber zu verhalten haben.«

Bei anderen Gelegenheiten war die Sprache des Kommandanten weniger »pädagogisch«. Als er eines Tages einer Gruppe Häftlinge befahl, ihm Ehren durch »Augen links« zu erweisen, schrie er: »Nehmt eure Nasen geradeaus, ich will eure Stinkrüben gar nicht sehen.«

Dieser Mann hatte einen eigenen zoologischen Garten im Lager einrichten lassen. An einer Hofwand hatte er eine Reihe von Käfigen mit Vögeln, die er besonders liebte, anbringen lassen. Darüber stand ein großes Schild mit der Inschrift: »Bitte nicht quälen!«[8]

Wenn er im Urlaub war, ließen die systematischen Schikanen und Quälereien der Häftlinge etwas nach. Die zusätzlichen Sonntagsarbeiten wurden eingestellt, es wurde den Häftlingen gestattet, sich nachmittags in die Baracke zu setzen und sogar zu schreiben. Allerdings wurde diese Art »Entspannung« auch von der NS-Propaganda ausgenutzt, die ihre Fachleute dorthin schickte, um derartige Szenen als Beispiel des »mustergültigen Lebens« im Lager zu photographieren oder zu filmen.

Nach dem Abendappell, der wie der Morgenappell für alle, auch für Behinderte, Jugendliche – im Lauf der »Novemberaktion« waren auch Jugendliche zwischen 13 und 16 Jahre festgenommen worden – und alte Leute über achtzig Jahre obligatorisch war (die Arbeitspflichtigen nahmen nicht am Mittagsappell teil) gab es des öfteren »Gesangunterricht«. Die Häftlinge mußten im Chor den Sauerlandmarsch, sentimentale Lieder wie »Meine liebe alte Mutter« oder »Der Postillion« oder Melodien, die ein Häftling komponiert hatte, singen. Jeder mußte unter der Leitung des Blockältesten den Text auswendig lernen. Wenn er nicht mitsang oder die Worte nicht gut kannte, erhielt er die vierundzwanzig vorgeschriebenen Schläge auf den Hintern.

Bei den Mittagsappellen, zu denen nur die von der Arbeit »Befreiten« antraten, ließ man oft alte Rabbiner oder »Millionäre«, die jüdisch aussahen, aus den Reihen treten, um sie Journalisten und Photographen des antisemitischen Streicherblatts *Der Stürmer* oder der SS-Zeitung *Das schwarze Korps* vorzustellen. Als man eines Tages einen Häftling zurückbrachte, der zu fliehen versucht hatte, mußten ein Rabbiner und ein Pastor ihn mit gotteslästernden Schildern zur Hinrichtungsstätte geleiten.

Obwohl in Sachsenhausen die gleiche Brutalität und der gleiche Sadismus wie in Dachau oder Buchenwald herrschten, war dort die Verpflegung besser: Zum Frühstück bekamen die Häftlinge Sagosuppe mit Schwarzbrot, am Sonntag zusätzlich ein wenig Marmelade. Das Mittagessen bestand meistens aus Suppe, einer »Ration« Brot mit Margarine und einem Stück Käse, Heringe oder Wurst. Abends, nach dem Appell, wurde ein warmes Essen mit Suppe, Bohnen, Erbsen oder Linsen serviert. An »Festtagen«, meistens wenn eine Untersuchungskommission der Journalisten das Lager besichtigte, bekamen die Häftlinge sogar Gulasch und Kartoffeln.

Die Lagerordnung gestattete auch den wöchentlichen Empfang von 15 RM pro Woche, die aber erst nach drei Wochen im Lager ausgezahlt wurden. Damit konnten sich die Häftlinge allerlei Lebensmittel in der Kantine kaufen.

Wenn trotzdem viele Häftlinge zu dieser Zeit in Sachsenhausen umkamen, so geschah es nicht wie in den beiden anderen Lagern aus Unterernährung, sondern infolge der schlechten Hygienezustände, der Mißhandlungen und weil sie ohne warme Kleidung der Kälte und Nässe ausgesetzt waren.

Die Haft der Juden in Dachau und Sachsenhausen schien dennoch fast »idyllisch« – wenn man ein solches Wort für einen Aufenthalt gebrauchen darf, der über hundert »Novemberjuden« das Leben kostete und den meisten, die noch vor den späteren Deportationen auswandern konnten, dauerhafte physische und psychische Schäden zufügte – im Vergleich zum Schicksal ihrer unglücklichen Glaubensgenossen, die nach Buchenwald kamen. In dem Steinbruch, der nur einige Kilometer von Weimar, der Hochburg deutscher Kultur, entfernt war, befanden sich zu dieser Zeit etwa 8 000 Häftlinge, darunter 1 700 Zuchthäusler, 1 250 Juden, die infolge der Razzien des Sommers 1938 verhaftet worden waren, 300–400 »Zeugen Jehovas«, die besonders hilfsbereit den Juden gegenüber waren und mit ihnen oft ihre karge Brotration teilten. Vor der Ankunft der »Novemberjuden« bestand die Mehrheit aus politischen Häftlingen.[9]

Emil Carlebach, der dieser Gruppe angehörte und als junger Kommunist und späterer Abgeordneter des hessischen Landtags 1934 verhaftet worden war, kann noch dreißig Jahre später das wahre Blutbad, das die SS bei der Ankunft der »Novemberjuden« veranstaltete, nicht vergessen.[10] Wie könnte er denn auch den schrecklichen Anblick Hauptmanns Wolf vergessen, eines jüdischen Offiziers, der im Ersten Weltkrieg das Fluggeschwader befehligte, in dem Göring diente, den Anblick eines Mannes, der an diesem Ort noch glaubte, er könne sich auf seine Auszeichnung mit dem »Pour le mérite«, dem höchsten deutschen Orden, der ihm für seine mutige Haltung verliehen worden war, berufen und der zur Antwort lebend am Lagertor gekreuzigt wurde und dort umkam. Wie könnte er Dantes Inferno gleichendes Schauspiel der SS-Männer vergessen, die sich mit Peitschen und Polizeihunden in die Baracken ihrer Opfer stürzten, von denen 70 allein in dieser Nacht den Verstand verloren, worauf SS-Scharführer Martin Sommer einen nach dem anderen niederschoß und den Schädel einschlug?

Der damals 61jährige Magdeburger Oberrabbiner Dr. Georg Wilde, der nach elf Tagen aus Buchenwald entlassen wurde und dank der Unterstützung des Oberrabbiners von Großbritannien dorthin auswandern konnte, erzählt von seiner Haft:[11]

»Am 15. November gegen 8 Uhr morgens, nach einigen Tagen im Magdeburger Gefängnis, wurden wir zur Bahn gebracht. Mit Ausnahme eines grinsenden Jungen, schien die zuschauende Menge ernst zu sein. In anderen Städten hatte sie Freude und Haß zum Ausdruck gebracht. In Breslau hatten Frauen den SS-Männern die den Zug bewachten, zugeschrien: ›Ihr hättet sie gleich in das Feuer ihrer Synagoge werfen sollen!‹

Während der Fahrt nach Buchenwald durften wir den Wagen nicht verlassen. So warf ich eine Postkarte für meine Frau in drei verschiedenen Bahnhöfen aus dem Fenster in der Hoffnung, es würde sie jemand in einen Briefkasten werfen. Eine davon ist angekommen. In Weimar, wo einst Goethe und Schiller lebten, mußten wir den Zug verlassen. Im Laufschritt trieben uns unsere neuen Wächter die Treppe hinunter, die sie, erster Ausdruck ihres Sadismus, mit Seife beschmiert hatten. Diejenigen, die hinfielen, erhielten Kolbenschläge. Wieder mit Kolbenschlägen trieben uns die ca. 2 500 Mann der Adolf-Hitler-Bereitschaftskompanien in grauer Uniform in die Unterführung, wo wir uns mit dem Gesicht zur Wand aufstellen mußten. Nicht umdrehen! Messer und Rasierklingen wegwerfen! Nach 1 ½ Stunden des Wartens in der Dunkelheit wurde der Marschbefehl gegeben. Wieder wurden wir im Laufschritt zu den verdeckten Lastautos getrieben, die uns ins Lager fuhren. Niemand kümmerte sich um diejenigen, die erschöpft hinfielen. Sie blieben da am Boden liegen. Den älteren Männern fiel es besonders schwer, auf das ein Meter fünfundzwanzig hohe Brett des Lastautos zu steigen. Die SS-Männer, die auf dem Trittbrett standen, bewachten uns. Während der Fahrt zogen sie ab und zu einen Verhafteten beim Kopf, den sie anstießen, bis er ohnmächtig in den Wagen fiel.

Bei unserer Ankunft, hieß es, sich wieder mit Hut oder Mütze in der Hand am Eingangstor aufstellen, unweit des Platzes, zu dem wir zwischen zwei SS-Reihen mit Peitschen, von denen anscheinend manche mit Draht oder Bleikugeln versehen waren, laufen mußten. Ein SS-Mann, der auf einer Bank auf einer Seite des Eingangs stand, versetzte kräftige Peitschenhiebe auf den Kopf der an ihm vorbeilaufenden Männer.

Ein Mann fiel zu meinen Füßen. Es gelang mir, auszuweichen, aber ich stürzte auf den steinbedeckten Boden. Blut floß von meinem Kopf. Schnell sprang ich wieder auf, um zu dem Platz zu laufen. Im selben Augenblick schritt ein SS-Mann auf mich zu. Ich begriff, daß er mir mit der Faust ins Kinn schlagen wollte. Mehr aus Instinkt als aus Überlegung blieb ich sofort stehen. Er schlug mich trotzdem mit der Faust, doch nicht mit der vollen Wucht des Anlaufs, und ging ohne ein Wort weiter. Ich war so aufgeregt, daß ich nicht den Schmerz spürte...

Wir blieben von morgens bis abends ohne Essen und Trinken auf dem Lagerplatz stehen. Man brachte uns die ›Lagerdisziplin‹ bei. Drei Männer erhielten 25 Hiebe, eine Strafe, die beim kleinsten Vergehen — Rauchen während der Arbeitszeit, seine auf ein Papier geschriebene Nummer verlieren und andere Gründe oder nur aus Sadismus — öffentlich ausgeführt wurde. Ich stand zu weit, um die schreckliche Szene zu sehen. Aber ich hörte die Peitsche durch die Luft sausen und das Aufschreien der Unglücklichen. Wenn sie schrien, erhielten sie 25 zusätzliche Hiebe. Ich begriff, daß alles darauf zielte, unsere Nerven zu erschüttern, unseren Willen und unsere Würde zu brechen. Ein SS-Offizier brüllte: ›Keiner von euch kommt lebendig aus diesem Lager heraus!‹ In diesem Augenblick versprach ich mir, fest zu bleiben: Was ich auch sehen oder erleiden mußte, nichts sollte meinen Willen oder meine Würde brechen. Ich betrachtete diese SS-Offiziere und Mannschaften mit Verachtung und Mitleid: Sie waren elende Instrumente von Verbrechern, Wahnsinnige und Sadisten. Ich begriff auch, daß man diese 18—23jährigen Jungen dazu ausbildete, jegliche Greueltat gegen irgendeinen Menschen — ob jung oder alt, schuldig oder unschuldig — auszuführen, wenn sie dazu den Befehl erhielten. Auf diese Weise bereitete man sie auf den kommenden Krieg gegen andere Völker, auch gegen ihr eigenes Volk, vor. Ich sah den Lagerkommandanten und mußte vor ihm stillstehen. Doch ich wußte: Wir sind zivilisierte Menschen, und er ist eine Kanaille.

Am nächsten Morgen sah ich die Körper von zwei Männern, die Selbstmord begangen hatten: Der eine, indem er sich auf den stromgeladenen Stacheldraht stürzte, der andere war in der Nähe des Zauns von einem Posten erschossen worden. Das war eine geläufige Form des Selbstmords im Lager. Doch während meiner ganzen Haftzeit kam mir nicht einmal der Gedanke, mir das Leben zu nehmen, obwohl ich mich mit einer Anzahl Männer befand, die irrsinnig geworden waren. Etwas später wurden sie in die Waschküche hinter unserer Baracke eingesperrt. Es waren bald über hundert. Einer meiner Freunde, der Nervenarzt war, wurde eingesetzt, um sich um sie zu kümmern.«

Die Baracken, in die man die »Novemberjuden« untergebracht hatte, waren ungefähr 250 Meter lang, 8 Meter breit, 4 Meter hoch und hatten nur eine Tür. Da die alten Lagerinsassen nur die Zeit gehabt hatten, vier dieser »provisorischen Baracken« vor ihrer Ankunft zu errichten, mußten ca. 2 000 Männer darin wie Sardinen in einer Dose zusammenrücken. Die »Betten« bestanden aus Brettern, die mit je 70 Zentimetern Abstand in drei, manchmal auch fünf Reihen an den Wänden angebracht waren. Die Jüngsten kletterten ohne Leiter in die oberen Etagen, die Ältesten lagen ganz unten.

Diesbezüglich schreibt Oberrabbiner Wilde:

»Indem ich mich an den Heiligen erinnerte, der auf einem Brett mit einem Baumstamm als Kopfkissen schlief, stellte ich fest, daß die Nazis aus uns ›Superheilige‹ machen wollten, da wir nicht einmal Anrecht auf irgendeine Art Kopfkissen hatten.

Unser Leben war aufs äußerste vereinfacht. Da wir keine Nachthemden oder Pyjamas besaßen, brauchten wir uns abends nicht auszuziehen und am nächsten Morgen wieder anzuziehen. Wir brauchten uns auch nicht zu waschen: Dieser Aspekt war der peinlichste. Denn in diesem Teil des Lagers gab es überhaupt kein Wasser, weder für die Latrinen noch zum Waschen, geschweige zum Trinken. In den elf Tagen meiner Lagerhaft kam kein Tropfen Wasser auf meine Haut.«

Ein anderer jüdischer Häftling aus Breslau[12] erklärte, er habe sich in den acht Wochen, die er im Lager verbrachte, nie waschen können.

Der ehemalige Rechtsanwalt Dr. Hans Block aus Hannover, der nach seiner Freilassung nach Palästina auswanderte, schreibt:[13]

»Glücklich waren wir, wenn es regnete! Dann rieselte Wasser über unsere Schläfen, und die Glücklichen, die einen Becher hatten — andere nahmen ihren Hut —, konnten sich an die Baracken stellen und die Tropfen der Dachrinne auffangen. Da die Dächer geteert waren, schmeckte das Wasser nach Teer. Ein unvergeßlicher Anblick, die reichen und angesehenen Männer zu sehen, die sich drängten, um etwas von dem Wasser zu bekommen. Manch einer, der dort mit den Füßen im Schlamm unbedeckten Hauptes stand, wird sich eine Lungenentzündung geholt haben.«

Das Frühstück bestand aus einer schrecklichen Brühe, die »Kaffee« sein sollte. Oberrabbiner Wilde erzählt:

»Andere Male kam unser Aufseher ein seit 1933 eingesperrter Kommunist und sagte: ›Es tut mir leid, ich habe nicht genügend Kaffee für alle. Anstatt einer Tasse pro Mann, erhielt ich nur eine Tasse für zehn — so kann jeder nur einen Schluck trinken und muß dann die Tasse dem Nachbarn geben. An den schlechtesten Tagen erhielten wir überhaupt keinen ›Kaffee‹. Es hieß dann, auf die Suppe warten. Zuvor mußte eine Gruppe jüdischer Häftlinge die 6–7 Leichen derer, die in der Nacht gestorben waren, aus der Baracke bis zum Lagertor tragen. Von da aus wurden sie ins Weimarer Krematorium gefahren. Die Angehörigen erhielten die Urne. Doch wir warteten weiter auf die Suppe, manchmal bis zum Abend, manchmal vergeblich. Die warme Suppe, die nicht schlecht war, war oft unsere einzige tägliche Mahlzeit. Wenn wir genügend bekamen, konnte ich einen Teil davon an Gefährten abgeben, die hungriger als ich waren. Man gab uns auch täglich eine Ration trockenes Brot, aber ich konnte es nicht essen: Meine Kehle war so ausgetrocknet, daß ich nur Flüssigkeit vertrug. Ich träumte von Wasser, Tee, Kaffee. Eine Nacht, gegen 2 Uhr, kam einer meiner ehemaligen Schüler zu mir und sagte: Ein Mann steht an der Tür mit einer Flasche Kaffee und gibt jedem einen Löffel davon! Ich stand auf und erhielt wirklich einen Löffel wie ein Medikament, spülte mir zuerst mehrmals den Mund damit und ließ ihn langsam in meine Kehle hinuntergleiten. Erfrischt und befriedigt kehrte ich dann in mein ›Bett‹ zurück. Seit dieser Zeit, habe ich immer ein Glas Tee greifbar auf meinem Nachttisch, um zu wissen, daß ich trinken kann, wenn ich dazu Lust habe.

Das Lager hatte zwar eine Kantine. Wir durften aber während der ersten Tage nicht dort einkaufen. In der folgenden Zeit durften nur zwei oder drei Männer für alle Insassen der Baracke die Einkäufe machen. In Anbetracht unserer Anzahl und der ›relativen Kürze‹ meiner Haft bekam ich nur einmal eine Flasche Mineralwasser und eine kleine Schachtel Kekse, die ich mit den mittellosen Mitgliedern meiner Gemeinde teilte. Besonders schlimm war die Lage der orthodoxen Juden, die trotz der Umstände das warme Lageressen ablehnten, weil es nicht koscher war und sich mit trocken Brot, ›Kaffee‹ und Kräutertee begnügten. Während meiner ganzen Lagerhaft hatte ich nie das Glück, auf einem Stuhl zu sitzen, denn wir mußten den ganzen Tag stehen, was um so anstrengender war − besonders für ältere Leute −, da unsere Schuhe durch das ständige Waten im Schlamm in kläglichem Zustand waren. Eines Morgens fiel ich in Ohnmacht. Mein Pritschennachbar legte mich auf den Boden, schob etwas unter meinen Kopf und deckte mich mit einem Mantel zu. Ich weiß nicht, wie lange ich bewußtlos blieb. Doch als ich wieder zu mir kam und meine Lage begriff, beschloß ich, so lange wie möglich liegenzubleiben. Ich schloß die Augen, und die vorbeigehenden SS-Männer sahen nur einen alten Mann mit weißem Bart, der farblos, mit geschlossenen Augen, auf dem Boden lag. Da sie mich wahrscheinlich für tot hielten, ließen sie mich in Ruhe. Ich war froh, nicht stehen zu müssen, obwohl mich das um den ›Kaffee‹ brachte.

Ein besonders raffinierter Sadismus wollte, daß die stehenden Appelle manchmal durch ›Sitztage‹ auf dem steinigen Boden ersetzt wurden. Diejenigen, die aufstanden, um zur Latrine zu gehen, bekamen 10, 15 oder 20 Peitschenhiebe. Wenn sie dabei schrien, wurden sie mit den Händen hinter dem Rücken an die Fenstergitter des Verwaltungsgebäudes gehängt, so daß die Fußspitzen gerade den Boden berührten. Anschließend brachte man sie in den ›Bunker‹, aus dem man sie selten wieder herauskommen sah. Derjenige, der aufstand, war praktisch zu Tode verurteilt.[14]

Da der Tag trocken und sonnig war, entschloß ich mich, für die Mittagssuppe aufzustehen. Vielleicht hatte ich dieses Maß der Erschöpfung erreicht, weil die Nacht besonders unruhig war. Zwei Männer unserer Baracke waren verrückt geworden. Man hatte sie herausgebracht, und wir hörten sie schreien. Sie wurden geschlagen, bis sie still waren. Dann verlor ein Mitglied meiner Gemeinde den Verstand. Einer meiner ehemaligen Schüler schlug mir vor, ihn zu mir zu bringen: ›Vielleicht gelingt es Ihnen, ihn zu beruhigen.‹ Der Mann, ein kleines, schmächtiges Wesen kam und blickte mir in die Augen, indem er unaufhörlich sagte: ›Morgen schießen sie mich nieder und sie auch.‹

›Ja, ja, mein Freund‹, erwiderte ich. ›Aber einstweilen legen sie sich zu mir her.‹ Als ich ihn einige Wochen später wiedersah, schien er den Verstand wieder gefunden zu haben.

Ein getaufter Jude lief umher, bekreuzigte sich, indem er rief: ›Jesus hat gesagt, ich bin die Liebe.‹«

Manchmal endeten derartige Szenen tragisch. So z. B. für einen alten Mann der Baracke I A. Dr. Hans Block, der diesen Vorgang lange verdrängt hatte, erinnert sich:

»Ganz in meiner Nähe lag ein ›Spinner‹, ein Schlesier, der in dem Dämmerungszustand, in dem er sich befand, immer wieder dieselbe Geschichte erzählte. Er war offenbar Chef einer großen Firma gewesen, die er auf Befehl den Nazis hatte abgeben müssen. Er erzählte nun immer wieder, daß über alle Punkte eine Einigung erzielt sei, über den Kaufpreis des Geschäftes und der Waren usw. Nur mit seinen Angestellten habe er sich noch nicht einigen können, aber auch das werde noch gelingen. Er erzählte gerade wieder diese Sache, als in der Nacht von Sonntag auf Montag einer der SS-Leute in angetrunkenem Zustand in unsere Baracke kam. Der Schlesier, der in seinem verminderten Geisteszustand wohl glaubte, daß der Mann gekommen sei, um ihn zur Rede zu stellen, erzählte ihm die Geschichte und schloß mit den Worten: ›Herr Scharführer, Sie können sich darauf verlassen, daß ich mich auch mit meinen Angestellten einigen werde.‹ Vergeblich suchte der SS-Mann ihn loszuwerden, er wiederholte seine Geschichte. Da ergriff der SS-Mann ihn, zerrte ihn zur Tür hinaus, und gleich darauf ertönten zwei Schüsse. Der arme Kerl, der infolge des Verkaufs seines Geschäftes den Verstand verloren hatte, war erschossen worden.«

Als Vorsichtsmaßnahme organisierten in der folgenden Zeit die Mitglieder des *Reichsbundes jüdischer Frontsoldaten* Wachmannschaften, die regelmäßig nachts Wache standen und sich der Jugendlichen als Ordonnanzen bedienten. Diese Wachen meldeten, wenn SS-Leute in Sicht waren, damit Ordnung und Stille in der Baracke herrsche. Infolge der Untätigkeit, der Mißhandlungen und der unzulänglichen sanitären Einrichtungen (viele starben an Ruhr oder fielen in die Gruben der Latrinen, auf die man einfach Balken gelegt hatte) mehrten sich die Wahnsinnsfälle bei den »Novemberjuden«. Da es keine Medikamente gab, brachten die Häftlinge 400 RM zusammen, um diese zu kaufen. Doch die Lagerleitung weigerte sich auch gegen Bezahlung, diese zu beschaffen, und erwiderte, die jüdischen Ärzte seien so geschickt, daß es ihnen bestimmt gelingen würde, ihre Glaubensgenossen auch ohne Medikamente zu heilen. Ein jüdischer Arzt aus Breslau verlor den Verstand beim Anblick seiner schwerkranken Haftgefährten, die man ohne Pflege auf den Pritschen liegen ließ.

Lagerkommandant Koch hatte während eines Appells erklärt:

»Hier kennen wir nur zwei Kategorien Menschen: Die gesunden und die Kranken, die ins Krematorium kommen.«[15]

Zu dieser Zeit, d. h. mehrere Jahre vor der »Endlösung«, wollte der zynische Lagerkommandant den Häftlingen zu verstehen geben, daß sie die Wahl hätten, sich in ihr Los zu fügen oder hingerichtet zu werden. Anschließend würde ihre Leiche im städtischen Krematorium von Weimar oder Jena verbrannt werden. Doch neben ihrer schrecklichen Vorbedeutung enthüllte diese Aussage auch die Geistesverfassung des Folterknechts.

Eines der Hauptthemen der Unterhaltung der »Novemberjuden« war die Frage: Wann werden sie uns entlassen? Manche behaupteten, man würde sie aus der Haft entlassen, wenn sie ein Ausreisevisum vorlegen könnten, d. h. sich verpflichteten, das Reich endgültig zu verlassen.

Daran hatte Oberrabiner Wilde schon vor seinem Abtransport ins Lager gedacht, als man die verhafteten »Novemberjuden« zum Magdeburger Bahnhof brachte. Einem Gestapobeamten, den er kannte, hatte er zugerufen:

»Sagen Sie bitte Herrn H. (dem Verantwortlichen für die jüdische Emigration), die Papiere für mich vorzubereiten.«

Der Beamte hatte genickt.

»Das ist nicht nötig«, sagte ein anderer Gestapobeamte, der die Verhafteten begleitete. In einer Woche seid ihr alle entlassen.«

Eine Woche war fast vergangen, und die »Novemberjuden« befanden sich immer noch im Lager, als sich das Gerücht verbreitete, alle Männer über 60 Jahre würden entlassen — in der Tat hätten sie laut Anweisung von Müller und Heydrich nicht verhaftet werden dürfen.

Der Kontakt mit den »Novemberjuden« erfolgte über den Lautsprecher der in einem Turm untergebrachten Schreibstube. Zuerst geschah dies beim Appell. Nach wenigen Tagen wurden auch in den Baracken Höranlagen eingerichtet. Die Anrede war regelmäßig »Judenhaufen«, »Sauhaufen« oder »Säcke«.

Nervenzerrüttend waren auch die Radiosendungen, die man die Häftlinge über Lautsprecher hören ließ, beispielsweise den Bericht über die Überführung der Leiche des ermordeten vom Rath und Goebbels Drohrede zu diesem Anlaß.

Über Lautsprecher wurden auch die Entlassungen bekanntgegeben, darunter die von Oberrabbiner Dr. Wilde.

»Ein Mitglied meiner Gemeinde kam auf mich zu und bat mich, ihm mein Taschentuch zu geben.

›Aber es ist doch ganz zerrissen.‹

›Das macht nichts; besser als gar keines zu haben. Vielen Dank.‹

Im Büro der Lagerverwaltung nahm ein australischer Jude von jedem unserer Gruppe die Personalien auf. Es dauerte Stunden. Dann schickte man uns in unsere Baracken zurück, und wir hörten von nichts mehr. Die Entmutigung ergriff mich. Die Tage wurden immer kälter, ein eiskalter Wind wehte. Ich trug alle Unterkleider, die ich hatte mitnehmen können, und einer meiner ehemaligen Schüler hatte mir zusätzlich ein Leibtrikot geliehen. Ich wußte aber, daß ich nicht lange das endlose Stehen im Regen und das Schlafen in nassen Kleidern aushalten könnte. (In Buchenwald durften die »Novemberjuden« mit Ausnahme der jüngeren von 20–40 Jahren, die nicht entlassen wurden, ihre eigenen Kleider behalten.) Am elften Tag unserer Haft meldeten Lautsprecher plötzlich ›Achtung, Judenhaufen, ich werde jetzt die Namen derjenigen bekanntgeben, die heute entlassen werden.‹

Man kann sich unsere Spannung vorstellen. Ich war so erschöpft, daß ich meinen Namen nicht hörte. Ein Mitglied meiner Gemeinde lief auf mich zu und rief freudig aus: ›Georg Wilde, 9. Mai 1877 geboren, frei!‹

Wir sollten ca. 200 Entlassene sein. Doch wir waren schließlich nur 194: 6 starben zwischen der Ankündigung ihrer Entlassung und unserem Abgang vom Lager. Man führte uns in einen Raum zur ›ärztlichen Untersuchung‹. Ich begriff schnell, daß diese ›Untersuchung‹ lediglich feststellen sollte, ob wir Spuren von Mißhandlungen trugen. Die Männer, deren Wunden zu sichtbar waren, wurden nicht freigelassen. Als der Arzt die Kopfwunde sah, die ich mir beim Hinfallen bei unserer Ankunft gemacht hatte, fragte er: ›Tut es Ihnen noch weh?‹ Nach meiner verneinenden Antwort, wurde ich fortgeschickt. Rabbiner Ochs aus Gleiwitz, der bei unserer Einlieferung von den SS-Leuten schrecklich mißhandelt worden war, wurde bestrahlt, damit die Narben schneller verschwänden. Es wurde uns dann befohlen, zum Friseur zu gehen. Nach der in den Gefängnissen und Lagern des Reiches bestehenden Ordnung mußten Schädel und Gesicht der Häftlinge rasiert sein. Bei unserer Ankunft hatten jüdische Babiere uns rasiert und das Haar geschoren. Sie konnten aber ihre Arbeit nicht bis zur Nacht beenden. Am folgenden Tag waren andere Häftlinge eingetroffen, und man vergaß uns im Wirbel der ersten Tage. Ich war froh, diesen demütigenden Maßnahmen bei unserer Einlieferung entgangen zu sein, und entschlossen, alles zu tun, um ihr vor unserem Abgang ebenfalls zu entgehen. Deshalb wandte ich mich an unseren Aufseher, den kommunistischen Häftling, und bat ihn, den SS-Oberscharführer um die Erlaubnis zu fragen, daß ich mein Haar und besonders meinen Bart behalten dürfte.

›Warum wollen Sie ihn behalten?‹

›Ich bin Rabbiner, und es ist Brauch, daß Rabbiner den Bart tragen.‹

An seiner erschrockenen Miene sah ich, daß er es nicht wagte, meine Bitte vorzutragen. So faßte ich Mut und wandte mich direkt an den SS-Offizier, indem ich versuchte, eine militärische Haltung einzunehmen und vor ihm strammstand. In Deutschland, hatte ich mir gesagt, erleichtert der Respekt soldatischer Tradition immer die Beziehungen.

›Herr Oberscharführer, darf ich Sie bitten, mein Haar und besonders meinen Bart zu retten?‹

›Warum?‹

Ich wiederholte, was ich bereits dem kommunistischen Häftling gesagt hatte.

›Ich habe keine Befugnis, das zu tun, fragen Sie den anderen Oberscharführer.‹

Selbe Frage, selbe Antwort.

Ich wußte, daß ich ›The Taming of the Shrew‹ spielte, ein eher gefährliches Spiel an diesem Ort. Doch der SS-Offizier war so verblüfft, daß er dem Barbier befahl, mir wenigstens den Bart zu lassen.

›Ich bitte um Verzeihung, Herr Oberscharführer‹, erwiderte der Barbier, ›aber ich habe Anweisung, alle zu rasieren und ihnen das Haar abzuschneiden. Wenn ich es nicht mache, bekomme ich 25 Schläge.‹

›In diesem Fall rasieren sie mich. Ich will das nicht verantworten.‹

Im selben Augenblick schlug einer der anwesenden Nazis vor, den Lagerkommandanten telefonisch zu befragen.

›Sie sind doch Oberrabbiner‹, sagte der SS-Mann, der mir anscheinend helfen wollte, indem er meine Eigenschaft erwähnte.

Alle Befehle des Lagerkommandanten wurden durch Lautsprecher übertragen. So konnten zwei Minuten später die ca. 20 000 Häftlinge von Buchenwald zu ihrem höchsten Erstaunen das ›salomonische Urteil‹ des Kommandanten hören: Laut Befehl des Lagerkommandanten wird dem Juden und Oberrabbiner Dr. Wilde gestattet, seinen Bart zu behalten. Die Haare werden geschoren.

Daraufhin stürzte ein SS-Mann, ein besonders roher Mensch herein und brüllte: ›Wo ist der Herr Oberrabbiner?‹

Als er mich sah, lächelte er wie ein alter Freund. Ein anderer

SS-Mann fragte mich höflich, ob ich ja der Oberrabbiner sei. Anstatt einfach ja zu sagen, antwortete ich ›jawohl‹ (die übliche Formel gegenüber einem Vorgesetzten im deutschen Heer). Verstand er den Sinn der einzigen Antwort, die mir in dieser unheimlichen Komödie zustand? Derselbe Mann, der mich unter anderen Umständen wohl für diese Frechheit zu Tode gefoltert hätte, ging wortlos, wie ein geschlagener Hund, an mir vorbei. Die kleine Gunst des Kommandanten, vielleicht auch nur der Spaß eines betrunkenen Offiziers, hatte genügt, die Bestialität dieser Menschen in Dienstbeflissenheit zu verwandeln.

Um 17 Uhr gingen wir durch das breite Lagertor, an dessen äußeren Seite das Motto ›Recht oder Unrecht, mein Vaterland‹ angebracht war, während an der Innenseite die Worte ›Jedem das seine‹ in das Gitter geschmiedet waren. Ich dachte, wir seien frei. In Wirklichkeit gingen wir in das Amt der politischen Abteilung.

Wieder mußten wir stehend stundenlang in einem engen Gang warten. Mein Nachbar fiel in Ohnmacht: er starb im Zug, unweit von seiner Heimatstadt. Ein hoher Gestapobeamter kam schließlich aus dem Büro und wandte sich an uns:

›Wenn jemand von Ihnen nicht gut hört, soll er zu mir kommen.‹

›Es gibt einen Taubstummen hier‹, antwortete eine Stimme unter den Anwesenden.

›Wir werden euch nach Hause gehen lassen, damit ihr eure Auswanderung vorbereitet. Wenn ihr ein Wort über das Konzentrationslager sagt, werden wir euch wieder holen, und ihr kommt nicht mehr heraus. Und bildet euch ja nicht ein, daß ihr im Ausland erzählen werdet, was ihr wollt. Wir haben unsere Leute überall, und sie werden dafür sorgen, euch für immer zum Schweigen zu bringen.‹

Nach dieser unzweideutigen Rede, ließ man jeden von uns eine Erklärung unterschreiben, daß wir keine Beschwerden zu erheben hätten, daß wir der Ansicht seien, man habe uns gut behandelt und daß wir uns verpflichteten, nichts von dem, was wir erlebt hatten, zu erzählen. Dann ließ man uns frei, nachdem man uns zuvor noch unsere Zivilkleider und die Gegenstände, die wir bei unserer Ankunft hatten abliefern müssen, zurückgegeben und man uns empfohlen hatte, uns nicht zu betrinken.

Unsere Gruppe marschierte bis zum nächsten Dorf, wo wir im Wirtshaus Brot, Käse, Mineralwasser und Kaffee fanden, um

Hunger und Durst zu stillen. Der Wirt, der uns ankommen sah, schien zu wissen, was Leute, die vom ›Hügel‹ kamen, brauchten. Er gab sich freundlich und stellte nicht die geringste Frage über das Lager. Die drei alten Bauern, die ihr Bier am nächsten Tisch tranken, beobachteten uns schweigend.«

Fünf Stunden später sah Oberrabbiner Wilde seine Frau in Magdeburg wieder. Schon am nächsten Morgen mußte er zur Gestapo und die Verpflichtung unterschreiben, daß er freiwillig vor dem 15. April 1939 auswandere. Tausende von Verhafteten des »Novemberpogroms‹ verbrachten Wochen, oft Monate, in der Erwartung einer Antwort auf ihren verzweifelten Antrag auf ein Auswanderungsvisum für ›irgendein Land‹, das sie aus der Hölle des Lagers befreien würde. Vielen gelang es, über Verwandte oder Freunde ein fingiertes Einreiseversprechen zu erhalten, das einige lateinamerikanische Konsulate gegen mehrere hundert Mark ausstellten.

Bis zu ihrer Entlassung waren für die SS-Männer alle Mittel billig, um die jüdischen Häftlinge zu erpressen. So erinnert sich der Breslauer Hermann Striem, der während der achtwöchigen Haft in Buchenwald 17 Kilo abnahm, daß sie nach zwei Wochen den Befehl erhielten: »Schreibt Postkarten an eure Angehörigen, um ihnen mitzuteilen, daß ihr gut angekommen seid, daß es euch gut geht, daß ihr aber warme Kleidung, gute Schuhe, Wolldecken braucht.«

Bald trafen Hunderte von Paketen ein, doch selten erreichten sie tatsächlich den Empfänger. Denn in der Zwischenzeit hatten die SS-Männer ihnen zu verstehen gegeben, es wäre besser, darauf zugunsten der Winterhilfe, die sie dringend brauchte, zu verzichten.

Einen anderen Tag zwang man die Häftlinge, bei einer Hinrichtung zugegen zu sein. Anschließend teilte die Lagerleitung mit, daß die Besitzer eines Autos sofort freigelassen würden, wenn sie sich schriftlich zu dessen Abgabe bereiterklärten. Noch unter dem Schock des Dramas, dem sie soeben beigewohnt hatten, beeilten sich mehrere Hundert, in die »Schenkung« einzuwilligen, wurden aber nicht freigelassen.

Noch widerwärtiger war die Methode, die darin bestand, von den Angehörigen der Inhaftierten Geld zu verlangen, damit die »Novemberjuden« das, was ihnen fehlte, in der Kantine kaufen konnten. Wenn das Geld ankam, zahlten es an einem Tisch sitzende SS-Männer dem Empfänger aus. Dieser mußte dann zu einem zweiten Tisch gehen, wo andere SS-Männer jeden Betrag über 10 Mark beschlagnahmten.

Die ersten Entlassungen der »Novemberjuden« aus Sachsenhausen erfolgten sechs Tage nach ihrer Einlieferung, aus Dachau und Buchenwald einige Tage später. Man entließ Häftlinge über sechzig Jahre, Schwerkranke, diejenigen, die einen Nachweis für ihre Auswanderung bringen konnten, oder diejenigen, die der »Arisierung« ihres Geschäftes zu einem Spottpreis zugestimmt hatten. Tag für Tag teilten die Lautsprecher der Lager mit, daß alle jüdischen Besitzer eines Autos, eines Hauses oder sonstiger Güter sich bei der Lagerleitung melden sollten. Zu dieser Zeit gab es noch keine Gaskammern: Der wissenschaftlich dosierte Terror, dem die »Novemberjuden« im Lager täglich ausgesetzt waren, sollte sie dazu bringen, um jeden Preis auszuwandern, auch wenn sie dadurch alles verloren, was sie noch besaßen. Sogar ihre Heimreise mußten die Häftlinge selbst bezahlen.

Die Entlassungen aus dem Lager erfolgten vom 18. November 1938 bis zum Frühling 1939. In der Zwischenzeit hatten Kälte, Mißhandlungen und eine durch unzulängliche Hygiene verursachte Typhusepidemie in den »Judenbaracken« von Dachau und Buchenwald Hunderte von Menschen ums Leben gebracht, die als nachträgliche Opfer der »Kristallnacht« zu betrachten sind. Aufgrund der Unterlagen der Wiener Library (London) schätzt man, daß der Pogrom den Tod von etwa 2 000—2 500 Männern, Frauen und Kindern zur Folge hatte — ungeachtet der unauslöschlichen Folgen, die sich bei all denjenigen zeigten, die seine Greuel erlebten.

Die Zuschauerstaaten

Wie reagierten nun die verschiedenen Staaten auf den Pogrom? Die einzigen, die ihn befürworteten, waren die faschistischen oder autoritären Regime von Ländern wie Italien, Rumänien, Ungarn, Polen, denn sie sahen darin eine Ermutigung, einen härteren Kurs bezüglich der Judenfrage einzuschlagen, insbesondere neue antijüdische Maßnahmen zu treffen. In der polnischen Rechten äußerte man sogar die Ansicht, daß brutale Maßnahmen das einzige Mittel seien, eine internationale Lösung aufzuzwingen, die Polen seiner 3 500 000 Juden entledigen würde.[1]

In fast allen anderen Ländern herrschte Empörung. Doch was konnten kleine Staaten, die zumeist von »mächtigen Beschützern« abhängig waren, in der damaligen internationalen Situation tun?

Die Regierungen Lateinamerikas warteten auf die Reaktion von Washington, hofften aber, ihre guten Beziehungen mit den europäischen Ländern – auch mit dem Dritten Reich – aufrechtzuerhalten. Die britischen Kolonien warteten auf die Reaktion der englischen Regierung und die französischen auf Anweisungen aus Paris.

In Europa standen Länder wie Griechenland unter dem Einfluß Hitlerdeutschlands. Nachdem die Athener Presse, als erste die Agenturen Reuter und Havas, Depeschen über die »Kristallnacht« veröffentlicht hatte, wurde ihr von der griechischen Regierung untersagt, andere Informationen als die der offiziellen Quellen des Dritten Reichs bekanntzugeben.[2] Die Polizei von General Metaxas paßte sich währenddessen den Anweisungen der Deutschen Botschaft in Athen an: Kaum hatte diese die deutschen Staatsangehörigen vorgeladen, um die »nichtarischen« Personen zu ermitteln, nahm die griechische Polizeibehörde ihrerseits eine allgemeine Kontrolle vor, bei der einigen die Aufenthaltsgenehmigung entzogen wurde. Da die deutsche Maßnahme aber ohne Folgen blieb, wurden die entzogenen Papiere wieder zurückgegeben, die Grenzen für jüdische Flüchtlinge aus dem Reich oder Italien jedoch gesperrt. Am härtesten betroffen waren die zumeist spanisch-griechischen Juden der bedeutenden Gemeinde von Saloniki, weil die deutschen Firmen, die sie fast ausschließlich in Griechenland vertraten, die geschäftlichen Beziehungen mit ihnen vollständig abbrachen.

Beachtenswert hingegen war die Einstellung Portugals. Trotz der Diktatur Salazars lehnte die gesamte Presse des Landes – mit Ausnahme des faschistischen Blattes *Diario da Manha* – die Judenverfolgung ab und verurteilte sie als Verletzung der christlichen Ethik.

Das Lissaboner *»Diario de Noticias«*[3] schreibt unter dem Titel *»Sühne ohne Verbrechen«*:

»Nichts rechtfertigt in unseren Augen die Brutalität dieser Ereignisse, auch wenn man den großen Presseorganen von Paris, London und New York wenig Glauben schenken kann, da sie im Dienste des Getobes Israels stehen und zu dessen Unglück hartnäckig zum Krieg gegen alle Nationalismen aufrufen. Tausende Menschen sind verurteilt, für einen Mord zu büßen, den sie nicht begangen haben. Warum? Weil sie Juden sind? Unser Gewissen lehnt sich vor dieser Tatsache auf, denn wir können nicht akzeptieren, daß ein anderer Glaube oder ein anderer Volksstamm als Schandfleck gebrandmarkt wird, der eine soziale Prophylaxe rechtfertigt, die diese Menschen vom Menschengeschlecht ausschließt. Diese Haltung widerspricht der Gerechtigkeit, der Barmherzigkeit, der Wissenschaft und der Natur.

Gewiß verstehen wir, daß das Reich sich in dem Lebenskampf gegen seine Feinde gedemütigt fühlt, wenn es diejenigen die jenseits seiner Grenzen Tag für Tag und bei jeder Gelegenheit die öffentliche Meinung der sogenannten Demokraten aufhetzen, nicht strafen kann. Wir möchten auch nicht unter den Verdacht der Willfährigkeit gegen diese Feinde des Friedens in Europa, ob Juden oder Katholiken, Liberale oder Anhänger der Tyrannei Moskaus, fallen. Denn alle sind verbunden durch den bewußten oder unbewußten Haß der Institutionen, die Europa gegen ›die vertikale Invasion der Barbaren‹ verteidigen. Wir wollen uns auch nicht den falschen Humanismus derjenigen zu eigen machen, die niemals das Blutbad in Moskau, in Budapest, in Madrid oder Barcelona beklagt, geschweige denn verurteilt haben, derjenigen, die Urheber oder Komplizen der Verbrecher waren, die während der Republik in Lissabon begangen wurden, Verbrechen gegen den Besitz, das Leben und die Freiheit guter Portugiesen. Nein, wir sind nicht das Sprachrohr dieser Heuchler, die nichts anderes ersehnen als das Monopol des Plünderns, der Brandstiftung und der Guillotine.

Aber wir sprechen im Namen des juristischen Gewissens, das beunruhigt ist in Anbetracht der beklagenswerten Verachtung, mit der man das Recht der Leute behandelt. Wir sprechen im Namen der Kultur, die jeden sittlichen Wert verliert, wenn das Leben eines Juden für Arier nicht denselben Wert in der Waage der Justiz hat wie das Leben jedes menschlichen Wesens. Wir sprechen im Namen einer gesellschaftlichen Ordnung, in der die Staatsführung im Lichte der Moral handelt, so daß weder Plünderung noch Mord jemals als Hoheitsaktion oder Reaktion betrachtet werden können.«

Von den kleinen demokratischen Ländern Europas reagieren die Niederlande mit der größten Anteilnahme an dem Schicksal der Opfer. Die Presse verurteilt einstimmig den Pogrom. Die 2. Kammer eröffnet eine Debatte über das Flüchtlingsproblem und die Möglichkeit, die Einwanderungsgesetzgebung zugunsten der Opfer des Dritten Reichs aufzulockern. Zahlreiche Hilfskomitees werden ins Leben gerufen, durch eine Spendenaktion geht in wenigen Tagen über eine Million Florin ein. Stadträte bieten sich spontan an, jüdische Kinder aufzunehmen, die Regierung selbst erteilt den Befehl, zwei Aufnahmelager zu errichten. Dennoch äußern die Niederländer den Wunsch einer internationalen Lösung des Problems, da sie in Anbetracht ihrer bescheidenen Mittel nicht lange den Flüchtlingsandrang an ihren Grenzen bewältigen können.

Derartige Bedenken scheinen noch stärker in den skandinavischen Ländern aufzukommen. Auch die dänische und die schwedische Presse bekunden einstimmig ihre Sympathie für die verfolgten Juden und sind der Meinung, daß die Haltung des Dritten Reichs künftig jeglicher Erweiterung der Münchener Vertragspolitik im Wege steht.

Doch fragt sie sich, was aus den 500 000—600 000 Juden, die sich noch dort befinden, werden soll, für die sich nicht der geringste Zufluchtsort zu finden scheint.

»Europa ist von Flüchtlingen überströmt, doch dürfte es einen Platz für sie in anderen Weltteilen geben.«[4]

Schwedens öffentliche Meinung zeigt sich noch zurückhaltender in dieser Hinsicht. Der amerikanische Botschafter in Stockholm berichtet:

»Wie groß auch die Sympathie sein mag, die man in Schweden für die Juden empfindet, so ist es offensichtlich, daß niemand riskieren will, ein jüdisches Problem in Schweden durch die Befürwortung einer liberalen Aufnahmepolitik aufzuwerfen.«[5]

Die jüdische Minderheit Schwedens teilt diese Ansicht, denn sie befürchtet, daß der Andrang jüdischer Flüchtlinge ein Aufwallen des Antisemitismus mit sich bringen würde. Daher veranstaltet sie Geldsammlungen, um den Glaubensgenossen die Emigration nach Übersee zu ermöglichen. Die Schweizer Behörden, die bereits im März 1938 gefordert hatten, daß die Pässe deutscher und österreichischer Juden mit einem J gekennzeichnet seien, schrecken — um dem Andrang jüdischer Flüchtlinge vorzubeugen — nicht davor zurück, ein diesbezügliches Abkommen am 11. November mit den Urhebern des Pogroms zu unterzeichnen.

Die deutschen Paßkontrollstellen und die Streifwachen an der deutsch-Schweizer Grenze, bemerkt dieses Abkommen, »sollen angewiesen werden, jeglichen Eintritt von Juden aus dem Reich in die Schweiz zu verhindern sowie den Eintritt von Juden, deren Paß kein Aufenthalts- oder Transitvisum aufweist«. In Einvernehmen mit der Schweizer Regierung, behalte sich die deutsche Regierung das Recht vor, ebenfalls von Juden Schweizer Staatsangehörigkeit ein Aufenthalts- oder Transitvisum für sein Territorium zu verlangen. Diese Gegenseitigkeitsklausel, die

Schweizer Bürger diskriminiert, ruft einen Sturm der Entrüstung in der Eidgenossenschaft hervor. Doch findet man nicht die geringste Spur eines Protestes gegen den ersten Teil des Abkommens, der vielmehr die meisten Länder Lateinamerikas zu ähnlichen Maßnahmen veranlaßt.

Es ist wohl bezeichnend für die Einstellung der Schweizer Behörden, daß die »Absetzung ohne Gehalt« des Sankt Galler Polizeioffiziers Paul Grueninger, der jüdische Flüchtlinge des Dritten Reichs ohne Visum ins Land ließ und ihnen falsche Aufenthaltspapiere besorgte, erst nach einunddreißig Jahren und zahlreichen Eingaben der Menschen, denen er das Leben gerettet hatte, für nichtig erklärt wurde.[6]

In seinem Bericht über die Neutralität der Schweiz bemerkte rückblickend der Schweizer Historiker Edgar Bonjour: »Der Egoismus und der verborgene Antisemitismus, den jeder Bürger hegt, veranlaßte ihn, die Augen zu schließen vor der Unmenschlichkeit mancher Aspekte der offiziellen Politik des Asylrechts.«

Doch wie könnte man kleine Länder der Unmenschlichkeit anklagen, wenn die großen gewissermaßen mit dem schlechten Beispiel vorangingen?

Die mächtige Sowjetunion, deren Verfassung mit § 129 das Asylrecht für Opfer politischer Verfolgungen vorsah, hatte nur eine kleine Anzahl Flüchtlinge – meistens Kommunisten – zunächst nach der nationalsozialistischen Machtübernahme, dann während des Spanischen Bürgerkriegs und schließlich nach dem Anschluß Österreichs aufgenommen. Als es sich um jüdische, nicht kommunistische Flüchtlinge handelte, nahm die sowjetische Regierung eine dilatorische Haltung ein.

Die sowjetische Presse erwähnte zwar die Verfolgung der Juden im Dritten Reich. In einem Leitartikel der *Prawda* vom 16. November 1938 wurde die »Kristallnacht« mit den Pogromen des zaristischen Rußland verglichen und als Eingeständnis der Schwäche des deutschen Faschismus ausgelegt. »Die wirtschaftlichen Schwierigkeiten«, meinte der Verfasser des Artikels, der mit »Beobachter« unterzeichnete, »und die Unzufriedenheit der Massen haben die faschistischen Führer gezwungen, den Pogrom gegen die Juden anzuzetteln, um die Aufmerksamkeit der Massen von dem Ernst der inneren Lage abzulenken ... Aber die antijüdischen Pogrome haben die zaristische Macht nicht gerettet: sie werden auch nicht den deutschen Faschismus vor dem Zusammenbruch retten.«

In einer bildhafteren Sprache kommt der Leitartikel der *Prawda* des nächsten Tages zum gleichen Schluß: »Die neue Orgie menschenverschlingender Pogrome bedeutet das nahe Ende des Faschismus.« Dieser zweite Leitartikel stellt auch mit Befriedigung fest, daß der Naziterror in den angelsächsischen Kreisen die bis dahin für die »Appeasement«-Politik eintraten, einen Schock ausgelöst hat. So gibt die sowjetische Zeitung auf der ersten Seite die Entrüstung der internationalen Presse wieder, weist aber gleichzeitig darauf hin, daß die bürgerlichen Kreise der westlichen Länder sich stets geweigert haben, eine Tatsache anzuerkennen, die für die Arbeiter der ganzen Welt offenkundig ist, und zwar, daß die Judenverfolgung in den faschistischen Ländern kein Zufall, sondern der unmittelbare Ausdruck der faschistischen Politik ist, die sich gleichermaßen in der Innen- wie in der Außenpolitik des Staates äußert.

Dennoch erwähnt die sowjetische Presse erst am 27. November, d. h. über zwei Wochen nach der »Kristallnacht«, daß in den Großstädten der UdSSR öffentliche Protestkundgebungen stattgefunden haben. Vertreter der Intelligenzija brandmarken die »faschistische Barbarei« und stellen die Rassendiskriminierung und -verfolgung in Deutschland und Italien der Gleichberechtigung aller Bürger in der Sowjetunion gegenüber. Nirgends werden jedoch in der UdSSR konkrete Maßnahmen zur Lösung des Problems der jüdischen Flüchtlinge ergriffen. Kein Vertreter der Regierung oder der Kommunistischen Partei ergreift das Wort in diesen Kundgebungen. Noch bedeutsamer ist die Tatsache, daß die Behörden aus dem Interview, das Ivan Papanin, Leiter der wissenschaftlichen

Nordpolexpedition und Mitglied des Obersten Sowjets, einem amerikanischen Journalisten gegeben hat, die Äußerungen zum Problem der jüdischen Flüchtlinge gestrichen haben. Papanin hat für ihre Aufnahme in die UdSSR plädiert und gemeint, dieses Problem könne auf der nächsten Sitzung des Obersten Sowjets erörtert werden. Da aber gemäß der waltenden Regelung jedes Interview vor der Veröffentlichung zur Begutachtung der Behörde vorgelegt werden muß, enthält die endgültige Fassung nicht mehr die geringste Anspielung auf dieses Problem.[7]

Die offizielle Haltung der Regierung entnimmt man der Antwort, die der sowjetische Botschafter in London, Jacob Maïski, am 2. Dezember auf die Anfrage des Hochkommissars für die deutschen und österreichischen Flüchtlinge im Völkerbund, Sir Neill Malcolm, gab:

»Am letzten 2. November warfen Sie mir die Frage auf, ob die Sowjet-Regierung bereit wäre, eine gewisse Anzahl von Flüchtlingen, die sich unter Ihrem Schutz als Hochkommissar des Völkerbundes für Flüchtlinge aus Deutschland befinden und die ihr Land wegen Verfolgung durch das deutsche Regime verlassen mußten und ein zeitweiliges Heim in der Tschechoslowakei, Frankreich, Belgien usw. gefunden haben, aufzunehmen.

Sie erklärten, daß etwa neun Zehntel dieser Flüchtlinge Juden sind und daß ihre wirtschaftliche Existenz in den erwähnten Ländern äußerst prekär ist. Um ihre Leiden zu mindern, schlugen Sie vor, daß die Sowjetregierung, daß die UdSSR eine gewisse Anzahl dieser hereinlassen sollte, besonders jene, die zu den folgenden beiden Gruppen gehören: a) Hochqualifizierte Spezialisten wie Ingenieure, Ärzte, Agrarfachleute usw. und b) Menschen, die aufgrund ihrer Erfahrung am besten für Landwirtschaft und Ackerbau geeignet sind.

Wie ich bei unserer Unterhaltung erwähnte, war ich zu jener Zeit nicht imstande auf Ihre Anfrage eine Antwort zu geben, und ich versprach, diese Angelegenheit meiner Regierung zu unterbreiten.

Ich bin jetzt über die Haltung der Behörden in der UdSSR auf meine Anfrage unterrichtet: die Sowjetunion ist prinzipiell bereit, eine gewisse Anzahl Flüchtlinge des obigen Typs hereinzulassen, aber jeder Fall wird individuell entschieden werden.«[8]

Festzustellen ist jedoch, daß die »prinzipielle Bereitwillig-keit« jedoch nie konkrete Formen annahm. Die Sowjet-union Stalins, die zu dieser Zeit einem internen »Säube-rungsprozeß« unterlag, dachte nicht daran, ihre Grenzen fremden Elementen, die zudem Juden waren, zu öffnen. Auch ohne diese innenpolitischen Erwägungen hätte die UdSSR nach wie vor die Linie vertreten − wie bereits Helena Stassowa, die Generalsekretärin der »Roten Hilfe« 1934 erklärt hatte −, die Flüchtlinge nicht in der Sowjet-union aufzunehmen, sondern »zu kämpfen, damit die ka-pitalistischen Länder ihnen das Asylrecht gewähren«.

Die Haltung der drei westlichen Großmächte

Von den drei westlichen Großmächten − den Vereinigten Staaten, Frankreich, Großbritannien − reagiert zweifellos Großbritannien, zumindest die öffentliche Meinung, am heftigsten auf die »Kristallnacht«, die sie als brutale Absa-ge an die »Appeasement«-Politik Chamberlains empfin-det. Trotz Hitlers heftiger Angriffe gegen die politischen Freunde Churchills und trotz der Angriffe der deutschen Presse, die nicht davor zurückschreckt, Churchill, Attlee und Duff Cooper als »Aufhetzer des jüdischen Mörders«[9] zu bezeichnen, versucht die englische Diplomatie, alles aufzuhalten, was die Politik der deutsch-britischen Annä-herung gefährden könnte.

Als Dr. Chaim Weizmann, Leiter der Jewish Agency, am 9. November im Foreign Office vorspricht, nachdem ihn die jüdischen Gemeinden des Reichs um Hilfe ersucht haben, und den Wunsch äußert, man möge eine nichtjüdi-sche Persönlichkeit nach Berlin entsenden, antwortet der von Außenminister Lord Halifax hierzu befragte britische Botschafter, er sehe kein Vorteil, sondern nur Nachteile in diesem Vorschlag.[10] Fünf Tage später teilt der britische Botschafter mit, sein amerikanischer Kollege in Berlin sei ganz seiner Meinung: eine Intervention werde mehr Scha-den anrichten, als Gutes bewirken.

Als nun Sir Michael Bruce, der von den Leitern der jüdischen Gemeinde herbeigerufen worden ist, um bei der deutschen Regierung vorzusprechen, in Berlin eintrifft, gesteht der britische Diplomat, er sei von Lord Halifax angewiesen worden, »nichts zu unternehmen, was Hitler oder seine Günstlinge (›minions‹) irritieren könnte«.[11] Doch die Öffentlichkeit, die Presse und sogar Persönlichkeiten, die bis dahin für eine deutsch-britische Annäherung eingetreten sind, bringen ihre Empörung öffentlich zum Ausdruck. Bereits am 11. November fühlt sich der Erzbischof von Canterbury, Cosmo Gordon Lang, einer der größten Befürworter der Freundschaftspolitik mit dem neuen Deutschland, verpflichtet, in einem offenen Brief an die *Times* die tiefe Mißbilligung der Christen Großbritanniens kundzutun:

»Die Provokation der bedauernswerten Handlung eines jungen unverantwortlichen Juden kann nicht derart barbarische Repressalien und in diesem Umfang rechtfertigen. Dies zu behaupten scheint nicht unangebracht gerade zu einem Zeitpunkt, in dem sich in diesem Land der allgemeine Wunsch kundtut, mit dem deutschen Volk in freundschaftlichen Beziehungen zu leben. Es gibt Momente, in denen die elementarsten Gefühle der Menschlichkeit kein Schweigen zulassen. Es wäre wünschenswert, daß die Leiter des Reichs verstehen, daß solche Haß- und Bosheitsausbrüche eine absolut unerträgliche Spannung in der Freundschaft verursachen, die wir bereit sind, ihnen anzubieten.«

Abschließend ruft Erzbischof Lang alle Kirchen Großbritanniens zum Gebet für die Opfer der Verfolgung auf.

Im Sog der allgemeinen Entrüstung legt Lord Mount Temple den Vorsitz der englisch-deutschen Gesellschaft ab. Er erklärt, er könne weder für die den Juden widerfahrene Behandlung noch für die feindselige Haltung des Reichs gegenüber den deutschen Katholiken und Protestanten einstehen. Auf die Frage, ob die Judenverfolgung im Dritten Reich ein Hindernis für die britisch-deutsche Verständigung sei, antworten vier von fünf befragten Personen mit *Ja*.

In einem Brief an die deutsche Regierung berichtet Botschafter von Dirksen aus London besorgt über die negative Auswirkung der antijüdischen Maßnahmen und die antideutsche Kampagne in der britischen Öffentlichkeit,[12] eine Kampagne, die er hauptsächlich der britischen Presse und dem jüdischen Einfluß in den führenden Kreisen Englands zuschreibt. Besonders gravierend erscheint ihm der Pessimismus der englischen Befürworter einer deutsch-englischen Annäherung und die Abschwächung der Position Chamberlains. Fest steht, daß die englische Presse die öffentliche Meinung widerspiegelt, nach der es nicht länger möglich sei, die »Appeasement«-Politik gegenüber dem Dritten Reich weiterzuführen.«

Der berühmte politische Berichterstatter »Scrutator« bemerkt:

»Es gibt keine Kriegspartei in diesem Land. Doch ich kann mir vorstellen, daß wir demnächst eine Regierung haben werden, die eine starke britische Demokratie verteidigt, die für Freiheit und Gerechtigkeit in der Welt eintreten und sogar den Krieg eher in Kauf nehmen wird, als einen Rechtsbruch zu begehen, die Schwachen preiszugeben, Drohungen, Schmähungen, Angriffe von kriminellen Parvenüs zu akzeptieren.«[13]

Anläßlich einer großen Debatte im Unterhaus über die »religiösen und politischen Minderheiten« tritt der Labour-Abgeordnete von Derby, Philipp Noël Baker, der später geadelt worden ist und den Nobelpreis für den Frieden erhalten hat, mit Eifer und Mut für die jüdischen Opfer ein.[14] Nachdem er auf den Terror hingewiesen hat, dem die Juden infolge ihrer Herkunft im Reich ausgesetzt sind, an ihre Verdienste in einem Land erinnert hat, das den Protestantismus, berühmte Philosophen wie Kant, eine große Arbeiterbewegung und eine große freie Presse hervorgebracht hat, erinnert Baker die Mitglieder des Unterhauses an die drohenden Worte von Goebbels nach den Verfolgungen: »Wir haben nur einen Wunsch, daß die Welt judenfreundlich genug sei, um uns aller Juden zu entledigen.«[15]

Die Gefahr der Ausweisung, die den Juden des Reichs droht, lastet demzufolge auch auf den Juden Ungarns, Rumäniens und Polens, weil diese Länder sich beeilen würden, Hitlers Beispiel zu folgen. Daher schlägt Philipp Noël Baker einen Plan in zwei Punkten vor:

1. die Forderung der Einstellung der Verfolgungen und der Ausweisung der entrechteten Opfer, wenn nötig durch Androhung von Repressalien;
2. die Ausarbeitung eines Programms zur Aufnahme von mehreren Hunderttausend Flüchtlingen. Dabei erinnert der Redner daran, daß der Völkerbund nach dem Ersten Weltkrieg einer weit größeren Anzahl von Flüchtlingen hatte helfen können. Erforderlich seien Geld und eine internationale konzertierte Aktion.

»Wenn die Regierung sich in der Lage sieht, eine Anleihe für die Türkei zum Kauf von Waffen zu garantieren«, erklärt der Labour-Abgeordnete, »so wäre es nur recht und billig, daß sie eine Anleihe zur Rettung dieser Unglücklichen garantiert.« Da er aber keine Illusionen über den guten Willen der Regierung Chamberlain hegt, fügt er alsbald hinzu, daß »die Macht und die Wachsamkeit der öffentlichen Meinung jeden Obstruktionsversuch brechen werden«.

Abschließend appelliert Baker an das Gewissen der britischen Regierung und der Menschheit:

»Ich denke, daß die Regierung durch die Mittel, die ich vorgeschlagen habe, die Hand des deutschen Tyrannen aufhalten kann. Sie kann gewiß die notwendigen Mittel finden, damit diesen bedauernswerten Menschen ein neues Leben gesichert werde. Dieser Schiffbruch ist die Folge der seit zwanzig Jahren von allen Regierungen begangenen Irrtümer. Diese Irrtümer müssen jetzt von ihnen wiedergutgemacht werden, denn die Flüchtlinge haben genug gelitten. Dr. Goebbels sprach neulich die Hoffnung aus, daß die Welt die Juden vergessen werde. Diese Hoffnung ist vergeblich; seine Verfolgung der Juden wird wie die Bartholomäusnacht als Gedenkzeichen der Scham für die Menschheit in die Geschichte eingehen. In Zukunft soll an diese Schmach das Andenken an die Nationen gemahnen, die ihr Bestes taten, um diese zu beseitigen.«

Bakers Hoffnung war verfrüht. Weder die Entrüstung des englischen Volkes noch die Debatte im Unterhaus hindern Chamberlain – wie der deutsche Botschafter in London befürchtet hat –, unerschütterlich den Weg der Konzessionen an Hitlerdeutschland weiterzugehen und sogar die ehemaligen deutschen Kolonien wieder abtreten zu wollen. In diesem Sinne beauftragte er den südafrikanischen Verteidigungs-, Handels- und Industrieminister Oswald Pirow[16], Hitler anläßlich seines Besuchs am 24. November in Berchtesgaden die katastrophale Auswirkung seiner judenfeindlichen Politik für die englischen Freunde des Dritten Reichs darzulegen. Sollte sich der Führer von der »Appeasement«-Politik abwenden, erklärt dieser Sohn deutscher Emigranten des 19. Jahrhunderts und ein großer Verehrer des Nationalsozialismus, so würde er der britischen Kriegspartei zur Macht verhelfen, und dies würde einen schrecklichen Weltkrieg auslösen. Deshalb solle Hitler Chamberlain und Halifax, die Männer guten Willens seien, in ihrem Kampf gegen die Kriegspartei von Churchill und Duff Cooper unterstützen, indem er mit England und den USA zur Finanzierung der jüdischen Emigration beitrage.

Hitler reagiert empört. Die Juden, meint er, würden eines Tages aus Europa verschwinden. Zahlreiche Länder seien bereits aufgebracht gegen das Treiben der Juden auf ihrem Boden. Was ihn selbst anbetrifft, so könne er es nicht verantworten, den Juden die wenigen in Deutschland verfügbaren Devisen zu lassen.

Daraufhin legt Pirow ausführlich dar, der Führer könne ja die Finanzierung der Emigration durch andere Länder ermöglichen, indem er den Gegenwert durch Warenexport genehmige oder – eine noch verlockendere Lösung für das Dritte Reich – eine ehemalige deutsche Kolonie, zum Beispiel Tanganjika, als Emigrationsland für die Juden anbieten. Diese Geste, fügt Pirow hinzu, der gleichzeitig dadurch die deutschen Ambitionen auf Südwestafrika einzuschränken hofft, würde eine neue Situation schaffen und die Diskussion über das Problem der Kolonien fördern.

Erzürnt weist Hitler Pirows Vorschläge ab. Wie könnte er Länder freigeben, für die so viele deutsche Helden ihr Leben geopfert haben? Wie könnte er diese Gebiete den unerbittlichsten Feinden Deutschlands überlassen?

So erweist sich Pirows Mission als totales Fiasko nicht nur bei Hitler, sondern auch bei Mussolini. Als er den Duce aufsucht, um ihn als Mittler in dieser Angelegenheit zu gewinnen, weist der Duce ihn schroff ab und tobt gegen die »Degenerierten«, die sich in einem anderen Erdstrich eingelebt haben. »Es ist fast unmöglich zu glauben, daß dieser Pirow einen deutschen Vater hatte! Auf alle Fälle hatte er recht, sich immer als Afrikaner vorzustellen.«[17]

Am selben Tag, an dem der südafrikanische Minister Hitler in Berchtesgaden zu überzeugen versucht, eine afrikanische Lösung des Judenproblems zu akzeptieren, spricht Chamberlain diesbezüglich mit dem französischen Premierminister Edouard Daladier im Rahmen der französisch-britischen Unterhaltungen, die vor Ribbentrops Besuch in Paris stattfanden. Die Konferenz fand im Quai d'Orsay in Anwesenheit der Außenminister Lord Halifax und Georges Bonnet statt.[18] Bonnet drückt die Besorgnis der französischen Regierung aus, die vor kurzem eine Anzahl jüdischer Flüchtlinge aufgenommen hat, obwohl bereits 40 000 in Frankreich leben. Frankreich sei bereit, trotz seiner über drei Millionen Ausländer, noch eine kleinere Anzahl jüdischer Flüchtlinge aufzunehmen und anderen Flüchtlingen zu gestatten, sich in den Kolonien niederzulassen, wenn Großbritannien und die USA ihrerseits im gleichen Sinne handeln. Darauf antwortet Chamberlain, die Regierung Seiner Majestät bemühe sich, die erforderliche Hilfe zu leisten. Das Problem sei bereits mit Vertretern der Kolonien und Dominions besprochen worden. Doch liege eine der Hauptschwierigkeiten für Großbritannien in der Gefahr eines Wiederaufkommens des Antisemitismus. In der Tat, hebt der englische Premier mit einer gewissen Genugtuung hervor, haben Juden selbst Seine Majestät gebeten, der durchgeführten Aktion nicht zuviel Publizität zu geben. Zur Information der französischen Regierung wolle er aber bekanntgeben, daß sein Land zur Zeit 500 jüdische Flüchtlinge wöchentlich aufnimmt. Doch gibt er nicht zu, daß dies unter dem Druck der öffentlichen Meinung erfolgt. Was das Empire betreffe, so gebe Australien im stillen — aus dem bereits erwähnten Grund — Aufenthaltsgenehmigungen. Ferner sei der Vorschlag einer Niederlassung jüdischer Flüchtlinge in Tanganjika in diesem Land günstig aufgenommen worden, vom Dritten Reich aber schroff abgelehnt, da Berlin dieses Land als deutsche Kolonie zurückfordere. Es gäbe jedoch, so Chamberlain, noch andere Aufnahmeländer in Afrika für die jüdischen Flüchtlinge, z. B. Nordrhodesien, Kenya, Britisch Guayana, wenn die jüdischen Organisationen die notwendigen Gelder für dieses »Settlement« aufbringen. Der englische Premier glaubt nicht an eine Unterstützung der US-Regierung, erhofft aber die der amerikanischen Juden. Die Hauptsache sei in erster Linie, daß die deutsche Regierung die Auswanderung der Juden mit wenigstens einem Teil ihres Vermögens genehmige. Deshalb äußert Chamberlain den Wunsch, daß die französische Regierung Außenminister Ribbentrop anläßlich seines Pariser Besuchs in dieser Hinsicht beeinflusse.

Dieser Besuch und der Wunsch einer deutsch-französischen Annäherung als Folge des Münchener Abkommens erklären in entscheidendem Maß die äußerst große Zurückhaltung der französischen Regierung und der Mehrheit der Presseorgane in Anbetracht des »Novemberpogroms«.

Für die extrem rechten Zeitungen bietet er eine neue Gelegenheit zur Hetzkampagne gegen Juden und Ausländer: So bringt z. B. das Wochenblatt *Gringoire* unter dem Titel »Jagt die Metöken aus dem Land« eine Karikatur des jungen Grynszpan »mit dem Revolver, der soeben vom

Rath tötete, in der Hand und dem Kommentar: »Das ist die Sprache der Metöken ...«

In Maurras' *L'Action française* liest man bereits am 8. November:

»Ein Verbrechen, das die schlimmsten Folgen haben kann, wurde gestern morgen in der Deutschen Botschaft in Paris begangen. Der Täter ist wieder ein Ausländer, ein polnischer Jude.

Wird Frankreich denn immer der Kampfplatz aller Metöken Europas und der Welt sein, und müssen wir immer die Folgen solcher widerwärtiger Taten wie der gestrigen tragen?

Frankreich ist zugegebenermaßen ein gastfreundliches Land; darum sollte es nicht zulassen, daß ein akkreditierter Diplomat in Paris von einem Metöken ermordet wird, der keine Aufenthaltsbewilligung hat.

Warum wurde der Ausweisungsbefehl gegen ihn nicht ausgeführt? Die Frage fordert wohl eine Antwort. Man sollte auch wissen, wie viele Ausländer in derselben illegalen Situation wie Herschel Feibel Grynszpan noch unter uns leben.

Am 14. Oktober richtete unser vortrefflicher und mutiger Freund Charles Trochu eine schriftliche Anfrage an den Präfekten und den Polizeipräfekten des Departements Seine. Er forderte u. a., daß der ›Invasion ausländischer Flüchtlinge, insbesondere der aus Deutschland und Italien ausgewiesenen Juden‹, Einhalt geboten werde.

Die nationale Sicherheit wie die wirtschaftliche Lage erlauben es nicht, in der Hauptstadt und Umgebung fremde, seit kurzem dort wohnende Elemente zu dulden.

Groß-Paris ist es satt, die Ablagestätte des kosmopolitischen Verbrechertums zu sein. Das Asylrecht hat seine Grenzen ...

Nach über drei Wochen hat Charles Trochu, dem das gestrige Ereignis neue und starke Argumente liefert, noch keine Antwort von den Behörden erhalten.«[19]

Noch aufschlußreicher ist die Tatsache, die einem scharfen Beobachter wie dem amerikanischen Beauftragten in Paris nicht entgeht, daß gemäßigte bürgerliche Blätter, u. a. *Le Figaro, La République* des Radikalsozialisten Emile Roche, *Le Temps,* der Vorläufer des heutigen *Le Monde,* die Ereignisse der »Kristallnacht« schildern, ohne die Schlüsse zu ziehen, die sich daraus für die französische Politik ergeben.[20]

Während im englischen Unterhaus eine große Debatte stattfindet, herrscht im französischen Parlament völliges Schweigen über den Novemberpogrom. Wohl bemerkt *Le Temps* in seinem Leitartikel vom 16. 11. 1938 unter dem Titel *Das jüdische Problem:* »Man kann sich ehrlich nicht damit abfinden, daß eine ganze Rasse infolge hemmungsloser politischer Leidenschaften den schlimmsten Demütigungen ausgesetzt wird und schließlich in die Alternative Selbstmord oder Vernichtung getrieben wird.« Doch wird in dem Leitartikel gleichzeitig bedauert, daß »die Judenverfolgung in Deutschland und die Reaktionen, die sie besonders seitens der angelsächsischen Länder hervorgerufen haben, das günstige Klima für die Annäherungs- und Verständigungspolitik, die man nach dem Münchener Abkommen erhoffen konnte, beeinträchtigen.«

Einige Journalisten zeigen sich besorgt über diese äußerst zwiespältige Haltung: Emile Buré schreibt im Leitartikel des *L'Ordre:*

»Einverstanden, wir wollen keinen ideologischen Kreuzzug, aber glaubt ihr, daß Frankreich und England, indem sie bewußt die Augen schließen vor den Leiden der Minderheiten, die den NS-Gesetzen ausgeliefert sind, und denjenigen schmeicheln, die derartige Gesetze erlassen und in Kraft setzen, nicht selbst die Leiden erfahren werden, die schon so viele Völker und Menschen demokratischer Gesinnung bedrücken, während sie gleichgültig oder sogar willfährig zusehen. Ihre elende Politik untergräbt jedenfalls, was ihnen noch an Ansehen bleibt.«[21]

Das linke Wochenblatt *La Lumière* äußert sich noch deutlicher. Unter dem Titel »Eine solche Barbarei! Die Welt ist empört — Frankreich schweigt« brandmarkt Albert Bayet diejenigen, die Angst und Feigheit zum politischen System erheben:

»Vorgestern, als wir gegen das Blutvergießen in Äthiopien, in China, in Spanien protestierten, sagte man uns: ›Seid still, ihr

Kriegstreiber!‹ Gestern, als wir gegen die Verstümmelung der Tschechoslowakei protestierten, sagte man uns: ›Seid still, ihr Streitlustigen.‹ Heute, da wir gegen die schändliche Verfolgung wehrloser Juden, ihrer Frauen und Kinder protestieren, sagt man uns: ›Seid still! Frankreich hat Angst!‹ ...

Als Mensch und als Franzose fühle ich mich zutiefst dadurch verletzt, daß unsere Regierung geschwiegen hat, als die Regierungen von England, Holland, den Vereinigten Staaten die Stimme erhoben ... Vor derartigen Schandtaten schweigen, bedeutet, mitschuldig sein: Sollte Frankreich weiter schweigen, wäre es nicht mehr Frankreich. Ich bin überzeugt, daß dies nicht der Fall sein wird. Es kann nicht der Fall sein. Die Stunde des großen Aufwachens ist nahe. Die käufliche Presse, die unser Land entehrt, das offizielle Schweigen, das Verrat an seinen Prinzipien ist, geben nicht den Maßstab für die Beurteilung Frankreichs ab.«[22]

Auch die Sozialistische Partei (SFIO) mißbilligt die offizielle Haltung. In ihrem Blatt veröffentlicht sie einen Beschluß des Leitungskomitees, in dem das Bedauern zum Ausdruck kommt, daß von allen Regierungen demokratischer Länder nur die französischen Minister es nicht für nötig hielten, öffentlich gegen die Verbrechen der Naziregierung zu protestieren, und sogar die Haltung des Präsidenten Roosevelt und des englischen Premiers Chamberlain aufs schärfste verurteilten.

»Vor der abscheulichen faschistischen Repression ruft die SFIO die Arbeiter auf, sich noch enger mit der Sozialistischen Partei zusammenzuschließen, die alle Rassenvorurteile bekämpft und entschlossen ist, die Errungenschaften der Demokratie und der Menschenrechte gegen alle Angriffe zu verteidigen.«[23]

An der Spitze der Mobilisierung gegen Hitlerdeutschland ruft die *Internationale Liga gegen den Antisemitismus* (LICA) Christen, Juden, Moslems, Freidenker zu einer großen Kundgebung in der Pariser Mutualité auf.

Doch all diese hellsichtigen und großmütigen Stellungnahmen bleiben ohne Einfluß auf die französischen Befürworter der Münchener Verständigungspolitik. Es wäre gewiß befriedigend für den fortschrittlichen Historiker, feststellen zu können, daß diese Befürworter nur im Lager der Rechtsparteien zu finden sind. Doch wir haben bereits die Haltung eines Teils der demokratischen Kreise sowie des jüdischen Bürgertums in Schweden, Großbritannien, Frankreich und den USA dargestellt, die einen Andrang jüdischer Flüchtlinge sowohl für die innere Lage (Anwachsen des Antisemitismus) als auch für die internationalen Folgen (Gefahr eines Krieges mit Deutschland) befürchteten. Eine so exponierte Persönlichkeit wie der Pariser Oberrabbiner Julien Weill schrickt z. B. nicht davor zurück, in einem Interview vom 19. November in *Le Matin* die passive Haltung der französischen Regierung als Politik zur »Erhaltung des Friedens« zu rechtfertigen. So erklärt er bezüglich der Judenverfolgung im Dritten Reich:

»Ich kann leider nicht im geringsten zur Regelung dieser beängstigenden Frage beitragen. Sie überschreitet weitaus meine Kompetenz. Hilfskomitees haben sich bis jetzt bemüht, den geflüchteten Israeliten die nötigen Mittel zum Aufbau eines neuen Heimes zu verschaffen. In der letzten Zeit hat aber das jüdische Problem ein solches Ausmaß genommen, daß es nur im Rahmen internationaler Organisationen gelöst werden kann. Ich glaube, daß seine Lösung weit mehr von den Vereinigten Staaten und England abhängt als von Frankreich, das in dieser Hinsicht mehr als alle anderen Länder der Welt getan hat und offensichtlich keine weiteren Emigranten mehr aufnehmen kann. Ich glaube nicht einmal, daß es in den bewohnbaren Gegenden seiner Kolonien eine Niederlassung bieten könnte. So kann ich nur den Wunsch äußern, daß diese neue Verfolgungswelle eine große Solidaritätsbewegung zugunsten der unschuldigen Opfer auslöst.«

Gewiß ist dem Oberrabbiner von Paris das Paradoxon seiner Lage bewußt, wenn er die anderen zur Solidarität aufruft, gleichzeitig aber behauptet, er selbst könne nichts tun, denn er fügt hinzu:

»Verzeihen Sie mir, daß die Erklärung, die sie von mir erwarten, sich auf platonische Wünsche beschränkt. *In diesem Augenblick steht es uns nicht zu, eine Initiative zu ergreifen, die irgendwie die jetzigen Bemühungen für eine deutsch-französische Annäherung beeinträchtigen könnte.*[24] Sie können sich vorstellen, daß niemand mehr als ich an dem Leiden und dem Elend der 600 000 deutschen Israeliten teilnimmt. Doch erscheint mir nichts kostbarer und erforderlicher als die Erhaltung des Friedens auf Erden.«

Beinahe noch paradoxer als dieses Interview ist dessen energische Anfechtung von Léon Blum, der als Ministerpräsident der Volksfrontregierung die Nichteinmischung in den Spanischen Bürgerkrieg befürwortet hatte. Anläßlich eines Banketts der LICA, das am 26. November im französischen Aéroclub in Paris stattfindet, erklärt er unter heftigem Applaus der Anwesenden:

»Nichts in der Welt scheint mir schmerzlicher und ehrenloser, als daß die französischen Juden heute versuchen, die Tür des Landes vor jüdischen Flüchtlingen anderer Länder zu schließen. Sie sollen sich ja nicht einbilden, daß sie auf diese Weise ihre Ruhe und Sicherheit bewahren werden. Denn es gibt in der Geschichte kein Beispiel, daß man die Sicherheit durch Feigheit gewinnen kann *(starker Applaus)*, sei es für die Völker, für Menschengruppen oder einzelne Menschen.«

Drei Wochen nach der »Kristallnacht« fragt Chefredakteur Henri de Kerillis in der Zeitung *L'Epoque:*

»Das ist doch kaum zu glauben! Herr von Ribbentrop kommt nach Paris zur Unterzeichnung einer Freundschaftserklärung zwischen Deutschland und Frankreich. Mit welchem Schweigen, mit welchen neuen Konzessionen wurde diese ›Freundschaft‹ Hitlerdeutschlands bezahlt? Die Gegner der Münchener Politik fragen sich beklommen: Hat Deutschland das Verbot der Kommunistischen Partei Frankreichs gefordert und erlangt? Hat Frankreich ein ähnliches Presseabkommen unterschrieben wie es Österreich, der Tschechoslowakei, Griechenland aufgezwungen wurde, ja sogar Dänemark, wo ein weltbekannter konservativer Journalist infolge eines Einwandes der deutschen Diplomatie entlassen wurde.«[25]

Wiederum ist es die LICA, die die Pariser Bevölkerung zum öffentlichen Protest aufruft. In ihrer Zeitschrift *Le Droit de Vivre* (Das Recht zu leben) erhebt sich der Sozialist Pierre Brossolette, der während der deutschen Besatzung seine Widerstandsaktion mit dem Leben zahlen sollte, gegen den »schamlosen Besuch« Ribbentrops. Er beweist die Nichtigkeit eines Abkommens mit einem Regime, das derartige »Papierfetzen« verachtet und »sich weigert, vor Begeisterung in Ohnmacht zu fallen, weil Herr Georges Bonnet mit Herrn von Ribbentrop aufs Wohl getrunken hat.«

Doch die Regierung Daladier, die bereits eine drastische Verschärfung der Ausländergesetzgebung eingeführt hat, verhindert die Aktion der LICA, indem sie Plakate, Telegramme und Propagandamaterial für die Provinz von der Polizei beschlagnahmen läßt.

Unterdessen gibt der französische Außenminister Bonnet ein Galaessen zu Ehren seines deutschen Kollegen. Man geht sogar so weit, aus Rücksicht auf die »arischen Gefühle« des Staatsgastes Frankreichs, den jüdischen Minister der Kolonien, Georges Mandel, und den protestantischen Erziehungsminister jüdischer Abstammung, Jean Zay, nicht zum Bankett einzuladen. Worauf Edouard Herriot, der Präsident der Abgeordnetenkammer und der Partei Daladiers seine Solidarität mit den Ausgeschlossenen bekundet, indem er ebenfalls fernbleibt.[26]

In den Unterhaltungen mit Ribbentrop versucht Außenminister Bonnet, dessen Regierung es nicht für nötig gehalten hat, die zahlreichen Noten[27] des in Evian gegründeten Flüchtlingskomitees zu beantworten, wenigstens das Thema des Judenproblems anzuschneiden, wie er es versprochen hatte. Da er weiß, daß dieses Thema seinem Gesprächspartner widerstrebt, macht er diesen Vorstoß unter vier Augen. Fand die Unterhaltung, wie Ribbentrop schildert[28], in dessen Residenz, im Hotel Crillon, oder — laut Aussage von Georges Bonnet — während des Besuchs im Louvre statt? Fest steht, daß diese Unterhaltung in einem offiziösen, unverbindlichen Rahmen blieb. Wie Ribbentrop nachträglich erklärt hat, soll der französische Kollege ihm mitgeteilt haben, Frankreich wolle keine weiteren jüdischen Flüchtlinge aufnehmen und sogar – wie es die Schweiz zuvor getan hat – den Wunsch geäußert haben, daß Berlin Maßnahmen in diesem Sinne treffe. Doch gibt der französische Außenminister zu, es bestehe eine Möglichkeit, Juden in den französischen Kolonien, z. B. in Madagaskar, aufzunehmen. Als er aber zur heiklen Frage kommt, ob in diesem Fall die Möglichkeit für die Emigranten bestehe, einen Teil ihres Vermögens mitzunehmen, erhält er die gleiche Antwort, die bereits der südafrikanische Minister von Hitler erhalten hatte: Das Reich sei zu arm an Devisen, um dies zu gestatten. Abschließend betont Ribbentrop den privaten Charakter dieser Unterhaltung und warnt Bonnet vor einer Veröffentlichung in der französischen Presse, denn in diesem Fall wäre er gezwungen, sofort alles zu dementieren.

Trotz der üblichen Arroganz der nationalsozialistischen Diplomaten und der Flut von Schimpfwörtern des Reichsministers gegen die Juden teilt Bonnet dem amerikanischen Beauftragten in Paris mit, er sei der Ansicht, daß »Ribbentrop persönlich die Art und Weise bedaure, mit der die deutschen Behörden seit einiger Zeit das Problem der Juden behandeln, und bereit sei, soviel in seiner Macht stehe, die Bemühungen derjenigen zu unterstützen, die dieses Problem auf einer vernünftigen Basis behandeln wollen«.[29]

Klar ist in dieser Angelegenheit, daß es der NS-Diplomatie gelungen ist, Frankreich zu neutralisieren und die unerläßliche gemeinsame Aktion der westlichen Großmächte zu unterbinden. Diese gemeinsame Aktion wäre zweifellos möglich gewesen, zumal sie vor der öffentlichen Meinung Englands und der Vereinigten Staaten energisch gefordert wurde. Bereits am 14. November hatte der amerikanische Unterstaatssekretär Messersmith in diesem Sinn eine dringende Botschaft an Staatssekretär Cordell Hull gerichtet, dessen Frau – wie der Reichsbotschafter in Washington betonte – Jüdin war. Nachdem Messersmith die Aktion der Hitlerregierung gegen wehrlose Menschen kurz erwogen hatte, erklärte er in diesem Schreiben:

»Im Laufe der Geschichte sind wir stets für unsere Überzeugung auf dem Gebiet der Prinzipien und der Menschenwürde eingetreten. Wir haben es getan, auch wenn Regierungen anderer zivilisierter Länder diese nicht achteten oder sich dagegen vergingen. Wir haben die Stimme erhoben und gehandelt ...

Ich bin überzeugt, daß wir weit hinter der öffentlichen Meinung unseres Landes zurückständen, wenn wir nicht auf die Ereignisse reagierten, die sich in den letzten Tagen in Deutschland abgespielt haben. Unsere Regierung würde ernsthaft Gefahr laufen, ihre Führungsposition (leadership), die sie heute noch besitzt, zu verlieren und dies in einer Zeit, da es von lebenswichtigem Interesse für uns ist.«

George Messersmith schlägt daher die sofortige Abberufung des amerikanischen Botschafters in Berlin vor. Gleichzeitig solle Präsident Roosevelt dies ohne »weiteren Kommentar« in einer Pressekonferenz bekanntgeben. Er sei überzeugt, daß die Presse einstimmig diese Geste begrüßen und daß sie in der öffentlichen Meinung großen Widerhall finden werde:

»Ich denke, daß das Land eine Reaktion in diesem Sinn erwartet. Nicht konsequent handeln, würde eine bittere Enttäuschung bedeuten und eine Abschwächung unserer Position und unserer Politik herbeiführen.«[30]

Messersmiths Vorschlag findet Gehör. Am selben Tag telegrafiert Staatssekretär Cordell Hull an Botschafter Wilson nach Berlin: »Rückfahrt vorsehen — mit dem ersten nichtdeutschen Schiff, auf dem Sie einen Platz buchen können.« Zwei Tage später verläßt der amerikanische Botschafter die deutsche Hauptstadt, um sich in Cherbourg einzuschiffen. Obwohl es sich nur um eine vorübergehende »Abberufung« handelt, macht die ungewohnte und spektakuläre Initiative des Weißen Hauses einen starken Eindruck und beunruhigt die deutschen Machthaber. Hitler, den »die fortwährenden Schmähungen Präsident Roosevelts« außer sich geraten lassen, faßt wirtschaftliche Repressalien ins Auge. Seine Experten legen ihm aber dar, daß solche Maßnahmen mehr dem Reich als den USA schaden würden, weil die Vereinigten Staaten Deutschland hauptsächlich Rohstoffe – Erdöl und Derivate, Kupfer und Baumwolle – verkaufen, so daß ein Abbruch der Beziehungen mit den USA die Ausführung des deutschen Aufrüstungsprogramms ernsthaft beeinträchtigen würde. Diese Perspektive beunruhigt Hitler um so mehr, da er überzeugt ist, daß die Amerikaner fähig sind, die gleichen Methoden wie er anzuwenden und nicht davor zurückschrecken würden, die in ihrem Land seßhaften deutschen Bürger auszuweisen. Unter diesen Umständen schlägt Göring sogar einen eventuellen Austausch von deutschen, in den USA lebenden Bürgern und im Reich lebenden Juden vor.

In der Tat waren die Befürchtungen der nationalsozialistischen Machthaber nicht gerechtfertigt, denn Unterstaatssekretär Messersmith hatte schon in seiner Denkschrift vom 14. November die Grenzen der amerikanischen Aktion festgelegt, als er erklärte:

»Die Abberufung unseres Botschafters soll in keiner Weise die politischen und wirtschaftlichen Beziehungen mit Deutschland beeinträchtigen, und unsere Interessen in diesem Land werden nicht darunter leiden.«

Die Initiative des Weißen Hauses sollte in der Tat die öffentliche Meinung in Deutschland beeindrucken und weit mehr noch – wie Unterstaatssekretär Messersmith unbefangen zugab – das Leadership der Regierung angesichts der durch die »Kristallnacht« aufgebrachten Amerikaner festigen.

»Die Juden sind nicht die einzigen, die empört aufschreien«, berichtete der Deutsche Botschafter in Washington Außenminister Ribbentrop.[31] »Alle Kreise und Schichten der amerikanischen

Gesellschaft, sogar die deutsch-amerikanischen, tun dasselbe und mit gleicher Energie.«

Presseartikel, Botschaften der evangelischen und katholischen Kirche, Beschlüsse der Gewerkschaften, Anträge der Teilnehmer an öffentlichen Kundgebungen in Cincinnati, Minneapolis, Kansas City, Washington, Boston, Memphis, New York, Spokane, Detroit, Protestbriefe der »Non-Sectarian Anti-Nazi League« und amerikanischer Universitäten überfluten das State Department in Washington. Einfache Bürger zögern nicht, sich telegrafisch an Staatssekretär Cordell Hull zu wenden, so beispielsweise Mrs. Carrie Chapman Catt, die ihm die Frage stellt: »Wie lange noch wird die christliche Welt die barbarische Behandlung dulden, die ein unschuldiges Volk in Deutschland erleidet? Nichts dessen, was ich in der Kulturgeschichte der Menschheit gelesen habe, gleicht den schauerlichen Vorgängen, die sich jetzt in Europa abspielen. Die Vereinigten Staaten müssen im Namen der Kultur energischen Protest erheben.«[32] Selten erheben sich Gegenstimmen wie diejenige des Rektors des »Pallotine House of Studies« in Washington: Pater Proeller wirft nämlich der Regierung vor, nicht mit der gleichen Energie gegen die Verfolgung der katholischen Minderheit in Mexiko protestiert zu haben oder als 12 000 bis 15 000 Priester, Ordensschwestern und Seminaristen von den kommunistischen Anhängern der sogenannten spanischen Regierung ermordet wurden«.[33]

Ein gewisser Ferdinand Hansen, der sich als den Präsidenten der Romanoff Caviar Co. New York ausgibt, läßt in Kalifornien eine Broschüre verteilen, in der behauptet wird, die Leiden der deutschen Juden könnten nicht mit den Leiden verglichen werden, die die Sieger von Versailles dem hungernden deutschen Volk nach der Niederlage von 1918 zufügten.[34]

Am 15. November sind über zweihundert Journalisten im Weißen Haus anläßlich der Pressekonferenz des Präsidenten versammelt. Den Rat seines Unterstaatssekretärs

befolgend, begnügt sich Roosevelt, eine kurze, vorher ab-
gefaßte Erklärung zu verlesen, in der er betont, daß die
Nachrichten aus Deutschland die Vereinigten Staaten zutiefst betroffen gemacht haben und der US-Botschafter
aus Berlin abberufen worden sei.

Enttäuscht über diesen Lakonismus, bestürmen die
Journalisten den Präsidenten mit Fragen:

»Was wird aus den Flüchtlingen werden?«

»Das Intergovernmental Committee for Refugees
(Evian-Komitee) kümmert sich darum.«

»Hat der Präsident eine Vorstellung, wo sie Aufnahme
finden können?«

Antwort: Er denke schon lange darüber nach, sei aber
noch nicht imstande, eine Erklärung darüber abzugeben.
Verneinend beantwortet er die Frage eines Journalisten,
ob er dem Kongreß den Vorschlag, die Einwanderungsquoten anzuheben, unterbreiten werde, damit mehr
Flüchtlinge in den USA aufgenommen werden können. In
dieser Beziehung zeigt sich die amerikanische Regierung
so lange unentschlossen, bis es zu spät ist, eine große Ret-
tungsaktion der Juden des Dritten Reichs durchzuführen.

Die jüdischen Organisationen hatten vergeblich vorgeschlagen, die sofortige Aufnahme von 82 000 Flüchtlingen
durch die Vorwegnahme der Einwanderungsquoten der
kommenden Jahre zu ermöglichen, auch wenn diese anschließend drei Jahre lang für das Dritte Reich gesperrt
bleiben würden. Durch die Vermittlung von Summer
Welles teilt die britische Regierung Präsident Roosevelt
mit, sie sei bereit, 65 000 Plätze von ihrer Einwanderungs-
quote zugunsten jüdischer Flüchtlinge abzugeben. Doch
die amerikanischen Behörden schützen rechtliche und politische Hindernisse vor. In seinem Bericht an das Department of State bemerkt Summer Welles:

»Ich fügte hinzu, ich hätte deutlich den Eindruck, daß die führenden amerikanischen Juden die ersten wären, die darauf bestehen würden, daß man die Einwanderungsquoten nicht zugunsten der deutschen Juden ändere.«[35]

Die angeblichen rechtlichen Hindernisse waren in der Tat nur ein Vorwand. Denn Roosevelt setzte sich trotz seiner kategorischen Erklärungen über die amerikanische Gesetzgebung hinweg, als er zum Zeichen des Entgegenkommens 12 000 bis 15 000 Juden — darunter zahlreichen Wissenschaftlern, Künstlern und Universitätsprofessoren —, die mit einem Touristenvisum eingereist waren, genehmigte, alle sechs Monate ihr Visum verlängern zu lassen, bis ihre Aufenthaltszeit die Einbürgerung ermögliche.

Roosevelt handelte auf diese Weise, weil er genau wußte, daß die amerikanische Öffentlichkeit trotz aller Empörung einen Andrang von Flüchtlingen befürchtete. Auf eine Gallup-Befragung, die einige Monate nach der »Kristallnacht« stattfand und die Frage stellte: »Würden Sie als Kongreßmitglied für einen Gesetzesvorschlag stimmen, der einer größeren Anzahl europäischer Flüchtlinge als die der vorgesehenen Quoten die Aufnahme in die USA ermöglicht?« antworteten 83 % der Befragten mit *Nein;* 8,3 % enthielten sich der Stimme. Von den 8,7 %, die eine positive Antwort gaben, waren 70 % Juden.[36]

Daraus ergibt sich, daß auf dem Höhepunkt des Mitleids für die Opfer des Novemberpogroms über 9/10 der Amerikaner sich gegen eine massive jüdische Einwanderung aussprachen. Einige Intellektuelle — u. a. die Schriftsteller Eugene O'Neill, John Steinbeck, Pearl S. Buck, Clifford Odets, Thornton Wilder — versuchten, ihren Mitbürgern die Immoralität dieser Haltung klarzumachen:

»Vor fünfunddreißig Jahren erhob sich Amerika, um gegen den Pogrom von Kichinev im zaristischen Rußland zu protestieren. Gott erbarme sich unser, wenn wir dem menschlichen Leiden gegenüber so gefühllos geworden sind, daß wir heute nicht mehr fähig sind, uns gegen die Pogrome des Dritten Reichs zu erheben. Wir erachten es als zutiefst unmoralisch, daß die Amerikaner weiter geschäftliche Beziehungen mit einem Land unterhalten, das unverhohlen durch Kollektivmord seine wirtschaftlichen Probleme zu lösen sucht.«[37]

Auch in der amerikanischen Verwaltung bringen einzelne Stimmen die gleiche Besorgnis zum Ausdruck, so z. B. der US-Botschafter in Warschau, Anthony Drexel Biddle Jr., der unermüdlich Depeschen an seine Vorgesetzten richtet, um ihnen mitzuteilen, die Nazis seien nun überzeugt, daß ihre Aktion die Entrüstung der Welt hervorrufe, aber daß niemand den kleinen Finger hebe, um etwas dagegen zu tun. Eine Überzeugung, die nicht unberechtigt war, da die Abteilung »Europa« im Department of State in ihrem Orientierungsbericht sich mit der Feststellung begnügte, man sei in dieser Angelegenheit machtlos.

»Es ist leicht, sich des Problems zu entledigen, indem man erklärt, niemand wolle noch Juden aufnehmen. Auch wenn dies zweifellos stimmt, muß das Problem doch gelöst werden, und unsere Regierung hat sich demgemäß verpflichtet ... Was man auch als Einzelner von den Juden denken mag, so appellieren die Leiden, die diese Menschen ertragen, an die menschlichen Gefühle des abgehärtetsten Menschen.«[38]

Trotz der brennenden Synagogen, trotz des Terrors der »Kristallnacht« und der Hilferufe der bedrängten jüdischen Gemeinden begnügen sich fast alle Länder, angefangen bei den drei westlichen Großmächten, das ergebnislose Spiel der Konferenz von Evian fortzusetzen, indem sie weiter den Wundervogel suchen, der selbstlos genug wäre, alle Flüchtlinge aufzunehmen. So bittet Präsident Roosevelt in einem geheimen Schreiben vom 23. November 1938 Myron Taylor, das Evian-Komitee in seinen Bemühungen für die Flüchtlinge unverzüglich anzuspornen:

»Die Hauptsache ist die Schaffung einer günstigen Haltung seitens der Länder, die Flüchtlinge aufnehmen könnten, und ihnen klarzumachen, daß diese humanitäre und dringende Angelegenheit für sie auch von praktischem Interesse ist und daß sie langfristig auch Profit daraus ziehen werden ... Ich denke, daß es weder wünschenswert noch möglich ist, eine Änderung der Quoten unserer Einwanderungsgesetzgebung zu empfehlen. Wir sind aber bereit, mit allen anderen in unserer Macht stehenden Mitteln einen Beitrag zu leisten.«[39]

Roosevelts Schreiben erscheint in seiner vollen Bedeutung, wenn man bedenkt, daß die amerikanische Presse am selben Tag einen Artikel des *Schwarzen Korps* abdruckt, der deutlich Hitlers Wille kundtut, »die Judenfrage endgültig zu lösen«, indem man sie aus dem wirtschaftlichen Leben ausschaltet, sie in Ghettos absondert, um sie ins Elend und Verbrechen zu treiben. In dieser Phase der Entwicklung, folgerte mit gelassener Logik das Sprachrohr der SS, stehe das Dritte Reich vor der harten Notwendigkeit, den jüdischen Pöbel genauso zu vernichten wie der auf Ordnung beruhende Staat die Verbrecher vernichtet, d. h. durch Feuer und Schwert. Dies werde zum effektiven und endgültigen Ende des Judentums in Deutschland und zu seiner totalen Vernichtung führen.[40]

Diese letzte Mahnung vor der Ausführung des angekündigten Plans blieb unbeachtet. Der amerikanische Journalist Arthur Morse hat ausführlich die vergeblichen Verhandlungen beschrieben, die die Vertreter der westlichen Welt mit den NS-Machthabern führten, während die Viehwagen bereits ihre Menschenfracht in weit schrecklichere Stätten als die der »Kristallnacht« transportierten.

Der Vorhang war nach der ersten Tragödie gefallen. Die Zuschauer hatten nicht verstanden, daß sie eine unendlich größere und mörderischere Tragödie ankündigte, bei der viele von ihnen als verlassene Opfer umkommen würden. Damals erhob sich im fernen Indien eine mahnende Stimme, die wie im Chor der antiken Tragödien die Lehre der Unterdrückten aus diesem Drama zog:

»In der westlichen Zivilisation ist etwas am Verwesen. Das Gift hat nicht nur Deutschland erreicht: Es trifft viele andere Regierungen, es trifft Völker, und nicht nur das deutsche Volk. Dieses Gift muß aus der Welt geschafft werden!«

Amritza Bazar Patrika
Kalkutta, den 13. November 1938

ANHANG

Abkürzungen

DBRFP   Documents on British Foreign Policy
1919—1939

DGFP   Documents of German Foreign Policy
1918—1945, Washington

DZA   Deutsches Zentralarchiv, Potsdam

FRUS   Foreign Relations of the United States —
ed. by the Department of State, Washington

IMT   International Military Trial (Nürnberg)

Anmerkungen

Das »Schicksalsjahr« 1938

1 Auswärtiges Amt 83-26 19/1 in IMT, Bd. XXXII, Doc. PS-3358.

2 Niederschrift Hoßbach, 10. 11. 1937 in IMT, Bd. XXV, Doc. PS-386, S. 403 ff.

3 Siehe statistische Angaben in: Werner Rosenstock, *Exodus 1933–1939, Leo Baeck Yearbook*, London 1956, S. 373–390 und Herbert A. Strauss, *Jewish Emigration from Germany, Leo Baeck Yearbook*, London, 1980, S. 313–361 und 1981, S. 343–409.

4 Hervorhebung von R. T.

5 Hervorhebung von R. T.

6 Hervorhebung von R. T.

7 Reichsgesetzblatt 1938-I, S. 414 ff.

8 FRUS 1938 II, S. 366–380.

9 Wiener Library, London, Doc. P II d Nr. 325.

10 Bernhard Kolb, *Geschichte der Nürnberger Juden* (Manuskript) Wiener Library Doc. P II e Nr. 765.

11 Protokoll der Stadtratssitzung vom 3. 8. 1938, Stadtarchiv Nürnberg.

12 *Actes du Comité intergouvernemental pour les Réfugiés-Evian 6.–15. 7. 1938*, Paris 1938, S. 13.

13 ebenda S. 20.

14 *Weltgeschichte der Gegenwart in Dokumenten I*, Herder Verlag, S. 71.

15 Josef Tennenbaum, *The Crucial Year 1938*, S. 53–56 sowie Alfred Häsler, *Das Boot ist voll*, Zürich-Stuttgart, 2. Aufl. 1968 und Eliahu ben Elissar, *La Diplomatie du IIIe Reich et les Juifs 1933–1939*, Paris, 1969, S. 267–280.

16 Reichsgesetzblatt 1938 I, S. 1342.

17 *Originalfassung:* »Aucun des Etats ne conteste au gouvernement allemand le droit absolu de prendre à l'égard de ses ressortissants des mesures qui relèvent uniquement de l'exercice de sa souveraineté.« Denkschrift vom 24. 10. 1938 – Inland II A/B Juden ausw. A. A. Bonn.

18 Jochen Klepper, *Unter dem Schatten deiner Flügel – Aus den Tagebüchern der Jahre 1932–1942*, 2. Aufl. Stuttgart 1962, S. 631.

19 *Hans Globke,* geb. 1898, verfaßte den Kommentar des Reichsinnenministeriums zu den Nürnberger Gesetzen 1935 und wirkte als Treuhänder im November 1938 bei der Ausweisung der Juden vom Sudetenland. Nach dem Krieg wurde er Adenauers Staatssekretär im Bundeskanzleramt.

20 IMT, Bd. XXVII, Doc. PS-1301.

21 IMT, Bd. XXXII, Doc. PS-3545.

22 Wiener Library, Doc. P II d Nr. 760, sowie Lionel Kochan, *Pogrom, 10. November 1938,* London 1957.

23 Depesche Halifax an Newton 20. 10. 1938 und Antwort Newtons vom 22. 10. 1938 — DBRFP, Dritte Folge, Vol. III, S. 195−196.

24 Wiener Library, Doc. P III c Nr. 646.

25 Richard Coudenhove-Kalergi, *Judenhaß,* Paneuropa Verlag, 1937, sowie Eliahu ben Elissar a. a. O. S. 301−321.

26 Gaus an Deutsche Botschaft in Warschau, DGFP-D-V S. 111−112.

27 DGFP-D-V Nr. 91.

28 Reichsministerium f.V. u. P. (Goebbels) Akte 982 F 4−6, DZA, Potsdam.

29 Wiener Library, Doc. P III c Nr. 630.

Der Vorwand

1 Deutsches Zentralarchiv Potsdam (künftig DZA) Reichsministerium f. Volksaufklärung und Propaganda (RMfVP) 991 F 54−55.

2 1911 wurde Beilis in Kiew festgenommen und des Ritualmordes eines christlichen Kindes angeklagt. Obwohl er zum allgemeinen Erstaunen freigesprochen wurde, gab der Fall Anlaß zu antijüdischen Pogromen in der Ukraine.

3 Yad-Washem, Jerusalem. Aussage beim Eichmann Prozeß, XIV. Sitzung 25. 4. 1961.

4 Damals geläufiges Schimpfwort, »schmutziger Deutscher«.

5 David Frankfurter wurde zu achtzehn Jahren Zuchthaus vom Gericht Chur (Graubünden) verurteilt. In diesem Kanton gab es weder Todesstrafe noch lebenslängliche Zuchthausstrafe. 1945 freigelassen, ging er nach Israel. Siehe hierzu Jean Pierre Block und Didier Meran *(L'Affaire Frankfurter,* Paris 1937.

6 Persönliches Archiv von Dr. Cuenot (Arcachon) und Denkschrift über den Fall Grynszpan von Ernst vom Raths Vater.

7 Wolfgang Diewerge, *Anschlag gegen den Frieden,* München 1939, S. 50.

8 Sonderkommuniqué der Havas Agentur Nr. 13 vom 7. 11. 1938.

9 Sonderkommuniqué der Havas Agentur Nr. 32 vom 7. 11. 1938.

10 *L'Oeuvre,* 8. 11. 1938.

11 Zitiert nach Heinz Lauber, *Judenpogrom ›Reichskristallnacht‹ November 1938 in Großdeutschland,* Gerlingen 1981, S. 51.

12 Bericht in *Le Temps* 15. 11., 17. 11. und 18. 11. 1938.

13 In der Tat gab es 1936 keine Antwort, weil Hitler den Boykott der Olympischen Spiele durch das Ausland befürchtete.

14 DZA Potsdam, RMfVuP 970 F 49.

15 *New York Herald Tribune,* 16. 11. 1938.

16 *Der Angriff,* 19. 11. 1938.

17 Es handelte sich um die Professoren Genil-Perrin, Ceillier und Heuer.

18 Gutachten vom 2. 2. 1939, DZA, Potsdam RmfVuP 989 F 23−38 und Archiv von Dr. Cuenot.

19 Archiv von Dr. Cuenot und Denkschrift des Vaters von Ernst vom Rath.

20 *Les Instructions secrètes de la Propagande allemande,* Broschüre *Le Petit Parisien,* 1937.

21 Rechnung und Bericht über die Aktion DZA Potsdam, RMfVuP 979 F 81.

22 DZA Potsdam, RmfVuP 983 F 68.

23 Henri Torres, *Accusés Hors Séries,* Paris 1955.

24 Der über Siebzigjährige wurde mit seiner Frau während der Besetzung in der Nähe von Lyon erschossen.

25 Persönliche Mitteilung von Staatsanwalt Ribeyre an Dr. Cuenot nach dem Krieg.

26 Eine zweite Ironie des Schicksals: Die Gaststätte, in der Grynszpan seinen Revolver lud, hieß »Tout va bien« (Alles in Ordnung).

27 Die Dokumente dieser Verhandlung habe ich erst 1986 in den Archives Nationales, Paris, Bestand AJ 41/500 gefunden. (R. T.)

28 Weygand war zu dieser Zeit Chef der französischen Delegation bei der Waffenstillstandskommission in Wiesbaden.

29 DZA, Potsdam RMfVuP 988 F 63. Abetz oder die Vermittlungsstelle haben wahrscheinlich den 18. mit dem 14. Juli verwechselt, denn es ist kaum anzunehmen, daß Ribeyre sonst am 15. 7., d. h. vor Grynszpans Auslieferung, freigelassen worden wäre.

30 *New York Times,* 8. 9. 1940.

31 *Goebbels Tagebücher,* Zürich 1948, S. 81.

32 Helmut Heiber, *Der Fall Grünspan* in *Vierteljahreshefte für Zeitgeschichte,* Heft 2, 1957.

33 DZA, Potsdam RMfVuP 979 F 71.

34 Unterhaltung F. Feinermanns mit Dr. Cuenot am 27. 10. 1971 in Arcachon.

35 In diesem Prozeß sollten führende Persönlichkeiten der Dritten Republik u. a. Léon Blum, Edouard Daladier, Paul Reynaud, General Gamelin als Verantwortliche für die Niederlage Frankreichs verurteilt werden.

36 Brief des Leiters des Reichssenders an Goebbels vom 27. 3. 1942, *Centre de Documentation juive contemperaine* Paris (CDJC).

37 Goebbels Tagebücher a. a. O. S. 152.

38 Aussage Schlegelbergers im Prozeß Diewerge vor dem Essener Gericht 18. 1. 1966, CDJC, Paris.

39 *L'Humanité,* 8. 11. 1938.

Die Hetzjagd

1 Wiener Library, London, Doc. P II d Nr. 729.

2 IMT Bd. XII, S. 381.

3 IMT Doc. PS 3063, Bd. XXXII, S. 20–29.

4 IMT Bd. XIV, S. 422, ebenda Bd. XX, S. 293 und Bd. XII, S. 236.

5 Friedrich Christian Prinz zu Schaumburg-Lippe, *Zwischen Krone und Kerker,* Wiesbaden 1952, S. 256–258.

6 Otto Dietrich, *Zwölf Jahre mit Hitler,* München 1955, S. 55–56.

7 IMT Doc. PS 374, Bd. XXV, S. 376–380.

8 W. Scheffler und W. Schwarze, *Sondersendung zur Woche der Brüderlichkeit.*

9 IMT Affidavit SS – 5, Bd. XXXI, S. 510–513.

10 IMT Bd. XX, S. 320 ff.

11 Laut Schallermeier hätte ihm Himmler gegen drei Uhr morgens eine Niederschrift diktiert, in der er erklärte: »Ich vermute, daß Goebbels in seinen mir schon lange aufgefallenen Machtbestrebungen und in seiner Hohlköpfigkeit gerade jetzt in der außenpolitisch schwersten Zeit diese Aktion gestartet hat.« Er hätte nach seiner Rückkehr in die Hauptstadt den versiegelten Brief in seiner Gegenwart in den Panzerschrank eingeschlossen.

12 IMT Doc. PS 3051, S. 515–519.

13 IMT Doc. PS 3063, S. 26–27.

14 Paradoxerweise erwähnt der Bremer Sturmbannführer in diesem Zusammenhang die Mordnacht, in der die Führer seiner Bewegung ums Leben kamen. S. W. Scheffer/H. W. Schwarze a. a. O., S. 26 f.

15 IMT Doc. PS 3063 a. a. O. S. 27.

16 Wiener Library, London, Doc. B 83.

17 Wiener Library, London, Doc. P II d Nr. 729.

18 Kaddisch = jüdisches Gebet für die Verstorbenen.

19 Wiener Library, London, Doc. B 42 und B 341.

20 David H. Buffum, *Antisemitischer Anfall in Deutschland* − Streng vertraulich, 21. 11. 1938 − Translation of Doc. L 202, Office of US Chief of Council.

21 Wiener Library, London, Doc. B 23 und B 67.

22 Wiener Library, London, Doc. B 65 und P II e Nr. 765.

23 IMT Doc. PS 2604.

24 Theodor Dipper, *Die Evangelische Bekenntnis-Gemeinschaft in Württemberg 1933−1945 − Arbeiten zur Geschichte des Kirchenkampfes* Bd. 17, Göttingen 1966, S. 263 ff.

25 Dokumente über die Verfolgung der jüdischen Bürger in Baden-Württemberg a. a. O. S. 29−30.

26 Kurt Meier, Kirche und Judentum, Halle (Saale) 1968, S. 32.

27 Wilhelm Niemöller, *Kampf und Zeugnis der Bekennenden Kirche*, Bielefeld 1948, S. 459.

28 Hervorhebung von Dr. Flehinger.

29 Wiener Library, London, Doc. P II d Nr. 93.

30 Dokumente zur Geschichte der Frankfurter Juden 1933−1945, Frankfurt a. M. 1963; Yad Washem, Jerusalem, Doc. 1081/111 und Wiener Library, London, Doc. P II d Nr. 1215 und B 131.

31 Wiener Library, Doc. P II d Nr. 151.

32 Hektographierte Aufzeichnungen von Dr. Herz.

Die Beute

1 IMT Doc. PS 3051 Bd. XXXI, S. 518−519.

2 IMT Doc. PS 1721, Bd. XXVII, S. 491.

3 Völkischer Beobachter 12. 11. 1938.

4 IMT Doc. PS 3058, S. 1−2.

5 IMT Doc. PS 1757, Bd. XXVIII S. 55−253.

6 Stenographische Niederschrift eines Teils der Besprechung über die Judenfrage im RLM am 12. 11. 1938, 11 Uhr. IMT Doc. PS 1816, Bd. XXXVIII, S. 499−540.

7 S. Helmut Genschel, *Die Verdrängung der Juden aus der Wirtschaft im Dritten Reich*, Göttingen 1966.

8 IMT Doc. PS 1721, Bd. XXVII, S. 486.

9 Laut späteren Statistiken zählt man 116 Opfer des Pogroms, davon 70 Selbstmorde, ungeachtet der nach ihrer Verhaftung im KZ umgekommenen Männer.

10 Anspielung auf die Ausweisungsaktion der polnischen Juden aus dem Reich im Oktober 1938, die eingestellt werden mußte, nachdem die polnische Regierung mit der Ausweisung der in Polen lebenden Deutschen drohte.

11 Laut § 7 des im 1. Kapitel erwähnten Gesetzes vom 26. 4. 1938 über das jüdische Vermögen kann der Beauftragte für den Vierjahresplan »im Einklang mit den Belangen der deutschen Wirtschaft« darüber verfügen.

12 Die Devisen, die jeder Emigrant mitnehmen durfte, wurden auf ein Minimum beschränkt, alles andere wurde in diversen Formen (Auswanderungssteuern, »freiwillige Abgaben« usw. von den NS-Behörden eingezogen.

13 Die hier vorgeschlagenen Maßnahmen, insbes. die vorgesehene Enteignung und Isolierung der Juden, bildeten die erste bedeutende Phase zu deren endgültigen Ausschaltung, die der Krieg und die Eroberung der Ostgebiete ein Jahr später ermöglichte.

14 Reichsgesetzblatt Teil I, Berlin 14. 11. 1938, S. 1579 f.

15 Anspielung auf das Vorhaben, aus Madagaskar eine Reserve für die im Reich noch lebenden Juden unter deutscher Kontrolle zu schaffen, das noch 1940–41, nach der Niederlage Frankreichs, vom Amt Eichmann ausgearbeitet wurde. Dieser erstmals von Paul de Lagarde entwickelte Plan wurde 1927 durch eine deutsche antijüdische Broschüre aufgegriffen, dann 1937 durch die polnische Regierung dem französischen Minister für die überseeischen Gebiete, Marius Moutet, unterbreitet. Die Polen sandten sogar eine Expertenkommission auf die Insel und informierten das amerikanische Department of State – Siehe hierzu Eliahu ben Elissar a. a. O., S. 407–411.

16 Erlaß über Einsatz des jüdischen Vermögens vom 6. 2. 1939 zur Durchführung der VO vom 3. 12. 1938/Rgbl. I S. 1709/im RMBliV 1939 Nr. 7, S. 266–274.

Konzentrationslager

1 Die Zahlen für Dachau und Buchenwald stammen aus dem Dokumentationszentrum Arolsen. Für Sachsenhausen wurde die Zahl im Bonner Prozeß gegen die KZ-Wächter Schubert und Sorge bestätigt.

2 Wiener Library, London, Doc. B 69 und B 145.

3 Wiener Library, London, Doc. B 8, B 77, B 194, B 323.

4 Bericht eines ehemaligen Häftlings in Scheffler, Schwarze a. a. O., S. 39—41.

5 Wiener Library, London, Doc. B 77.

6 Wiener Library, London, Doc. B 346.

7 Wiener Library, London, Doc. B 323.

8 Wiener Library, London, Doc. B 194.

9 Wiener Library, London, Doc. B 152.

10 Beitrag von E. Carlebach anläßlich der Gedenkfeier zur 30. Jährung des »Novemberpogroms 1938« am 13. 12. 1968 in der Pariser Sorbonne.

11 Wiener Library, London, Doc. P II d Nr. 420.

12 Wiener Library, London, Doc. P III d Nr. 1105.

13 Yad Washem, Jerusalem, Doc. (Copy) 583/55.

14 Wiener Library, London, Doc. P III h Nr. 1105.

15 Aussage von Peter Zadeck, der in Buchenwald vom 10. 11. 1938 bis 10. 2. 1939 war. Wiener Library, London, Doc. P II d Nr. 14.

Die Zuschauerstaaten

1 Report A. J. Drexel Biddle, Jr. American Embassy, Warsaw, 15. 11. 1938, Dep. of State Doc. Nr. 862-4016/1961.

2 Report Lincoln Mac Veagh, American Legation, Athen, 16. 11. 1938 Dep. of State, Doc. Nr. 862-4016/2027.

3 *Diario de Noticias,* Lissabon, 16. 11. 1938.

4 *Politiken,* Kopenhagen, 13. 11. 1938.

5 Report F. A. Sterling, Legation of the USA, Stockholm, 18. 11. 1938 Dep. of State, Doc. Nr. 862-4016/1990.

6 Alfred Häsler, *Das Boot ist voll,* Zürich 1967. Bericht zur Aufhebung der Strafe in *Le Monde,* Paris, 24./25. 1. 1971.

7 Telegramm Kirk an den Staatssekretär, Moskau, 25. 11. 1938, Dep. of State, Doc. Nr. 862-4016/1902.

8 Zitiert nach Kurt R. Grossmann *Emigration,* Frankfurt a. M. 1969, S. 107.

9 *Der Angriff,* Berlin 8. 11. 1938.

10 Telegramm Strang an Ogilvie-Forbes Nr. 521 vom 9. 11. 1938. *Antworten:* Telegramm Ogilvie-Forbes Nr. 662 vom 10. 11., Telegramm Nr. 681 vom 13. 11. und Telegramm Nr. 693 vom 15. 11. in DBRFP III. Folge, Bd. III, S. 264—272.

11 Michael Bruce, *Tramp Royal,* London, 1954, S. 236—240.

12 Brief H. von Dirksen Nr. A 4706 vom 17. 11. 1938, DGFP D-IV, S. 332–334.

13 *Liverpool Weekly Post,* 19. 11. 1938.

14 Parliamentary Debates, House of Commons, Official Report, Bd. 341, Nr. 10, 21. 11. 1938.

15 *Völkischer Beobachter,* 12. 11. 1938.

16 S. Joseph Tennenbaum, *The Crucial Year* und Eliahu ben Elissar a. a. O. S. 365–368.

17 Telegramm Mackensen Nr. 313 vom 28. 11. 1938, DGFP-D-IV, S. 342.

18 Protokoll vom 24. 11. 1938 in DBRFP, III. Folge, Bd. III, S. 294–296.

19 *Action Française,* 8. 11. 1938.

20 Telegramm Gray, Paris 14. 11. 1938, Doc. Dep. of State Nr. 862. 4016/1819.

21 Emile Buré, »En Pleine Barbarie«, in: *L'Ordre,* 11. 11. 1938.

22 Albert Bayet, »Une telle barbarie! Le monde s'indigne – La France se tait«, in: *»La Lumière«,* 18. 11. 1938.

23 *Le Populaire,* 17. 11. 1938.

24 Hervorhebung von R. T.

25 *L'Epoque,* 23. 11. 1938.

26 *Le Populaire,* 6. 12. 1938.

27 Telegramm Rublee an Hull Nr. 1334, 19. 11. 1938, FRUS 1938-I, S. 883–884.

28 Note Ribbentrop RM 266 vom 9. 12. 38, DGFP D-IV, S. 481–482. Telegramm E. Phipps (englischer Botschafter in Paris) Halifax Nr. 404 vom 7. 12. 38 und Nr. 407 vom 8. 12. 38, DBRFP III. Folge, Bd. III, S. 389 und 396–399.

29 Telegramm Wilson an Hull Nr. 2117 vom 15. 12. 1938, FRUS 1938-I, S. 871–873.

30 Denkschrift Messersmith 14. 11. 1938, FRUS 1938 II, S. 396–398.

31 Telegramm Dieckhoff an Ribbentrop Nr. 329 vom 14. 11. 1938, DGFP D-IV S. 639–640.

32 Telegramm Catt an Cordell Hull 11. 11. 1938, Doc. Dep. of State, Nr. 862.4016/1814.

33 Brief U. J. Proeller vom 16. 11. 1938, Doc. Dep. of State, Nr. 862.4016.

34 Anhang der Depesche Nr. 639 American Legation Tegucigalpa, Doc. Dep. of State 1993 GDG.

35 Bericht Welles vom 17. 11. 1938, Doc. Dep. of State Nr. 840. 48/911 1/2.

36 Siehe Arthur D. Morse, *While six millions died,* New York, 1967 S. 251.

37 Doc. Dep. of State Nr. 862. 4016/1841.
38 Doc. 15. 11. 1938, Dep. of State Nr. 840.48/900 -1/2.
39 Brief vom 23. 11. 1938, Doc. Franklin D. Roosevelt Library, New York OF 3186.
40 New York Times 23. 11. 1938 und Depesche des US-Botschafters in Berlin 23. 11. 1938, Doc. Dep. of State 862.4016/1893.

Bibliographische Hinweise

I. Unveröffentlichte Quellen in:

Berlin: Geheimes Staatsarchiv Dahlem
BRD: Bundesarchiv Koblenz
Deutsches Zentralarchiv Potsdam (Fall Grynszpan)
Jüdisches Dokumentationsarchiv Paris
Jewish Historical General Archives — Yad Washem, Jerusalem
Privatarchiv von Dr. Cuenot-Arcachon — (Akte Grynszpan)
National Archives Washington
Wiener Library, London (Sammlung der Zeugenaussagen)

II. Veröffentlichte Dokumentensammlungen

Akten der Nürnberger Prozesse
Akten der Eviankonferenz, Paris 1938
Documents on British Foreign Policy (DBRFP) 1919—1939
  Second Series, London, HMSO, 1946—1965
  Third Series, London, HMSO, 1949—1955
Documents on German Foreign Policy, Washington
  1918—1945
  Series C 1933—1937 Washington, 1957—1966
  Series D 1937—1945 Washington, 1949—1964
Weißes Buch über die deutsch-polnischen Beziehungen, franz.
  Ausgabe, Paris, 1940

III. Literatur zur Judenverfolgung im Dritten Reich

L'Allemagne nazie et le génocide juif (Colloque de l'Ecole des
  Hautes Etudes en Sciences sociales, Paris, 1985.
BALL-KADURI Jakob, *Das Leben der Juden in Deutschland im
  Jahre 1938*, Frankfurt a. M. 1963.
BLAU Bruno, *Das Ausnahmerecht der Juden in Deutschland
  1933—1945*, Düsseldorf 1954.

BRAMSTEAD Ernest, *Goebbels and National-Socialist Propaganda 1925–1945*, London 1965.

ESH Shaul, *Between Discrimination and Extermination*. Jerusalem, Yad Washem Studies II, 1958.

FRIEDMAN Philipp, *Jewish Catastroph and Heroism*, Jerusalem 1960.

GENSCHEL Helmut, *Die Verdrängung der Juden aus der Wirtschaft im Dritten Reich*, Göttingen 1966.

GROSSMANN Kurt, *Emigration*, Frankfurt a. M. 1969.

HILBERG Raoul, *The Destruction of European Jews*, 1. Aufl. Chicago 1961.

KWIET Konrad — ESCHWEGE Helmut, *Selbstbehauptung und Widerstand 1933–1945*, Hamburg 1984.

LAMM Hans, *Über die innere und äußere Entwicklung des deutschen Judentums im Dritten Reich*, Erlangen 1951.

MORSE Arthur D., *While six millions died*, New York 1968.

SCHARF Andrew. *The British Press and Jews under Nazi Rule 1933–1945*, London 1964.

TENNENBAUM Joseph, *Race and Reich*, New York 1956.

IV. Literatur zur Judenverfolgung in einzelnen Gegenden des Dritten Reichs

Dokumente über die Verfolgung der jüdischen Bürger in Baden-Württemberg 1933–1945, Stuttgart 1966.

Dokumente zur Geschichte der Frankfurter Juden 1933–1945, Frankfurt a. M. 1963.

SIMMERT Johannes, *Die NS-Judenverfolgung in Rheinland-Pfalz 1933 bis 1945*, Koblenz 1974.

HERMANN Hans Walter, *Das Schicksal der Juden im Saarland 1928 bis 1945*, Koblenz 1974.

V. Zum Fall Grynszpan

DIEWERGE Wolfgang, *Anschlag gegen den Frieden*, München 1939 (geschrieben von einem NS-Handlanger)

DUMOULIN Pierre (Pseudonym von Prof. GRIMM, Agent von Goebbels und Ribbentrop) *Un attentat contre la France*, Paris 1942.

FERDONNET Paul (französischer »Kollaborateur – Radio Stuttgart) *Toute la vérité sur l'affaire Grynszpan* – Deutsches Zentralarchiv Potsdam.

HEIBER Helmut, *Der Fall Grynszpan*, in »Vierteljahreshefte f. Zeitgeschichte«, Heft 2, S. 136 ff., Stuttgart 1957.

KAUL Friedrich Karl (Rechtsanwalt), *Der Fall des Herschel Grynszpan*, Berlin-DDR 1965.

TORRES Henri (Rechtsanwalt von G.) *Accusés hors série*, Paris 1955.

VI. Zum Novemberpogrom

BONTE Florimond, *Les pogroms de la Croix gammée*, Paris 1938.

BRUCE Michael, *Tramp Royal*, London, 1954, S. 236–240.

KOCHAN Lionel, *Pogrom – November 10, 1938*, London 1957.

GRAML Hermann, *Der 9. November 1938*, Bundeszentrale f. Heimatdienst, Heft 2, Bonn 1955.

LAUBER Heinz, *Judenpogrom ›Reichskristallnacht‹ November 1938 in Großdeutschland*, Gerlingen 1981.

MANN Heinrich, *Der Pogrom*, Zürich 1939.

WEIZMANN Chaïm, *Trial and Error*, New York 1949.

Ein Waffenstillstandstag, illegale deutsche Broschüre über den Novemberpogrom und die öffentliche Meinung in der Welt mit einer Tarnhülle zur Werbung für »Schwarzkopf«. Doc. BDIC, Paris.

Personenregister

athenäum⁵ taschenbücher
Die kleine weiße Reihe

athenäum

Savignystr. 53
6000 Frankfurt a.M. 1

Um die Revision unseres Bildes vom Dritten Reich findet derzeit eine heftige Kontroverse statt. Sie hat längst aufgehört, nur ein „Historiker"-Streit zu sein. Hier kommen jene prominenten Publizisten und Historiker zu Wort, die sich dagegen wehren, die deutsche Geschichte zu verbiegen.

Der Herausgeber:
Hilmar Hoffmann ist seit 1970 Kulturdezernent der Stadt Frankfurt am Main. Zahlreiche Veröffentlichungen zur Kulturpolitik liegen von ihm vor.

Hilmar Hoffmann (Hrsg.)

Gegen den Versuch, Vergangenheit zu verbiegen

Mit Beiträgen von Augstein · Boehlich · Broszat
Craig · Demski · Drewitz · Habermas · Hoffmann · Kramer
H. Mommsen · W. J. Mommsen · Semprún

athenäum

180 Seiten
kartoniert

athenäum
… mit Leib und Seele Bücher machen